영유아 수학교육

영유아 수학교육

Mathematics Education for Young Children

김현주 저

동 문 사

머리말

이 책은 영유아교사를 꿈꾸며 대학에서 공부하는 예비교사들을 염두에 두고 집필하였다. 대학에서 오랫동안 영유아 수학교육 교과목을 강의하면서 대부분의 예비교사들이 수학과 수학교육에 대한 부정적인 태도와 두려움을 가지고 출발하고, 수학교육에 대한 자기 효능감이 낮다는 점을 매년 관찰할 수 있었다. 그들은 수학의 학문적 특성이나 수학내용의 발달 원리에는 전혀 관심이 없고, 예비교사로서 교사역할을 수행하는 모의수업 준비와 발표는 매우 중요하게 생각하여 열정을 쏟는다. 따라서 교수자는 학습자들의 주요 관심사인 모의수업 발표를 수업의 표면적 활동으로 설정하여 동기를 유발하되, 활동과 더불어 수학교육의 본질들을 자연스럽게 다루고 익히도록 하는 것이 관건이다. 또한 그들이 관심 있어 하는 유아교육 현장과 직접적인 관련성을 높이는 것도 학습성과의 효율성 면에서는 바람직하다. 이에 교사양성과정에서는 현장의 구체적인 수학활동 실제를 먼저 경험하고, 점차 전문성을 심화할 수 있는 귀납적 접근이 바람직할 것으로 사료되었으며, 후일 그들이 유아교육 현장에서 보다 심화하는 기회가 있기를 기대하게 되었다.

저자는 오랜 경험을 반영하여 예비교사들의 요구와 흥미에 기초한 영유아 수학교육 교과목을 운영하고 있으며, 이 책의 구성 또한 그들의 특성을 반영하여 제 1부와 제 2부로 구성하였다.

제 1부는 영유아 수학교육 지도의 기초가 되는 내용을 다루었으며, 모두 4장으로 구성하였다. 제 1장은 수학교육에 대한 예비교사의 출발점을 점검하고, 새로운 마음자세를 가질 수 있도록 예비교사와 수학교육, 영유아기 수학교육의 필요성과 목적을 설명하였다.

제 2장은 현재의 영유아 수학교육이 있기까지의 배경을 이해할 수 있도록 초기 영유아교육의 수학교육, 20세기의 다양한 변화를 이끈 진보주의, 인지발달이론, 발견학습이론, 구성주의 그리고 현재의 수학교육에 직접적인 영향을 주고 있는 수학교육 규준안을 소개하였다.

제 3장은 우리나라 유치원교육과정과 표준보육과정의 변천에 따른 수학교육을 살펴보고, 현행 국가수준 영유아교육과정의 수학교육 내용과 내용범주, 연령별 세부내용을 실었다.

제 4장은 영유아 수학교육 내용에 대한 이해를 돕고자 누리과정과 표준보육과정의 수학교육을 연령별로 구분하여 소개하고, 실제 활동 속에 내포된 수학교육 내용을 분석해보면서 수학교육내용을 익힐 수 있도록 내용분석을 위한 다양한 활동을 수록하였다. 수록된 영아 활동은 표준보육과정 지도서 등에서 발췌하였으며, 유아 활동은 학생들과 많은 수정과 피드백을 통해 개발한 활동들이다. 그리고 수학교육 내용별 지도방안을 탐색할 수 있도록 누리과정 교사용 지침서와 표준보육과정 교사용 지침서를 중심으로 세부내용별 지도지침 및 유의점을 소개하였다.

제 2부는 영아와 유아를 위한 수학교육의 실제 활동을 수록하여 수학교육의 다양한 내용과 지도방법을 익힐 수 있도록 하였다. 활동 중 일부는 학습자들이 흥미를 보이는 기존 활동들을 선정하여 수정과 피드백을 반복하면서 모의수업으로 진행해 본 활동들 중에서 선정한 것이며, 일부 활동은 학습자들과 토론을 거쳐 개발한 활동들이다. 그러나 학습자들이 영아를 위한 활동의 상호작용과 지도에 어려움이 있어서 주로 국가수준 지도서에서 발췌하고 일부 수정한 활동이 대부분이다.

교수자로서의 경험을 묶어 출판함으로써 수업을 보다 효율적으로 운영하고 싶은 욕심에서 시작하였지만, 막상 원고를 완성하고 출판을 앞두고 보니 부끄럽고, 아쉽고, 후회가 되기도 한다. 그러나 시작이 중요하다고 스스로 위로하고 독자들의 조언을 받아 수정하리라는 다짐을 하면서 졸작을 출판하고자 한다.

이 책이 나오기까지 많은 분들의 도움이 있었다. 영유아 수학교육 강좌를 수강하면서 수학활동의 계획과 모의수업 등에 참여해준 유아교육과 졸업생들과 재학생들은 집필의 원천이 되었으며, 수학활동 개발과 자료 정리에 많은 도움을 주신 임영애 원장님과 금미정 원장님의 수고에 감사드린다. 아울러 뜨거운 여름날 편집과 출판에 최선을 다해 수고해주신 동문사 관계자 분들의 노고에 깊이 감사드린다.

2018년 8월

저자

차 례

Part 02 수학교육 활동의 실제

Part 01

영유아 수학교육의 기초

Chapter 1 영유아 수학교육의 이해

Chapter 2 영유아 수학교육의 배경

Chapter 3 우리나라 영유아 수학교육의 변천

Chapter 4 영유아 수학교육의 내용과 지도

Chapter 01

영유아 수학교육의 이해

영아 또는 유아의 수학교육을 지도하는 교사는 영유아 수학교육에 대한 관심을 가지고 교육의 중요성과 필요성을 느끼며, 뚜렷한 목적의식을 가지는 등 긍정적인 자세를 가지는 것에서부터 출발해야 한다. 교사 자신이 수학교육에 대한 긍정적인 태도를 형성하는 것이 교육의 성과에 영향을 줄 수 있기 때문이다.

이 장에서는 교사 자신의 수학에 대한 태도를 점검하고 수학교육의 필요성과 목적을 살펴봄으로써 예비교사의 수학교육에 대한 긍정적 태도 형성을 돕도록 한다.

1 예비교사와 수학교육

영유아 교사가 되고자 대학에 입학하기 전까지 오랜 기간 다양한 수학교육을 경험한다. 그리고 누적된 경험은 우리의 수학적 지식 형성을 돕고 또 수학교육에 대한 태도를 형성하는 데 기여했을 것이다. 영유아를 위한 수학교육을 준비하는 예비교사로서 자신의 수학교육 경험을 되짚어 보는 것은 새로운 교사 역할을 정립하는 기초자료가 될 수 있다.

지금까지 우리가 학교에서 경험했던 수학교육은 어떠했는가?

- 어린 시절 유치원이나 어린이집에서 경험한 수학교육은 흥미 있는 내용이었는가? 지금까지 기억하는 수학적 내용은 무엇인가?

- 초등학교, 중학교, 고등학교를 다니는 동안 정규 수학교육과정을 통해서 우리는 무엇을 배웠고, 그 결과는 어떻게 도움이 되었는가?
- 우리가 배운 수학교육 내용은 현재의 일상생활에서 어떻게 쓰이고 있는가? 또는 전공교과에서는 어떤 쓸모가 있는가?
- 수학교육을 되돌아보면 긍정적인 기억인가 혹은 부정적인 기억인가? 어느 쪽이든 자신의 태도에 영향을 준 것은 무엇이었을까요?
- 수학 시간에 심한 꾸지람을 들은 경험으로 인해 수학을 멀리 하게 되지는 않았는가?
- 수업시간이나 수학 성적으로 인해 자신감을 잃지는 않았는가?

교사가 수학과 수학교육에 대해 어떠한 인식과 태도를 가지고 있느냐는 교사의 수업에 참여하는 학습자의 수학교육에 영향을 미친다. 교사가 수학교육에 흥미를 가지고 있고 중요하게 생각한다면 수학교육의 계획과 지도에 보다 적극적일 수 있다. 그러나 수학이나 수학교육에 대해 부정적인 태도가 형성된 교사라면 수학교육 준비와 지도에 소홀해지기 쉽고, 영유아와의 상호작용에도 소극적일 수 있다. 따라서 예비교사의 이전 수학교육 경험이나 수학적 경험을 기초로 형성된 예비교사의 수학적 능력과 태도를 점검할 필요가 있다. 자신을 되돌아보면서 보다 긍정적인 태도를 형성하도록 노력하고, 필요한 수학적 지식기반을 갖춘 후에 실제 교육에 임한다면 보다 바람직한 교사가 될 수 있기 때문이다.

어느 예비교사의 수학교육에 대한 회상내용(14쪽)을 살펴보자. 예에서 제시된 교사가 회상하는 수학교육은 재미없고 힘들고 마음에 부담만 되는 교육이었다. 즉, 수학교육 경험으로 인해 수학에 대한 부정적인 태도가 형성된 경우이다. 이 예비교사는 교사양성과정의 수학교육 교과목을 수강 신청할 때부터 부담감을 가질 수 있다. 그러나 교사 자신부터 수학에 대한 긍정적인 태도가 형성된다면 영유아 수학교육에 적극적으로 참여하고 결과적으로 영유아들에게도 긍정적인 태도를 형성하도록 돕게 될 것이다. 따라서 예비교사는 자신이 현재 수학에 대해 어떠한 태도를 가지고 있는지 점검하고 수학교육의 전문성을 익히는 동안 긍정적인 태도를 형성하도록 노력할 필요가 있다.

나의 수학적 경험 되돌아보기

• 내가 경험한 학교 수학교육 되돌아보기

1) 유아교육기관에서 경험한 수학교육

2) 초등학교에서 경험한 수학교육

3) 중고등학교에서 경험한 수학교육

• 어린 시절 일상생활에서 경험한 수학은?

• 최근에 일상생활에서 경험한 수학은?

• 내가 영유아 교사라면?

1) 수학교육이 필요하다고 생각하는가? 이유는?

2) 수학교육의 내용으로 적합한 것은 무엇이라고 생각하는가?

3) 수학교육에 적합한 교육방법은 어떤 것이라고 생각하는가?

4) 교사로서 영유아 수학교육에 대한 자신감은 있는가?

5) 영유아 수학교육을 담당할 예비교사로서 무엇을 준비해야 할까?

수학교육에 대한 어느 예비교사의 회상

- 지금까지 내가 경험한 수학교육은 모두 재미없고 지루했다. 그리고 엄청 힘들었다.
- 수학 문제는 항상 정확한 답이 있고 문제를 푸는 과정도 정해져 있어서 내가 생각하는 방법을 시도해 볼 수도 없는 것이 큰 스트레스였다.
- 중학교 때 수학선생님께서 기말고사나 중간고사를 치면 성적을 기준으로 차별하고 체벌까지 하였다. 특히 60점 미만을 받은 학생들의 엉덩이를 몽둥이로 때리셨는데, 그 기억이 너무 좋지 않아서 지금도 수학을 떠올리면 왠지 거부감이 든다.

2 영유아기 수학교육의 필요성과 목적

1) 수학과 수학교육

'수학적 소양을 길러주는 교육이 생애 초기인 영아기와 유아기부터 필요한가?' '수학은 어려운 내용인데 영유아기에 교육이 가능한가?' 하는 의문을 가질 수 있다. 생애 초기 교육인 영유아기 교육에서 수학교육이 필요한지를 알아보기 위해서는 먼저 수학교육이 무엇인지를 탐색할 필요가 있다.

수학(數學, mathematics)은 문명의 발생지인 바빌로니아, 이집트, 희랍, 중국, 인도 등에서 시작되었다. 문명의 발달로 생활과 사회가 복잡해지면서 수학이 자연스럽게 발달하게 된 것이다. 여러 문화권에서 상업이나 농업과 같은 실질적인 일이 점점 필요해짐에 따라 수학도 기본적인 계산에서 벗어나 많이 발전하였으며, 점차 사회구성원들에게 수학을 교육할 필요성을 느끼면서 학교 교육과정에 수학교과를 포함하게 되었다. 뿐만 아니라 수학이라는 학문 자체도 계속 발달하여 고급수학의 발전이 문명 발전에 기여한 바도 크다. 이러한 과정을 보면 인류의 생활에 수학이 활용되고 또한 수학이 생활을 변화시키면서 수학은 인류 문명 발달의 원동력이 되었음을 알 수 있다.

수학의 학문적 발달과 더불어 수학은 세부 영역으로 분화되어 발달하면서 수학교육의 내용도 변화를 거쳐 왔다. 세계적으로 1950년대 이전의 전통적 수학교육은 주로 계산적인 수학학습의 성격을 지니고 있었다. 과거 우리나라 초등학교 수준에서 행해지던 교과목 명칭이 '산수'이었음도 같은 맥락이라고 볼 수 있다. 그러나 1950~1960년대에 이르러 새로운 수학교육과정을 개발하려는 운동과 인지발달에 대한 연구 결과가 접목되면서 수학교육의 내용과 방법은 크게 개선되었다. 이전의 계산능력에 국한되지 않고 그 범위가 보다 확장되었으며, 수학교육의 목적과 방법도 변화된 것이다.

그렇다면 '수학'이라는 학문의 범위는 무엇인가? 수학은 수와 양 및 공간의 성질에 관하여 연구하는 학문, 산수, 대수학, 기하학, 미적분학, 해석학 및 이를 응용하는 학문(다음사전, 2016)이라고 이해하는 것이 보편적인 정의이다. 수학의 사전적 정의는 우리가 손쉽게 접할 수 있는 인터넷을 통해 검색하면 다음과 같은 정보를 얻을 수 있다. 사전에 따라 다소 차이는 있지만 수의 연산 이외에 다양한 분야가 포함됨을 알 수 있다.

수학의 정의
다음백과(2018)
사물의 모양을 계산, 측정, 기술하는 등의 기본적인 경험으로부터 발전해 그 구조, 순서, 관계 등을 다루는 과학
위키백과(2018)
수학은 양, 구조, 공간, 변화 등의 개념을 다루는 학문이다.
한국민족문화대백과(2018)
숫자와 기호를 사용하여 수량과 도형 및 그것들의 관계를 다루는 학문
한국어사전(2018)
수와 양 및 공간의 성질에 관하여 연구하는 학문

수학교육이란 '수학'과 '교육'의 합성어로 수학이라는 학문을 교육하는 과정이다. 따라서 수학이라는 학문의 정의와 범위에 따라 교육의 내용이 달라질 수밖에 없다.

학교교육에서 다루는 수학의 내용 범위를 살펴보자.

국가수준에서 개정된 '2015 개정 교육과정(2015b)'에서는 수학교육의 정의를 "수학과는 수학의 개념, 원리, 법칙을 이해하고 기능을 습득하여 주변의 여러 가지 현상을 수학적으로 관찰하고 해석하며 논리적으로 사고하고 합리적으로 문제를 해결하는 능력과 태도를 기르는 교과"라고 정의하고 있다. 이는 수학교육에서는 수학적 내용 지식과 수학적 과정을 포함함을 의미한다.

그리고 초등학교 수학 내용을 '수와 연산', '도형', '측정', '규칙성', '자료와 가능성'의 5개 영역으로 구성하여 이들 분야별 수학적 내용 지식과 수학적 과정을 교육하도록 하고 있다. 이는 제3장과 제4장에서 상세하게 다루고 있는 국가수준 영유아교육과정의 수학교육 내용과도 동일한 범위의 수학적 내용 지식임을 알 수 있다. 우리나라에서는 2007 개정 유치원 교육과정부터 수학교육의 내용을 이들 5개 분야로 구분하였다. 국가수준 교육과정에서 제시하고 있는 이들 내용이 수학적 내용이고 곧 수학교육의 내용이라고 할 수 있다. 다만 연령별 발달수준에 따라 각 내용의 깊이는 달라진다.

영유아 수학교육 과정

영역
수와 연산
공간과 도형
측정
규칙성
자료수집과 결과 분석

초등학교 수학교육 과정

영역	핵심 개념
수와 연산	수의 체계
	수의 연산
도형	평면도형
	입체 도형
측정	양의 측정
	어림하기
규칙성	규칙성과 대응
자료와 가능성	자료처리
	가능성

미국수학교사협의회(2006)의 수학교육 기준안에 의하면 유아기부터 초등학교 저학년까지 수학교육에서 포함해야 할 수학적 과정과 기준은 다음과 같다.

NCTM의 취학 전부터 초등학교 2학년(Pre-K-2)의 수학적 과정 기준

영역	수학적 과정 기준
문제해결하기	• 문제해결하기를 통해 새로운 수학적 지식을 습득한다. • 수학적 상황이나 다른 상황에서 일어나는 문제들을 해결한다. • 문제를 해결하기 위해 적절한 전략을 다양하게 적용하고 채택한다. • 수학적 문제해결하기 과정을 모니터하고 숙고한다.

영역	수학적 과정 기준
추론하기와 증명하기	• 수학의 기초적인 측면으로서 추리와 증명을 깨닫는다. • 수학적 추론을 만들고 조사한다. • 수학적 논의와 증명을 발달시키고 평가한다. • 다양한 형태의 추리와 증명의 방법을 선택하고 사용한다.
의사소통하기	• 의사소통을 통해 그들의 수학적 사고를 조직하고 공고히 한다. • 또래, 교사와 타인에게 분명하고 명확하게 그들의 수학적 생각을 이야기한다. • 다른 사람의 수학적 생각을 분석하고 평가한다. • 수학적 개념을 표현하기 위해 수학적 용어를 사용한다.
연계하기	• 수학적 사고 간의 연계성을 깨닫고 사용한다. • 수학적 개념을 어떻게 서로 연결시키는지를 이해하고 하나의 결합된 전체를 만들기 위해 서로 연결하여 의지하게 한다. • 수학 이외의 상황에서 수학을 인지하고 적용한다.
표상하기	• 수학적 개념을 조직하고, 기록하고, 의사소통하기 위해 표상을 만들고 사용한다. • 문제를 해결하기 위해 수학적 표상을 선택하고, 적용하고, 변형시킨다. • 표상을 사용하여 모델을 만들고, 물리적·사회적·수학적 현상을 설명한다.

출처: NCTM(2006).

2) 영유아 수학교육의 필요성

수학교육은 「수와 연산」 「공간과 도형」 「측정」 「규칙성」 「자료수집과 결과 분석」의 수학내용과 문제해결하기 등의 수학적 과정을 교육하는 것이다. 이러한 수학교육이 영유아에게는 어떤 의미가 있는가? 수학은 어려운 내용인데 영유아기에 교육이 가능한가? 영유아의 생활은 수학과 관련이 있는가?

일상생활의 다양한 상황에서 영유아는 어떤 수학적 경험을 할 수 있을까? 영유아의 생활 속에서도 다양한 수학적 경험은 일어날 수 있으며, 그들이 수학적으로 그리고 논리적으로 사고하고 접근한다면 생활과 문제해결이 보다 쉽고도 합리적으로 이루어질 수 있다. 따라서 초·중·등 교육과 더불어 어린 시기에도 수학교육이 가능하고 또한 필요한 것이다.

학교 수학교육은 수학자를 양성하거나 수학적 지식을 다루는 특정 직업인만을 위한 교육이 아니라 사회구성원 모두를 위한 시민 기초교육으로 필요하다. 왜냐하면 수학적 소양은 사회구성원 누구나 살아가면서 부딪히는 다양한 문제를 합리적으로 해결하는 데 필요한 능력이기 때문이다. 즉, 수학은 실생활 문제를 해결하는 수단이기 때문이다. 더구나 오늘날 급진적으로 발전하는 과학과 기술이 아주 빠르게 생활에 적용되는 현상을 보면 학습자의 미래 생활 적응력을 길러주기 위해서도 수학교육은 필요하다.

3) 영유아 수학교육의 목적

수학을 교육하는 수학교과목은 영유아교육을 비롯해 초등과 중등교육에서 빠지지 않는 주요 교과목이다. 특히 초, 중등교육에서 수학교육의 비중은 큰 편이며, 대학교육을 위한 기초 수학능력으로도 중요하게 다루고 있다. 학교교육에서 수학교육을 하는 목적은 무엇인가?

가장 최근의 우리나라 국가수준 교육과정에서는 초등과 중·고등교육에서의 수학교육 목적을 다음과 같이 제시하고 있다.

- 수학과는 수학의 개념, 원리, 법칙을 이해하고 기능을 습득하여 주변의 여러 가지 현상을 수학적으로 관찰하고 해석하며 논리적으로 사고하고 합리적으로 문제를 해결하는 능력과 태도를 기르는 교과이다.

- 수학학습을 통해 학생들은 수학의 규칙성과 구조의 아름다움을 음미할 수 있고, 수학의 지식과 기능을 활용하여 수학 문제뿐만 아니라 실생활과 다른 교과의 문제를 창의적으로 해결할 수 있으며, 나아가 세계 공동체의 시민으로서 갖추어야 할 합리적 의사결정능력과 민주적 소통능력을 함양할 수 있다.

- 수학의 지식을 이해하고 기능을 습득하는 것과 더불어 문제해결, 추론, 창의·융합, 의사소통, 정보 처리, 태도 및 실천의 6가지 수학 교과 역량을 길러야 한다.

출처: 교육부(2015).

이상의 수학적 소양을 길러주기 위한 초등학교 수학교육의 목표(교육부, 2015a)는 다음과 같다.

첫째, 생활 주변 현상을 수학적으로 관찰하고 표현하는 경험을 통하여 수학의 기초적인 개념, 원리, 법칙을 이해하고 수학의 기능을 습득한다.

둘째, 수학적으로 추론하고 의사소통하며, 창의·융합적 사고와 정보처리능력을 바탕으로 생활 주변 현상을 수학적으로 이해하고 문제를 합리적이고 창의적으로 해결한다.

셋째, 수학학습의 즐거움을 느끼고 수학의 유용성을 인식하며 수학학습자로서 바람직한 태도와 실천능력을 기른다.

우리나라 영유아 수학교육의 목적은 무엇인가? 누리과정(2013)과 표준보육과정(2013)에서는 영역별 목표를 제시하고 있으므로 수학교육이 포함된 '자연탐구영역'의 목표를 살펴보도록 한다.

누리과정(2013) 자연탐구영역의 목표(3~5세)

호기심을 가지고 주변 세계를 탐구하며,
일상생활에서 수학적·과학적으로 생각하는 능력과 태도를 기른다.

자연탐구 영역의 목표는 유아가 주변의 사물이나 자연 현상에 대해 호기심을 가지고 탐구하는 태도를 기르는 데 있다. 또한 유아가 생활 속에서 부딪치는 문제를 논리적·수학적으로 해결하고, 관심 있는 사물과 생명체 및 자연현상에 대해 탐구하면서 기초적인 수학적·과학적 사고 능력과 태도를 기르는 데 있다.

↓

주변의 사물과 자연 세계에 대해 알고자 하는 호기심을 가지고 탐구하는 태도를 기른다.

생활 속의 여러 상황과 문제를 논리·수학적으로 이해하고 해결하기 위한 기초 능력을 기른다.

주변의 관심 있는 사물과 생명체 및 자연현상을 탐구하기 위한 기초 능력을 기른다.

표준보육과정(2013) 자연탐구영역의 목표(0~2세)

연령	목표
0~1세	주변에서 일어나는 수학적 상황을 지각한다.
2세	주변에서 경험하는 수학적 상황을 인식한다.

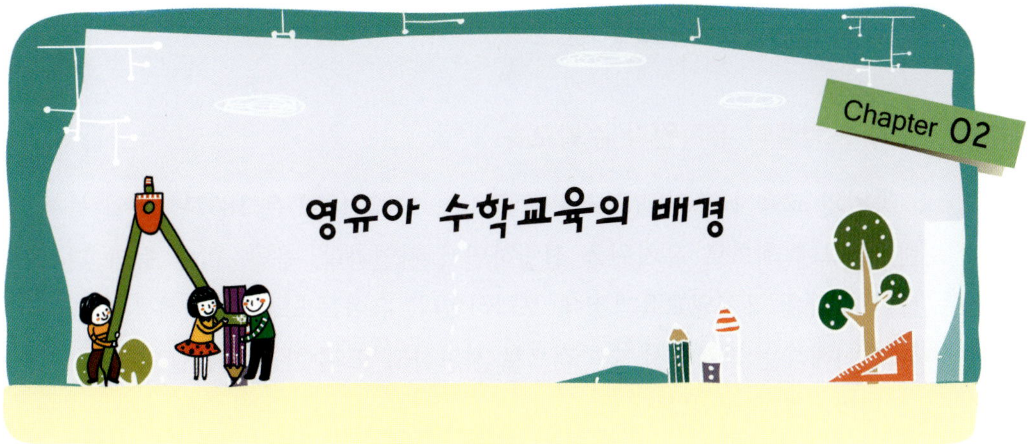

Chapter 02

영유아 수학교육의 배경

영유아를 위한 유아교육기관이 사회나 국가의 교육제도로 출발한 것은 불과 200여 년 전이다. 그러나 20세기 초의 아동연구운동으로 시작된 아동발달심리학의 발전과 20세기 말 구소련이 세계 최초로 발사한 인공위성 스푸트니크 충격 이후 미국의 집중적인 유아교육 프로그램 개발은 전 세계적으로 유아교육과정의 목표, 내용, 교육방법을 크게 변화시켰다. 이러한 변화와 더불어 영유아기 수학교육도 빠른 속도로 발전하였다.

이 장에서는 현재의 영유아 수학교육으로 자리매김하기까지 토대가 되었던 주요 배경들을 살펴보도록 한다.

1 초기 영유아교육과 수학교육

영아와 유아를 대상으로 체계적인 교육을 시도한 시기는 19세기 초반이다. 1816년 영국의 오웬이 설립한 성격형성교육원, 이에 기초하여 1818년부터 시작된 영국의 유아학교(Infant School), 1837년 독일의 프뢰벨이 설립한 작은 어린이 작업소(1840년 Kindergarten으로 명칭 변경) 등이 초기 유아교육기관이라고 할 수 있다. 오웬의 성격형성교육원은 성격형성이 주요 목적이었으나 프뢰벨은 교육과정을 계획하면서 은물, 작업, 게임, 노래, 자연, 언어와 더불어 수 교육을 포함함으로써 수학교육은 최초의 유치원 설립 시기부터 시행되었다고 볼 수 있다.

1) 프뢰벨의 유치원과 수학교육

독일의 교육자 프뢰벨(Fröbel, F. W. A, 1782~1852)은 1837년 독일 블랜캔버그에 최초로 유치원을 설립하면서 자연과학, 음악, 미술 등과 더불어 수학을 유치원교육과정에 포함하였다. 유아들도 주변 세계를 탐색하고 이해하는 과정에서 수학적으로 사고하고 또 수학을 사용할 수 있다고 믿었기 때문이었다.

프뢰벨은 은물을 고안하고 유아의 발달수준과 흥미에 기초한 은물 활용 게임이나 놀이를 유치원에 적용하였다. 그가 은물을 창안한 의도는 신의 섭리와 신이 창조한 기본적 형태를 파악하여 통합의 원리를 깨닫게 하는 것이었다.

그러나 현대 수학의 관점에서 보면 은물은 다양한 입방체와 평면 자료로 구성되므로 이들 은물을 가지고 놀이를 하는 가운데 선, 점, 면, 입체 등의 기하학적 특성을 이해하고, 모양, 크기 색깔 개념을 익힐 수 있으며, 또 은물을 이용하여 다양한 모형을 구성할 수도 있다. 즉 기하, 수, 측정, 비교와 대비, 그리고 문제해결 등의 수학적 본질을 교육할 수 있다. 은물이라는 수학교육자료를 통해 유아의 수학적이고 논리적인 사고를 형성화함으로써 영유아의 발달을 촉진할 수 있었다고 볼 수 있다.

특히 나무 블록인 제2, 제3, 제4, 제5, 제6 은물은 영유아교육에서 블록을 교구로 활용한 최초의 시도였으며, 은물을 활용한 수학교육은 프뢰벨의 초기 유치원부터 시작하여 20세기 초기까지 활용되었다. 그러나 지나친 상징주의와 획일적이고 엄격한 교수방법에 대한 비판과 새로운 수학교육과정이 다양하게 개발되면서 유아교육 현장에서 거의 사라지게 되었다.

프뢰벨의 은물 유형	
제1 은물	구(털실로 짠 6개의 색공)
제2 은물	구(목재), 정육면체(목재), 원기둥(목재)
제3 은물	정육면체(제2 은물 중 정육면체를 8개의 정육면체로 나눔)
제4 은물	직육면체(제2 은물 중 정육면체를 8개의 직육면체로 나눔)
제5 은물	정육면체, 삼각기둥(제2 은물 중 정육면체를 정육면체와 삼각체, 1/2삼각체로 나눔)

프뢰벨의 은물 유형	
제6 은물	정육면체, 직육면체(제2 은물 중 정육면체를 크기와 모양이 다른 직육면체로 나누고, 이를 다시 잘라서 기둥과 받침으로 만듦)
제7 은물	정삼각형, 정사각형, 직각 삼각형, 둔각 삼각형, 원, 반원(다양한 면)
제8 은물	선분(다양한 길이의 나무막대)
제9 은물	원(고리), 반원(반고리)
제10 은물	점(나무 알갱이)

2) 몬테소리의 어린이집과 수학교육

1907년 로마의 산 로렌조 지역에서 3~6세 도시빈민 유아 60여 명을 대상으로 어린이집(Casa dei bambini)을 맡게 된 몬테소리(Montessori, M., 1870~1952)는 영유아의 지적·창의적·능동적·잠재적 능력을 믿고 영유아가 주체가 되어 자기 스스로 교육이 가능하도록 하는 교육방법을 지향하였다.

그리고 수학교육은 영유아의 정신세계와 지적 발달의 기초가 된다는 점에서 중요시 하였다. 수학교육을 통해 유아의 수 체계에 대한 이해와 수 조작의 개념 발달을 돕고 수학에 대한 긍정적 태도를 형성해 줌으로써 수학적 뇌 발달과 논리적 추상적 사고력을 기르고자 함이었다.

몬테소리는 프뢰벨이 유아에게는 불가능하다고 생각했던 「0」을 수 개념 지도에 포함하고 또 수학교육의 내용에 자연수, 분수, 기하, 순서적 규칙 등을 포함시킴으로써 수학교육의 내용 확장에 기여하였다.

몬테소리 교육의 주요 수학교육 내용	
수 개념	0~9까지 숫자 세기
	0~9까지 숫자 읽기
	0~9까지 양과 수 1:1 대응하기
십진법	십진법의 수 체계
	11~19까지의 연속 수
	1~9000까지의 수 체계
	4자리 숫자 만들고 읽기
	10진법에 기초한 자릿수 교환
연속 수	1~10까지의 연속 수
	11~99까지의 연속 수

몬테소리 교육의 주요 수학교육 내용	
	1~100까지의 연속 수
	1~9999까지의 연속 수
연산	덧셈, 뺄셈, 곱셈, 나눗셈
	추상적 사칙연산
	암산에 의한 사칙연산
분수	분수

출처: 한미몬테소리협회(2016).

몬테소리는 환경에서 감각적 경험을 통해 수학개념을 배우고 수학에 대한 긍정적 태도를 형성할 수 있도록 영유아의 발달수준에 적합한 감각적 교구를 개발하였다. 상징적 교구인 프뢰벨 은물에 비하면 몬테소리 교구는 감각적이고 구체적이어서 영유아가 교구를 가지고 활동하는 동안 자연스럽게 수학적 개념을 습득할 수 있는 장점이 있다. 그러나 제시된 방법으로만 교구를 사용해야 하고 의사소통이 제한되는 점에서는 많은 비판을 받았다.

영유아가 몬테소리 교구를 가지고 자신의 능력으로 활동을 해나갈 수 있는 독립성을 강조하여 타인의 개입이나 간섭이 아닌 내적 힘에 의한 발달을 강조하는 것이 몬테소리 교육의 특징이다. 즉, 유아가 학습의 주체가 되어 스스로 환경과 상호작용하도록 하고 교사는 보조자나 조력자 역할을 할 것을 강조한다. 그러나 몬테소리 교구 활동을 하는 동안 영유아와 교구 간의 상호작용만 강조하고 유아와 유아 간 및 유아와 교사 간 상호작용이 지나치게 제한되어 영유아의 언어발달과 사회성 발달이 촉진되지 못한다는 비난을 받기도 했다.

몬테소리의 주요 수학교육 교구

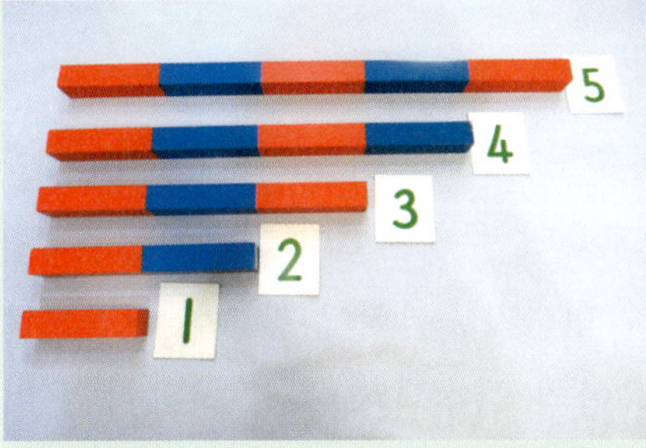

수막대와 숫자 카드(수와 양 개념)

방추형 봉(수와 양 개념)

100판(연속 수)

비즈(십진법)

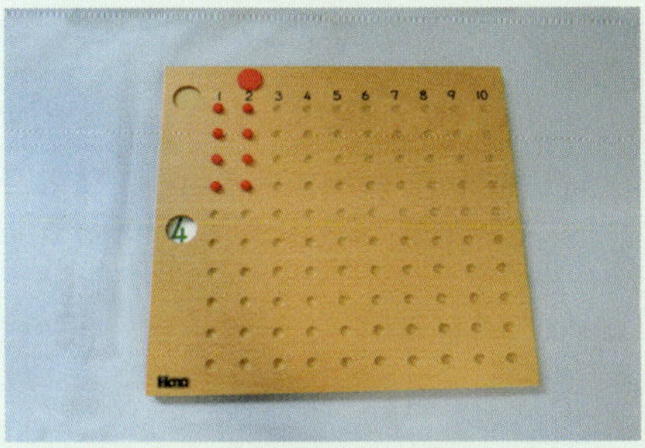

가감승제 혹은 곱셈

도형(기하)

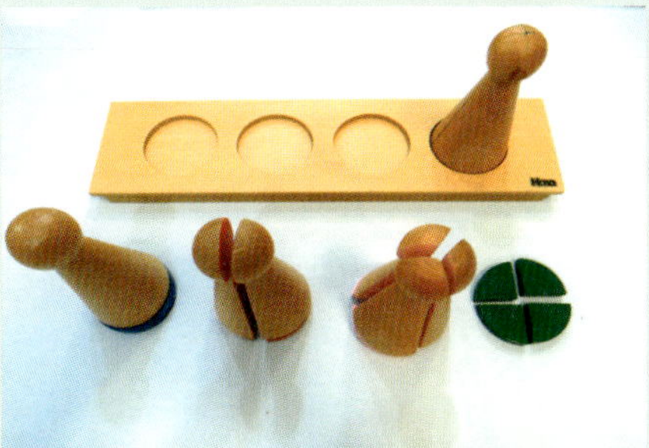

분수봉(분수)

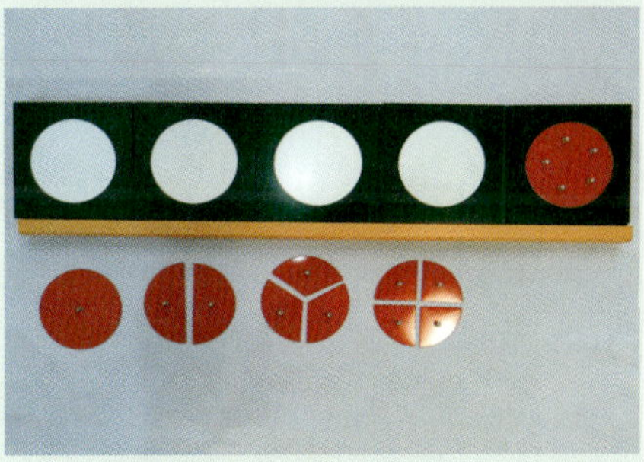

분수 도형(분수)

2 20세기 영유아 수학교육

1) 듀이의 진보주의와 수학교육

20세기 초 미국의 교육 개혁을 주도한 진보적 교육학자인 듀이(Dewey, J., 1869~1952)는 경험중심 교육의 주창자이다. 그는 전통적인 교사중심의 교과중심 교육에서 벗어나 학습자중심의 생활중심 교육으로 전환할 것을 주장하였다. 듀이는 영유아의 특성과 그들의 욕구와 흥미 그리고 생활상의 문제점들을 파악하고 그 결과에 기초한 교육 경험을 중요시 하였다.

듀이는 영유아교육에 큰 영향을 미친 학자이기도 하지만 특히 영유아 수학교육이 일상생활에서의 문제해결중심으로 이루어지도록 하는 데 크게 기여한 인물이다. 그는 수학을 일상생활의 문제해결에 필요한 수단으로 보았으며, 실생활에서의 탐구활동과 문제해결에 필요한 실용적인 수학교육을 중요시하였다.

또한 수학교육은 영유아의 요구와 흥미에 기초할 때 가장 잘 학습될 수 있다고 보았다(이경우 외, 1997). 따라서 미리 선정된 수학 내용을 체계적으로 가르치기보다는 영유아의 관심과 흥미에 따른 일상의 활동에서 경험하는 문제해결과정을 통해 자연스럽게 수학적 개념이나 기술을 학습할 것을 강조했다.

그러나 듀이의 이러한 수학교육 방법은 실제적인 수학학습의 성과를 얻기에는 미흡했다. 왜냐하면 영유아가 놀이나 활동을 하는 동안 모든 수학적 경험과 학습이 촉진되기는 쉽지 않기 때문이다. 실제로 미국에서는 1957년 스푸트니크 충격 이후 생활중심 교육이 미국 교육의 부실을 초래했다는 비판을 받기도 하였다.

현재 우리나라 영유아 수학교육에서 실생활에서의 문제해결과 경험중심 교육을 강조하는 것도 듀이의 영향이라고 할 수 있다(나귀옥· 김경희, 2015).

2) 인지발달 연구와 영유아 수학교육

20세기 초기부터 활발하게 이루어진 인지발달에 대한 연구 결과는 20세기 후반에 이르러 영유아 수학교육의 내용과 방법에 크게 반영되었다. 특히 영유아기의 인지발달이론을 정립한 피아제와 발견학습이론을 제시한 브루너 등 인지적 관점의 연구들로 인해 영유아 수학교육의 내용과 방법은 크게 변화하였다.

■ 피아제: 인지발달이론

인지발달이론의 선구자 피아제(Piaget, J. 1896~1980)에 의하면 영유아는 환경과의 상호작용을 통해 능동적으로 지식을 구성한다. 즉, 영유아 스스로 지식을 구성해 나가면서 점차 개념을 발달시킨다는 것이다. 그러나 지식의 유형에 따라 지식을 구성하는 방법은 다르다고 보았다.

피아제는 지식의 유형을 물리적 지식, 논리·수학적 지식, 사회적 지식으로 구분하였다. 물리적 지식은 사물에 대한 물리적 경험을 하는 가운데 관찰을 통해 습득되며, 사회적 지식은 다른 사람이나 여러 가지 매체를 통해서 전달받을 수 있는 지식이다. 그러나 논리·수학적 지식은 외부에서 주어지는 것이 아니라 학습자의 인지활동, 즉 사물과 사물의 관계성을 스스로 조작하는 사고의 조작과정에서 얻어지는 것이라고 보았다(DeVries & Kohlberg, 1989).

논리·수학적 지식의 내용과 구성방법은 1960년 이후 인지발달이론에 기초한 영유아교육과정 개발에 큰 영향을 미치면서 영유아 수학교육의 목적과 내용 및 방법의 토대가 되었다. 우리나라에서는 제2차 유치원교육과정(1979)에 처음으로 논리·수학적 사고와 표상능력을 포함하면서 인지발달이론 중심의 수학교육을 시도하였다.

피아제는 연령이 증가함에 따라 인지구조가 발달한다고 보았다. 즉 인지발달은 감각운동기, 전조작기, 구체적 조작기, 형식적 조작기의 4단계로 일련의 단계를 거쳐 발달하며, 이들 각 단계의 논리·수학적 사고 구조는 서로 다르다는 것이다. 따라서 발달단계에 따라 수학교육도 달라져야 함을 의미한다.

수를 다루려면 수에 대한 보존개념과 가역적 사고가 가능해야 하는데, 감각운동기의 영아와 전조작기의 유아는 보존 개념이 발달하지 못하고 가역적 사고를 하지 못하는 단계이므로 수 교육이 제한될 수밖에 없다. 감각운동기와 전조작기에 수의 이름을 기계적으로 암기하여 말하는 것은 수 이름을 회상하는 것에 불과하며 진정한 수 개념의 발달이라고 볼 수 없다. 구체적 조작기가 되어야 보존개념과 가역적 사고가 가능해지면서 진정한 수 개념 이해가 발달하는 것이다.

따라서 감각운동기와 전조작기의 영아와 유아에게 수를 직접 가르치는 것이나 숫자와 기호 등 수 상징을 학습하게 하는 것은 진정한 논리·수학적 지식 습득이 될 수 없으므로 이 단계의 수학교육으로 적합하지 않다. 대신 논리적 조작을 향상시킬 수 있는 분류, 서열화, 일대일 대응과 같은 수 이전 활동이 영유아기 수학교육 내용으로 적합하다.

피아제가 연구한 영유아기의 분류 개념, 수 개념, 측정개념, 공간개념, 서열화개념과 수학적 지식 구성의 원리는 수학교의 내용과 방법에 큰 영향을 미쳤다. 우리나라에서는 1979년의 제2차 유치원교육과정부터 이들 내용을 반영하였다.

■ 브루너의 수업이론 : 발견학습이론

브루너(Bruner, J. S., 1915~2016)는 전통적인 지식주입식 교육과 듀이의 경험중심 교육과정에 대한 비판으로 1960년대 이후 대두된 학문중심 교육과정으로의 변혁과 교수활동 개선에 크게 기여한 학자이다. 학문중심 교육과정은 학문이나 교과의 기저를 이루는 개념, 원리, 법칙의 관계인 지식의 구조를 이해하고 탐구하는 과정을 중요시하는 교육과정으로, 우리나라 교육과정에도 반영되어 탐구중심 학습을 강조한 시대가 있었다.

학문중심 교육과정을 실천하는 수업이론으로 브루너는 발견학습을 제시하였다. 발견학습이란 교사가 개념이나 아이디어, 법칙을 최종적인 형태로 제시하는 것이 아니라 모호하면서도 난이도가 포함된 문제형태로 제시하여 학습자들이 스스로 개념, 원리, 법칙을 만들고 형성해가는 학습활동을 의미한다(정숙경, 2000). 즉, 학습자 스스로 지식을 발견할 수 있는 기회를 주고 교사의 개입은 최소화하면서 학습자가 개념이나 아이디어를 생성해내는 자기학습 과정 중심의 수업이 가장 의미있는 학습이 이루어진다고 믿는 것이다.

발견학습에서 교사로서 유념해야 할 점은 세 가지이다(오만록, 2012, 정숙경, 2000).

첫째, 브루너는 발견학습 과정에서 지식을 구조화하는 과정을 중요시 한다. 특히 잘 구조화된 지식이란 적절한 방법으로 표현되어야 하는데, 모든 지식은 동작적, 영상적, 상징적 표현의 3가지 방법으로 표현될 수 있으며, 학습의 계열은 대체로 동작적, 영상적, 상징적 표현의 순서를 따라야 한다.

둘째, 교사의 칭찬이나 상 등과 같은 외발적 동기유발방법에서 학습자가 스스로 학습과정에서 즐거움과 만족감을 느끼는 내적 동기유발방법으로 전환해야 한다.

셋째, 학습결과에 대한 지식을 강화하는 것이 중요하다. 학습결과로 형성된 지식은 학습자의 사고를 질적으로 향상시킬 뿐만 아니라 사고의 양적 증대에도 기여하기 때문이다. 따라서 학습결과에 대한 피드백, 즉 교정적 정보를 제공할 때 강화가 되어 학습은 보다 효과적이다.

브루너는 인지발달이론의 영향을 받았지만, 피아제의 발달이론이 발달특성을 설명하는 기술적인 수준인데 비해, 브루너의 수업이론은 개념과 지식에 도달하기 위한 최선의 방안을 고안하는 처방적인 이론이라는 점에서 교육현장의 실제에는 더 영향력 있는 이론이라고 할 수 있다.

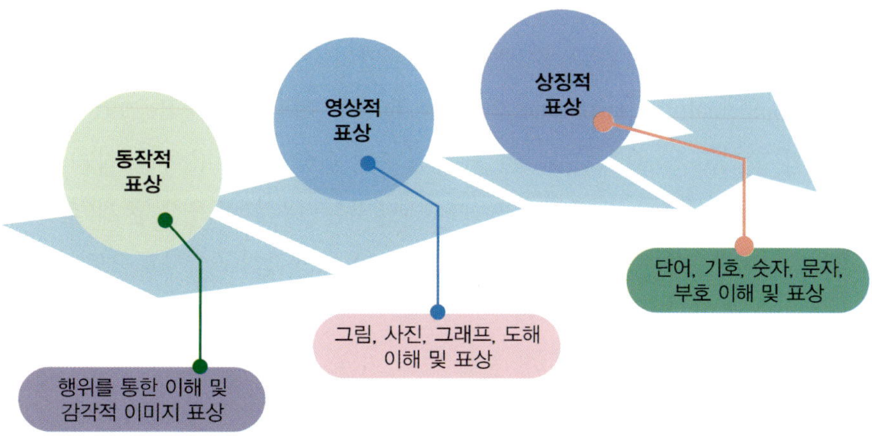

지식 표상의 방법(브루너)

브루너의 지식 구조의 표현방식은 영유아교육에서 오늘날까지도 반영하여 적용하고 있으며 수학교육의 수업방법에도 적용되고 있다.

3) 교육 패러다임의 변화 : 구성주의

20세기 교육의 큰 변화는 구성주의의 정착이라고 볼 수 있다. 인식론적 관점에서의 교육 패러다임은 크게 객관주의(objectivism) 대 주관주의(subjectivism) 혹은 비구성주의(non-constructivism) 대 구성주의(constructivism)로 대별된다. 그동안 교육 패러다임이 행동주의에서 인지주의로 그리고 구성주의로 변천되어 온 것은 지식습득의 근원에 대한 외부적 관점에서 내부적 관점으로, 즉 객관주의에서 주관주의로 변화해왔음을 말해준다.

20세기에 전 세계적인 교육 패러다임으로 정착한 구성주의는 주관주의 인식론에서 출발하였다. 지식이 외부 세계에 존재한다는 전통적인 객관주의 인식론이나 정보는 외부 세계의 표상과 지각 과정을 거쳐서 습득된다는 전통적 심리학 이론에 대한 대안적인 개념이었다(Granott, 1993; Inagaki, 1992; Steffe & Gale, 1997). 전통적 교육 패러다임이 구성주의로 전환되면서 교수학습방법도 크게 변화하게 되었다.

구성주의에서는 학습자를 스스로 외부 세계에 대한 의미를 구성해나가는 능동적인 존재로 본다. 그리고 학습은 능동적인 구성과정이며 학습자 자신이 이미 가지고 있는 현재 지식과 경험, 개념과 의미있게 연결되는 학습에 의해 자신에게 새로운 의미를 구성해간다고 본다. 미국유아교육전문가협회(NAEYC)가 제안한 발달적으로 적합한 실제(Developmentally Appropriate Practice DAP), 이탈리아의 Reggio Emillia 접근법 그리고 Katz와 Chard의 프로젝트 접근법 등도 유아를 자기 주도적이고, 본능적으로 동기화되고, 또 발달하는 능력을 가진 존재(김은희, 2001; 양옥승, 2008; 이기헌·황윤세, 1999), 즉 지식구성자로 보는 구성주의적 접근의 프로그램이다.

구성주의적 인식론에 대한 철학적 논의는 18세기에 시작되었지만 인지심리학에 있어 구성주의적 전환은 피아제와 비고츠키의 이론에 기초하고 있다. 피아제가 생애 후기에 정립한 발생학적 인식론과 비고츠기가 인지심리학과 지식사회학을 접목한 사회문화적 인지이론이 구성주의의 심리학적 기초를 제공한 것으로 평가받고 있다. 특히 교수학습 분야에서는 이들 두 가지 관점에 기초한 수업방법 연구가 활발하게 진행되었다. 인지갈등과 평형화 과정을 통한 인지적 상호작용과 근접발달지대와 스캐폴딩을 중심으로 하는 사회적 상호작용은 구성주의 교수학습방법의 기초가 되었다.

3 21세기 영유아 수학교육

1) NCTM의 수학교육 기준안

1950년대 말 구소련의 인공위성 스푸트니크 발사로 인한 충격 이후 미국의 수학교육을 개선하고자 한 '새 수학(New Math)' 운동은 학교 수학교육에서 커다란 호응이 있었다. 그러나 수학의 기초가 되는 기본 가정, 개념, 원리, 규칙 등 수학의 구조에 대한 이해를 지나치게 강조하면서 학습자의 계산능력이 길러지지 못한다는 비판을 받았다. 새 수학 운동에 대한 반발로 1970년대에는 수학공식을 외우고 지필계산을 강조하는 '기초로 돌아가기(Back-to-Basics)' 운동과 현재와 미래에 필요한 수학적 요구를 반영하여 수학교육 내용의 폭을 넓히고 실제적인 문제 해결능력을 기르는 데 초점을 두어야 한다는 '문제해결 운동(Problem-Solving)'이 있었다.

1983년에 발표된 '미국의 위기(A Nation at Risk)' 보고서도 교육개혁의 움직임에 영향을 미쳤다. 이 보고서는 미국이 경제적 위기에 처하게 된 원인을 수학과 과학, 기술 교육을 등한시함으로써 산업정보사회에 유용한 인재를 양성하지 못했기 때문이라고 지적했다(권영례, 2014). 이로 인해 문제해결이 수학교육의 개선 방향으로 대두되면서 수학에 할애하는 시간이 늘어나고 계산 능력보다 수학적 추리능력의 발달을 강조하는 고차원의 수학적 사고 교육이 전반적으로 확대되었다(김현자 외, 2016).

수학교육과정과 평가에 관한 혼란을 겪으면서 국가적인 표준을 설정하고자 미국수학교사협의회 혹은 전미수학교사협의회(National Council of Teachers of Mathematics, NCTM)를 비롯한 여러 단체에서 수학교육 개선 지침을 발표하였다. 특히 미국수학교사협의회는 1989년에 '학교 수학을 위한 교육과정과 평가기준(Curriculum and Evaluation Standards for School Mathematics)'을, 2000년에는 '학교 수학을 위한 원리와 기준(Principles and Standards for School Mathematics)'을, 2006년에는 적용 지침서 성격의 '유-초등 수학 교육과정 핵심요소(Curriculum Focal Points for Pre-Kindergarten through Grade 8 Mathematics: A Quest for Coherence)'를 발표하였다.

NCTM(2000)은 유아교육기관에서의 수학교육 경험이 이후의 수학학습과 관련된 사고, 수행 정도, 태도에 영향을 주기 때문에 중요하다고 보고 수학교육의 목적을 다음과 같이 제시하였다.

수학교육의 목적(NCTM, 2000)

- 수학이 가치 있다는 것을 배워야 한다.
- 자신의 수학적 능력에 확신을 가져야 한다.
- 수학적으로 문제를 해결할 수 있어야 한다.
- 수학적으로 의사소통하는 것을 배워야 한다.
- 수학적으로 추론하고 증명하는 것을 배워야 한다.
- 수학적 개념을 다른 영역의 지식과 연계할 수 있어야 한다.
- 수학적 사고과정을 표상할 수 있어야 한다.

미국수학교사협의회가 제시한 학교 수학교육 기준안에서는 Pre-K 기준에 따라 유아부터 12학년까지의 연계적인 수학교육 기준을 제시하였다. 학년별 수학교육 기준은 수학적 내용에 관한 기준과 수학적 과정에 관한 기준으로 구성된다. 수학적 내용 지식이란 상황이나 사물의 관계를 지으면서 논리적으로 구성할 수 있는 지식이며, 수학적 과정이란 수학적 내용 지식을 획득하고 사용하는 방법에 관한 지식이다.

취학 전 유아 수학교육의 기준은 Pre-K-2에 포함되어 있으며 수학적 내용은 수와 연산, 대수, 기하, 측정, 자료분석과 확률의 5개 영역으로, 수학적 과정은 문제해결하기, 추론하기와 증명하기, 의사소통하기, 연계하기, 표상하기의 5개 영역으로 제시하였다. 그리고 이들 수학교육과정에 대한 실행지침서를 2006년에 발간하였으며, 이때 유아기 수학교육의 핵심내용으로 수와 연산, 기하, 측정을 선정하고 각 핵심요소를 제시하였다. NCTM의 이들 기준안은 미국뿐만 아니라 세계적으로 수학교육의 개선에 자극이 되었으며 우리나라의 영유아교육과정에서도 반영하고 있다.

표 2-1 유아 수학교육과정의 핵심요소(NCTM, 2006)

연령	영역	핵심 요소
Pre	수와 연산	• 일대일 대응, 수 세기, 기수 개념, 비교의 개념을 포함한 자연수 이해 –수 이름 알기, 10 이상의 사물 세기 –~보다 많음, ~보다 적음 용어 사용하기
	기하	• 도형 인식, 공간적 관계 기술 –일상생활에서 도형 인식 및 용어 알기 –공간적 관계 용어 사용하기, 공간적 관계 추리하여 설명하기
	측정	• 측정할 수 있는 속성을 확인 • 측정 가능한 속성을 이용한 사물 비교 –측정과 관련된 용어(같은, 다른, 더 많은, 더 적은) 사용하기
K	수와 연산	• 자연수 쓰기, 비교하기, 순서짓기와 독립집합 합하기 –자연수 쓰기, 비교하기, 순서 정하기 –자연수의 조합과 분배
	기하	• 모양과 공간 설명하기 –다양한 모양 인식과 이름 알기 –공간적 관계 추리하기
	측정	• 측정할 수 있는 속성에 따라 사물의 순서짓기 –길이, 무게와 같은 속성을 이용하여 비교하기, 순서짓기

출처: NCTM(2006).

NCTM은 학습자의 수학적 이해를 위한 교수학습방법으로 구성주의적 발견학습을 강조한다. 노선숙(2007)과 최영한과 김미월(2002)이 소개했듯이 학습자 스스로 지식과 기술을 발견하는 과정의 체험을 통해 자신의 경험과 사전 지식으로부터 새로운 지식을 능동적으로 구성함으로써 수학에 대한 이해를 하는 수학학습이어야 한다는 것이다. 그리고 구성주의적 발견학습을 위해 교사는 다음과 같은 교수원리를 따르도록 한다.

- 효과적인 수학 가르침을 위해 수학내용을 잘 알고 이해해야 한다.
- 학습자에 대해 잘 알고 이해해야 한다.

- 수업을 계획할 때 교사는 기본적인 아이디어들이 잘 통합되도록 짜야 한다.
- 다양한 상황에 대처할 수 있도록 용어와 정의, 기호, 개념, 기능 등 주요 요소들을 주의깊게 선정하고, 여러 단원과 연령에 걸쳐 학습내용을 배치한다.
- 교사는 수업에서 예기치 않았던 방향의 전환을 잘 조정하고, 기회를 잘 포착하여 이용한다.

2) NAEYC의 발달적으로 적합한 유아교육의 실제

미국유아교육협의회(National Association for the Education of Young Children, NAEYC)는 미국뿐만 아니라 전 세계적으로 영유아교육과정의 방향에 큰 영향력을 미치는 단체이다. 특히 NAEYC에서 발표한 「발달적으로 적합한 유아교육의 실제」는 최근의 영유아 수학교육에서도 선도적 지침이 되고 있다. 발달적으로 적합한 영유아교육의 실제에서 제시한 발달 및 학습에 관한 기본 원리는 다음과 같으며 이는 영유아 수학교육에도 적용되는 원리이다.

영유아 수학교육의 원리

- 일상생활에서의 경험을 통해 습득한 비형식적 수학지식을 형식적 수학지식으로 연결하도록 돕는다.
- 영유아가 흥미를 보일 수 있는 활동을 제공하여 자발적이고 적극적인 탐구활동이 이루어지도록 함으로써 수학지식을 능동적으로 구성하고 수학에 대한 긍정적인 태도를 가지도록 한다.
- 수학교육의 내용으로는 수와 연산, 대소, 기하와 공간, 측정, 자료분석과 확률 등의 다양한 개념을 다루고, 일상생활에서 이들 개념 간에 상호 연관이 되도록 한다.
- 수학적 지식뿐만 아니라 문제해결, 추론, 관련짓기, 표상하기, 의사소통하기 등의 수학적 과정 활동을 강조한다.
- 수학교육은 특정 시간과 장소에서 이루어지는 것이 아니라 일상생활의 활동에서 통합되어 이루어지도록 한다.
- 수학교육에 대한 평가는 영유아의 수학적 지식, 수학적 과정 기술, 수학적 태도를 다양한 방법으로 평가하고 그 결과를 반영하여 수학학습을 지원한다.

출처: NAEYC & NCTM(2002).

NAEYC는 2002년에 NCTM와 공동으로 수학교육의 질적 향상을 위한 '유아수학교육: 좋은 출발을 촉진하기(Early Childhood Mathematics: Promoting Good Beginning)'라는 지침을 발표하였다. 이 지침은 수학교육을 위한 교수 실제뿐만 아니라 교수 실제를 위한 정책적 지원과 체제적 변화에 관한 권장사항도 제시하여 수학교육의 질적 발전을 위한 실천을 촉진하고자 하였다. 우리나라에서는 2007년 개정 유치원교육과정에서 이러한 동향이 반영되어 탐구생활 중 수학적 탐구의 하위영역이 NCTM의 수학교육 하위영역과 일치하도록 개정되었으며(나귀옥·김경희, 2015) 2013년 누리과정에도 반영되었다.

표 2-2 유아기 수학학습의 경로

내용 영역	전형적 지식과 기술 3세 ◀────▶ 6세	
수와 연산	• 1~4개 사물을 세고 마지막 수가 수량을 의미함을 앎 • 1~3개 사물을 직지하고 수 이름을 앎 • 작은 수의 비언어적 더하기, 빼기	• 100까지 세기(10씩 묶어서) • 6개 사물(규칙적, 불규칙적) 즉지, 수 이름 앎 • 10 이하의 수 더하기와 빼기(계속 세기 전략)
공간과 도형	• 2, 3차원 도형 짝 맞추기, 명명(같은 크기, 방향 → 다른 크기, 방향) • 도형을 따로 사용하여 그림 만들기 • 사물의 위치를 공간적 언어로 기술, 장난감으로 단순한 지도 구성	• 다양한 2, 3차원 도형 인식과 명명 • 도형의 기본 특징 설명(변과 각의 수) • 도형을 조합하여 그림 만들기 • 친숙한 장소 지도 그리기, 만들기, 따라가기
측정	• 측정 대상의 속성 인식과 어휘(긴, 무거운) • 속성에 따라 대상을 비교, 분류	• 다양한 측정 단위, 과정 시도, 방법에 따라 결과 다름을 인식 • 비표준화 도구 사용
패턴/대수	• 단순하게 반복되는 패턴 인식, 베끼기	• 수 패턴 인식 및 토의(1씩 더하면 다음 수)
자료분석 나타내기	• 사물 분류, 그룹의 수 세기, 비교 • 간단한 그래프(그림) 만들기	• 수 표상으로 자료 조직, 나타내기, 각 그룹의 수 세기

출처: 나귀옥·김경희(2015).

Chapter 03

우리나라 영유아 수학교육의 변천

이 장에서는 우리나라 영유아교육과정에 포함된 영아 수학교육과 유아 수학교육을 살펴보고자 한다. 우리나라의 영유아교육은 그 동안 유치원과 어린이집의 이원화 체제이므로 각각의 교육과정 변천을 통해 수학교육의 흐름을 살펴보고, 최근의 공통과정인 누리과정과 개정 제3차 표준보육과정을 통해 현재 적용되고 있는 영유아 수학교육을 알아보도록 한다.

1 유치원교육과정 변천과 수학교육

우리나라 유치원교육과정은 대한민국 정부가 수립되고 20여 년이 지난 1969년에 최초로 국가수준 유치원교육과정이 제정되었으며, 이후 누리과정이 적용되기 전까지 총 6회의 개정을 거쳐 수정되었다. 그리고 최근 유치원교육과정과 어린이집 보육과정의 공통과정인 누리과정으로 3~5세 교육과정은 통합되었다. 국가수준의 교육과정 변천과 이에 내포된 영유아 수학교육 내용을 살펴보도록 한다.

■ 제1차 유치원교육과정(1969.2.19. 문교부령 제207호)

목적	건강한 신체와 건전한 정신으로 생활할 수 있는 유능한 한국인 양성 (사회적·신체적·정서적·지적 면에서의 균형된 성장)
구성	5개 생활영역: 건강·사회·자연·언어·예능
특징	• 생활중심, 흥미중심, 경험중심 교육과정 • 바람직한 인격 형성, 건강과 위생, 신체발달 강조
수학교육 내용	• 자연영역: 수량과 도형(4~5세) 물건 비교 및 분류하기 양과 부피 알기 길이·넓이·높이·빠르기 알기 방향과 거리 알기 시간 지키기

■ 제2차 유치원교육과정(1979.3.1. 문교부 고시 제424호)

목적	자아실현, 국가 발전에 기여, 민주적 가치 습득
구성	발달영역 중심: 사회·정서발달영역·인지발달영역·언어발달영역·신체발달 및 건강영역
특징	• 학문중심 교육과정에 기초함: 지식 구조의 이해, 기본 개념의 파악, 탐구방법 강조 • 인지발달을 강조: 피아제의 인지발달이론을 반영하여 논리수학적 개념 형성, 표상능력 등 포함 • 최초로 유치원 교사용 지도서 보급
수학교육 내용	• 인지발달영역: 논리 수학적 사고에 관한 개념(4~5세) 일대일 대응 분류하기 유목 간 공통점 찾기 계열화하기 보존개념 알기 개수 헤아리기 수의 대·소 알기 순서 알기 • 인지발달영역: 표상능력(4~5세) 형태 익히기 및 비교하기 형태의 부분과 전체 파악하기 도형 찾기 위치와 기호 익히기 지도 보기

■ 제3차 유치원교육과정(1981.12.31. 문교부 고시 제422호)

목적	자주적이고 창의적인 국민을 기르기 위해 유아에게 알맞은 교육환경을 마련해 주어 전인적으로 성장하도록 돕고자 함
구성	발달영역 중심: 신체발달영역·정서발달영역·언어발달영역·인지발달영역·사회성 발달영역
특징	인간중심 교육과정, 통합교육과정 초·중등학교 교육과정 개정과 함께 이루어짐 유치원 수업일 수 축소(연간 200일 → 연간 180일)
수학교육 내용	• 인지발달영역: 논리 수학적 사고에 관한 개념(4~5세) 위치·도형·양 등을 알기 개수 헤아리기 일대일 대응하기 수의 이름과 크기 알기 사물의 공통점 찾기 분류하기 순서 짓기 시간개념 알기 사건의 순서 알기 부분과 전체 간의 관계 알기 보존성 알기

■ 제4차 유치원교육과정(1987.6.30. 문교부 고시 제87-9호)

목적	유아의 전인적 발달을 돕고자 함
구성	발달영역 중심: 신체발달영역·언어발달영역·인지발달영역·정서발달영역·사회성 발달영역
특징	인간중심 교육과정, 통합교육과정
수학교육 내용	• 인지발달영역: 논리 수학적 사고의 기초능력(4~5세) 준거에 따라 분류하기 준거에 따라 순서 짓기 수 개념 익히기 사물 측정하기 공간관계 알기 시간관계 알기 사건 및 현상의 원인과 결과 관계 짓기

■ 제5차 유치원교육과정(1992.9.30. 교육부 고시 제1992-15호)

목적	21세기를 주도할 건강하고 자주적이며 창의적이고 도덕적인 한국인 육성 유치원 교육목적(교육법 제146조, 제147조) 달성을 위함 이상적 인간상: 건강한 사람, 자주적인 사람, 창조적인 사람, 도덕적인 사람
구성	생활영역 중심: 건강생활·언어생활·사회생활·탐구생활·표현생활
특징	• 생활영역 중심으로 변경 • 3세아를 위한 교육 포함 • 발달수준에 따른 수준별 교육내용 제시(I수준, II수준, 공통수준)
수학교육 내용	• 탐구생활 영역: 논리 수학적 사고(3~5세) 사물 분류하기 사물 순서 짓기 수의 기초개념 이해하기 일상생활에서 수 활용하기 전체와 부분 경험하기 기초 측정과 관련된 경험 가지기 시간에 대한 기초개념 가지기 공간에 관한 기초개념 가지기 기본도형 인식 및 구성하기 기초적인 통계에 관련된 경험 가지기

■ 제6차 유치원교육과정(1998.6.30. 교육인적자원부 고시 제1998-10호)

목적	• 21세기 세계화·정보화 시대를 주도할 자율적이고 창의적인 한국인 육성 • 유치원 교육목적을 달성하고자 함(유아를 교육하고 유아에게 알맞은 교육환경을 제공하여 심신의 조화로운 발달을 조장하고자 함)
구성	생활영역 중심: 건강생활영역·사회생활영역·언어생활영역·표현생활영역·탐구생활영역
특징	• 사고 중심 내용 체계를 탐구 중심 내용체계로 변경
수학교육 내용	• 탐구생활 영역: 수학적 탐구(3~5세) 분류하기 순서 짓기 수의 기초개념 이해하기 기초적인 측정과 관련된 경험하기 시간에 대한 기초 개념 알기 공간과 도형의 기초 개념 알기 기초적인 통계와 관련된 경험하기

■ 2007 개정 유치원교육과정(2007)

목적	유아를 교육하고 유아에게 알맞은 교육환경을 제공하여 심신의 조화로운 발달을 조장하고자 함
구성	생활영역 중심: 건강생활 · 사회생활 · 언어생활 · 표현생활 · 탐구생활
특징	• 구성주의, 다문화교육 반영
수학교육 내용	• 탐구생활 영역: 수학적 기초능력 기르기(3~5세) 수 감각 기르기 공간 및 도형에 대해 알아보기 기초적인 측정해 보기 규칙성 이해하기 자료 정리 및 결과 나타내기

2 표준보육과정 변천과 수학교육

■ 제1차 표준보육과정(2010.9.7. 보건복지부 고시 제 2010-71호)

목적	만 6세 미만의 영유아가 갖추어야 할 바람직하고 적합한 태도와 가치, 지식과 기술을 포함하며, 이를 통해 영유아의 잠재력을 최대한 발휘하고 영유아가 완선한 어른으로 성장하도록 돕고자 함
구성	6개 영역 중심: 기본생활영역, 신체운동영역, 사회관계영역, 의사소통영역, 자연탐구영역, 예술경험영역
특징	• 2007년 '여성가족부 고시 제2007-1호'로 처음 고시되었으나, 보육업무가 보건복지부로 이관되면서 재고시함 • 2008년 보건복지부는 0~5세 연령별 보육프로그램을 개발하여 보급함
수학교육 내용	• 자연탐구 영역: 수학적 탐구 2세 미만: 수량 지각하기 주변 공간 탐색하기 비교하기 간단한 규칙성 지각하기 2세: 수량 인식하기 공간과 도형 인식하기 비교하기와 순서 인식하기 간단한 규칙성 인식하기 구분하기 3~5세: 수 개념 형성하기 공간과 도형 개념 형성하기 측정하기 규칙성 이해하기 자료수집과 분석하기

■ 제2차 표준보육과정(2012.2.29. 보건복지부 고시 제 2012-28호)

목적	영유아의 전인적인 성장과 발달을 돕고 민주시민으로서 자질을 길러 영유아가 심신이 건강하며 조화로운 사회구성원으로 자랄 수 있도록 함
구성	6개 영역 중심: 기본생활영역, 신체운동영역, 사회관계영역, 의사소통영역, 자연탐구영역, 예술경험영역
특징	• 만 5세 누리과정 제정과 더불어 만 0~4세를 포함하여 구성함 • 2012.2. 2011년 9월에 고시된 만 5세 누리과정에 기초한 만 5세 어린이집 프로그램 개발 및 보급
수학교육 내용	• 자연탐구영역: 수학적 탐구 2세 미만: 수량 지각하기 주변 공간 탐색하기 지각적으로 비교하기 간단한 규칙성 지각하기 2세: 수량 인식하기 공간과 도형 인식하기 비교하기와 순서 인식하기 간단한 규칙성 인식하기 구분하기 3~5세: 수와 연산의 기초개념 형성하기 공간 및 도형의 기초개념 형성하기 기초적인 측정하기 규칙성 이해하기 기초적인 자료수집과 결과 나타내기

■ 제3차 표준보육과정(2013.1.21. 보건복지부 고시 제 2013-8호)

목적	영유아의 심신의 건강과 전인적 발달을 도와 행복을 도모하며 민주시민의 기초를 형성하고자 함
구성	• 0~1세, 2세: 6개 영역(기본생활영역, 신체운동영역, 사회관계영역, 의사소통영역, 자연탐구영역, 예술경험영역) • 3~5세: 5개 영역(신체운동 및 건강영역, 사회관계영역, 의사소통영역, 자연탐구영역, 예술경험영역)
특징	• 2012.7.3. 3~4세 누리과정 제정고시 및 5세 누리과정 개정 고시 • 2013.1.21. 0~1세 보육과정, 2세 보육과정, 3~5세 보육과정을 포함하여 개정 고시함
수학교육 내용	• 자연탐구영역: 수학적 탐구하기 0~1세: 수량 지각하기 주변 공간 탐색하기 차이를 지각하기 간단한 규칙성 지각하기 2세: 수량 인식하기

	공간과 도형에 관심 가지기 차이에 관심 가지기 단순한 규칙성에 관심 가지기 구분하기 3~5세: 수와 연산의 기초개념 알아보기 공간과 도형의 기초개념 알아보기 기초적인 측정하기 규칙성 이해하기 기초적인 자료 정리 및 결과 나타내기

3 현행 국가수준 영유아교육과정과 수학교육

현재 유치원과 어린이집의 유아를 위한 국가수준교육과정은 '누리과정'으로 통일된 상태이며, 누리과정은 유치원교육과정과 표준보육과정에 동일하게 반영되어 있다. 그리고 영아를 위한 교육과정은 누리과정과 통일된 체계를 갖추어 제3차 표준보육과정에 제시되어 있다. 이들 국가수준 교육과정은 현재 유치원과 어린이집에서 실행되고 있다.

1) 영아 수학교육

어린이집의 0~2세를 위한 수학교육은 제3차 표준보육과정(2013)에서 자연탐구 영역에 포함되어 있으며, 0~1세와 2세로 구분하고 있다.

(1) 자연탐구 영역의 성격

표준보육과정에서 명시한 0~2세를 위한 자연탐구영역 「수학적 탐구하기」의 성격 중 수학교육 관련 내용 중심으로 발췌하여 다음 표에 제시하였다. 0~1세 「수학적 탐구하기」의 성격과 2세 「수학적 탐구하기」의 성격에서 공통점은 첫째, 영아기 수학교육을 통해 수학적 탐구능력을 기르고자 하며, 둘째, 일상생활 속에 통합된 경험으로서의 수학교육을 강조하고, 셋째, 영아가 스스로 지식을 구성해 가는 구성주의적 교육방법을 지향한다는 것이다. 0~1세와 2세 연령 간 차이점은 영아들의 인지적 발달수준을 반영하여 지각하는 수준에서 점차 인식하는 수준으로 활동한다는 것이다.

0~1세 자연탐구영역의 성격(표준보육과정, 2013)

자연탐구영역은 영아가 보고, 듣고, 만지면서 주변 환경에 관심을 가지고, 주변 세계에 대한 탐색을 시도하며, 주변에서 일어나는 수학적 상황을 지각하고, 감각과 조작을 통하여 주변 사물과 자연환경에 대해 알아가며 일상생활 속에서 기초 수학적, 과학적 탐구능력과 탐구태도를 기르기 위한 영역이다.

(중략)

수학적 탐구하기는 영아가 수학적 지식을 스스로 구성해 가는 지식과 이해에 관련된 내용이다.

(중략)

생활 속에서 접하는 여러 가지 상황 속에서 수학적 내용을 이해하여 기초 수학적 지식을 구성해 갈 수 있도록 다양하게 상호작용을 한다. 이 과정에서 수학적 상황에 대한 경험이 단편적으로 이루어지기보다는 생활 속에서 자연스럽게 통합적으로 이루어지도록 하는 것이 중요하다.

(중략)

2세 자연탐구영역의 성격(표준보육과정, 2013)

자연탐구영역은 영아가 호기심을 가지고 다양하게 탐색하기를 즐기며 탐구하는 태도를 가지게 하고, 주변에서 경험하는 수학적 상황과 다양한 탐색을 통하여 주변 사물과 자연환경을 인식하는 능력을 기르기 위한 영역이다.

(중략)

영아들은 일상생활에서 일어나는 수학적 상황에 대해 궁금해 하고 경험하면서 인식하게 된다.

(중략)

수학적 탐구하기는 영아가 수학적 지식을 스스로 구성해 가는 지식과 이해에 관련된 내용이다.

(중략)

주변의 여러 가지 상황에서 자연스럽게 일어나는 기초 수학적 내용에 대해 적절하게 상호작용하여 생활 속에서 자연스럽게 경험하고 인식할 수 있도록 한다.

(중략)

(2) 자연탐구 영역 「수학적 탐구하기」의 목표

0~1세	
보고, 듣고, 만지면서 주변 환경에 관심을 가진다.	1. 주변 사물에 대한 탐색을 시도한다. 2. <u>주변에서 일어나는 수학적 상황을 지각한다.</u> 3. 감각과 조작을 통하여 주변 사물과 자연환경에 대해 지각한다.

2세	
주변 환경에 호기심을 갖고 탐색하기를 즐긴다.	1. 호기심을 가지고 주변 세계에 대해 다양하게 탐색한다. 2. <u>주변에서 경험하는 수학적 상황을 인식한다.</u> 3. 다양한 탐색을 통하여 주변 사물과 자연환경을 인식한다.

(3) 자연탐구 영역 「수학적 탐구하기」의 내용범주와 내용

자연탐구영역(0~1세)

- **탐구하는 태도 기르기**
  - 사물에 관심 가지기
  - 탐색 시도하기
- **수학적 탐구하기**
  - 수량 지각하기
  - 주변 공간 탐색하기
  - 차이를 지각하기
  - 간단한 규칙성에 지각하기
- **과학적 탐구하기**
  - 물체와 물질 탐구하기
  - 주변 동·식물에 관심 가지기
  - 주변 자연에 관심 가지기
  - 생활도구 탐색하기

자연탐구영역(2세)

- **탐구하는 태도 기르기**
  - 호기심 가지기
  - 반복적 탐색 즐기기
- **수학적 탐구하기**
  - 수량 인식하기
  - 공간과 도형에 관심 가지기
  - 차이에 관심 가지기
  - 단순한 규칙성에 관심 가지기
  - 구분하기
- **과학적 탐구하기**
  - 물체와 물질 탐구하기
  - 주변 동·식물에 관심 가지기
  - 자연을 탐색하기
  - 생활도구 사용하기

(4) 자연탐구영역 「수학적 탐구하기」의 영아 연령별 세부내용

<table>
<tr><th rowspan="3">내용</th><th colspan="4">0~1세</th><th rowspan="3">내용</th><th colspan="2">2세</th></tr>
<tr><th colspan="4">세부내용</th><th colspan="2">세부내용</th></tr>
<tr><th>1수준</th><th>2수준</th><th>3수준</th><th>4수준</th><th>1수준</th><th>2수준</th></tr>
<tr><td rowspan="3">수량 지각 하기</td><td rowspan="3"></td><td rowspan="3">있고 없는 상황을 지각 한다.</td><td rowspan="3">'있다'와 '없다'를 구별 한다.</td><td rowspan="3">'한 개'와 '여러 개'를 구별 한다.</td><td rowspan="3">수량 인식 하기</td><td colspan="2">많고 적음을 구별한다.</td></tr>
<tr><td>두 개 가량의 수 이름을 말해본다.</td><td>세 개 가량의 구체물을 말하며 세어본다.</td></tr>
<tr><td colspan="2">구체물을 일대일로 대응해본다.</td></tr>
<tr><td rowspan="2">주변 공간 탐색 하기</td><td></td><td colspan="3">도움을 받아 주변의 공간을 탐색한다.</td><td rowspan="2">공간과 도형에 관심 가지기</td><td colspan="2">나를 중심으로 익숙한 위치, 장소를 인식한다.</td></tr>
<tr><td colspan="4">주변 사물의 모양을 지각한다.</td><td colspan="2">주변 사물의 모양에 관심을 가진다.</td></tr>
<tr><td>차이를 지각 하기</td><td colspan="2"></td><td colspan="2">주변 사물의 차이를 지각한다.</td><td>차이에 관심 가지기</td><td colspan="2">주변 사물의 크기(속성의 차이)에 관심을 가진다.</td></tr>
<tr><td>간단한 규칙성 지각 하기</td><td colspan="2"></td><td colspan="2">일상과 놀이에서 간단한 규칙성을 경험한다.</td><td>단순한 규칙성에 관심 가지기</td><td colspan="2">주변에서 단순하게 반복되는 규칙성에 관심을 가진다.</td></tr>
<tr><td></td><td colspan="2"></td><td colspan="2"></td><td>구분 하기</td><td colspan="2">주변 사물의 같고 다름에 따라 구분한다.</td></tr>
</table>

2) 유아 수학교육

3~5세 유아를 위한 수학교육은 누리과정 '자연탐구 영역'에 포함되어 있으며, 성격과 목표 및 내용은 다음과 같다.

(1) 자연탐구 영역 「수학적 탐구하기」의 성격

누리과정에서 3~5세를 위한 자연탐구영역 「수학적 탐구하기」의 성격 중 수학교육 관련 내용 중심으로 발췌한 내용은 다음과 같다. 영아 수학교육과 마찬가지로 주변 세계와 일상생활에서 경험과 통합된 수학교육을 강조한다. 유아기 수학교육은 영아기와 달리 지각과 인식 수준을 넘어 기초적인 사고력을 확장해가도록 한다.

3~5세 자연탐구영역의 성격 (누리과정, 2013)

자연탐구영역은 유아가 자신을 둘러싸고 있는 주변 세계에 대해 호기심을 가지고 궁금한 것을 해소하기 위해 탐구하며, 일상생활에서 부딪치는 현상이나 문제해결을 수학적·과학적으로 생각하는 기초 능력과 태도를 기르기 위한 영역이다.

(중략)

유아는 일상 속의 의문과 경험에서 많은 수학적 탐구의 기회를 갖게 되며, 이를 통해 수학적 지식과 탐구과정을 익히게 된다. 수학적으로 탐구하는 과정은 유아의 논리적·합리적 사고력을 육성하는 데 중요하며, 이는 궁극적으로 일상의 문제를 논리적이며 합리적으로 해결하는 능력의 토대가 된다.

(중략)

유아가 일상생활 경험에서 구성한 지식을 바탕으로 다양한 시도를 해보고 추론하는 활동을 통해 수학적 기초능력을 의미있게 확장해 나갈 수 있게 한다.

(중략)

(2) 자연탐구 영역 「수학적 탐구하기」의 목표

호기심을 가지고 주변 세계를 탐구하며,
일상생활에서 수학적·과학적으로 생각하는 능력과 태도를 기른다.

↓

가. 주변의 사물과 자연 세계에 대해 알고자 하는 호기심을 가지고 탐구하는 태도를 기른다.

유아기부터 주변 세계를 주의 깊게 탐구하는 태도를 형성함으로써 지적 자율성을 신장할 수 있다. 유아가 궁금한 점을 알고 싶어 하는 마음을 가지고 의문을 풀기 위해 지속적으로 필요한 것을 조사하여 찾아내거나 얻어내는 탐구과정을 즐기도록 한다. 또한 관찰, 분류, 측정, 예측, 추론 등의 탐구기술을 활용하는 능력을 기르도록 한다.

나. <u>생활 속의 여러 상황과 문제를 논리·수학적으로 해결하기 위한 기초 능력을 기른다.</u>

유아기는 수학적 능력의 토대를 구축하는 시기로 유아가 생활 속에서 다양한 수학적 경험을 하는 것이 중요하다. 유아가 놀이, 게임, 생활 속의 문제 해결과 같은 구체적 경험을 통해 수량관계, 공간과 도형, 측정, 규칙성, 자료수집과 정리 등에 관한 기초지식을 구성하고 논리적·수학적으로 사고하는 능력을 기르도록 한다.

다. 주변의 관심 있는 사물과 생명체 및 자연현상을 탐구하기 위한 기초 능력을 기른다.

유아는 주변의 사물과 자연현상을 지속적으로 음은 물론 자연과 인간이 더불어 살아가는 것이 중요함을 경험하게 된다. 따라서 유아기 동안 주변의 다양한 물체와 물질을 탐색하고, 생명체와 자연환경과 자연현상을 알아보며, 간단한 도구와 기계를 활용하는 능력을 기르도록 한다.

출처: 교육과학기술부·보건복지부(2013).

(3) 자연탐구 영역 「수학적 탐구하기」의 내용범주와 내용

자연탐구영역(3~5세)

탐구하는 태도 기르기
- 호기심을 유지하고 확장하기
- 탐구과정 즐기기
- 탐구기술 활용하기

수학적 탐구하기
- 수와 연산의 기초개념 알아보기
- 공간과 도형의 기초개념 알아보기
- 기초적인 측정하기
- 규칙성 이해하기
- 기초적인 자료 수집과 결과 나타내기

과학적 탐구하기
- 물체와 물질 알아보기
- 생명체와 자연환경 알아보기
- 자연현상 알아보기
- 간단한 도구와 기계 활용하기

(4) 자연탐구영역 「수학적 탐구하기」의 유아 연령별 세부내용

내용	3~5세		
	세부내용		
	3세	4세	5세
수와 연산의 기초 개념 알아보기	생활 속에서 수에 관심을 갖는다.	생활 속에서 사용되는 수의 여러 가지 의미를 안다.	
	구체물 수량의 많고 적음을 비교한다.	구체물 수량에서 '같다', '더 많다', '더 적다'의 관계를 안다.	구체물 수량의 부분과 전체 관계를 알아본다.
	다섯 개 가량의 구체물을 세어보고 수량에 관심을 갖는다.	열 개 가량의 구체물을 세어보고 수량을 알아본다.	스무 개 가량의 구체물을 세어보고 수량을 알아본다.
			구체물을 가지고 더하고 빼는 경험을 해 본다.
공간과 도형의 기초 개념 알아보기	나를 중심으로 앞, 뒤, 옆, 위, 아래를 알아본다.	위치와 방향을 여러 가지 방법으로 나타내 본다.	
			여러 방향에서 물체를 보고 그 차이점을 비교해 본다.
	물체의 모양에 관심을 갖는다.	기본 도형을 특성을 인식한다.	기본 도형의 공통점과 차이점을 알아본다.
		기본 도형을 사용하여 여러 가지 모양을 구성해 본다.	

(계속)

내용	3~5세		
	세부내용		
	3세	4세	5세
기초적인 측정하기	두 물체의 길이, 크기를 비교해 본다.	일상생활에서 길이, 크기, 무게 등을 비교해 본다.	일상생활에서 길이, 크기, 무게, 들이 등의 속성을 비교하고, 순서를 지어 본다.
			임의 측정 단위를 사용하여 길이, 면적, 들이, 무게 등을 재 본다.
규칙성 이해하기	생활주변에서 반복되는 규칙성에 관심을 갖는다.	생활주변에서 반복되는 규칙성을 알아본다.	생활주변에서 반복되는 규칙성을 알고 다음에 올 것을 예측해 본다.
		반복되는 규칙성을 인식하고 모방한다.	스스로 규칙성을 만들어 본다.
기초적인 자료 수집과 결과 나타내기		필요한 정보나 자료를 수집한다.	
	같은 것 끼리 짝을 짓는다.	한 가지 기준으로 자료를 분류해 본다.	한 가지 기준으로 분류한 자료를 다른 기준으로 재분류해 본다.
			그림, 사진, 기호나 숫자를 사용해 그래프로 나타내 본다.

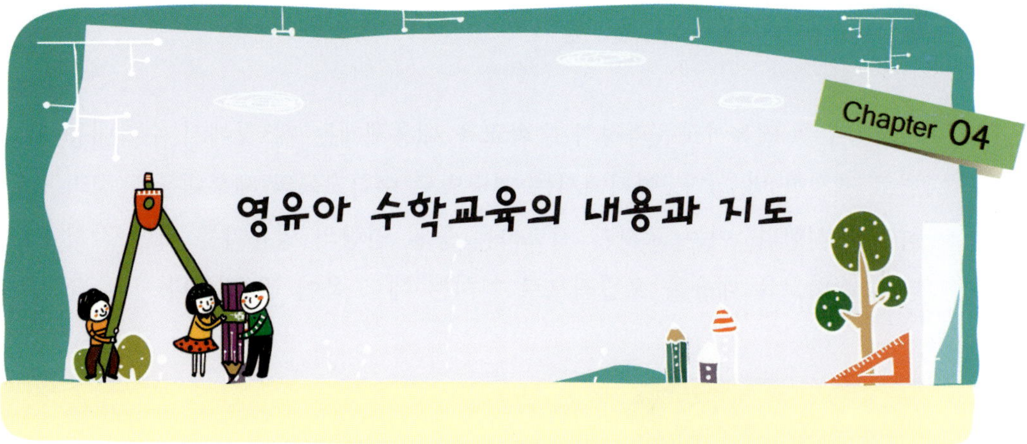

Chapter 04

영유아 수학교육의 내용과 지도

교사로서 수학교육의 세부내용을 구체적으로 이해하고 내용별 지도방안을 탐색하는 것은 수학교육의 계획과 실행을 위한 필수적인 기초 과정이라고 볼 수 있다. 이 장에서는 영유아기 발달 특성에 적합한 수학교육에 대한 이해를 돕기 위해 먼저 국가수준 영유아교육과정을 중심으로 수학교육 내용을 살펴보고, 실제 활동 속에서 수학교육 내용이 어떻게 포함되어 있는지를 분석해 보는 활동을 통해 수학교육 내용을 익혀보도록 한다. 그리고 세부내용별 지도방안은 국가수준 지침서를 통해 지도지침과 유의점을 살펴보도록 한다.

수학교육의 세부내용별 지도지침 및 유의점은 명확한 이해와 전달을 위해 표준보육과정 해설서(2013)와 누리과정 해설서(2013)에서 발췌한 내용 그대로 소개하고자 한다.

1 영유아 수학교육의 내용

일반적으로 수학교육 내용에는 수학의 학문적 내용인 수와 연산, 기하학과 공간, 대수학, 함수, 측정, 규칙성(패턴), 자료수집과 확률 등이 포함되며, 영유아를 위한 수학교육도 이들 내용으로 구성된다. 유아, 초등, 중등 수학교육 간 차이점은 이들 내용을 학습자의 발달수준에 적절한 내용별 범위와 수준을 달리 하는 것뿐이다.

국가수준 영유아교육과정의 수학교육 내용체계는 제3장에서 수학내용별로 제시한 바 있다. 여기에서는 연령별로 수학교육의 세부내용을 정리하여 제시한다. 이는 교사가 지도하는 동일 연령의 영유아를 위한 각기 다른 수학교육 내용을 포괄적으로 익히는 데 도움이 될 것이다.

0~1세 수학교육 내용

<table>
<tr><th>내용범주</th><th>내용</th><th>1수준</th><th>2수준</th><th>3수준</th><th>4수준</th></tr>
<tr><td rowspan="6">수학적 탐구하기</td><td>수량 지각하기</td><td></td><td>있고 없는 상황을 지각한다.</td><td>'있다'와 '없다'를 구별한다.</td><td>'한 개'와 '여러 개'를 구별한다.</td></tr>
<tr><td rowspan="2">주변 공간 탐색하기</td><td></td><td colspan="3">도움을 받아 주변의 공간을 탐색한다.</td></tr>
<tr><td colspan="4">주변 사물의 모양을 지각한다.</td></tr>
<tr><td>차이를 지각하기</td><td colspan="2"></td><td colspan="2">주변 사물의 차이를 지각한다.</td></tr>
<tr><td>간단한 규칙성 지각하기</td><td colspan="2"></td><td colspan="2">일상과 놀이에서 간단한 규칙성을 경험한다.</td></tr>
</table>

2세 수학교육 내용

<table>
<tr><th>내용범주</th><th>내용</th><th>1수준</th><th>2수준</th></tr>
<tr><td rowspan="9">수학적 탐구하기</td><td rowspan="3">수량 인식하기</td><td colspan="2">많고 적음을 구별한다.</td></tr>
<tr><td>두 개 가량의 수 이름을 말해 본다.</td><td>세 개 가량의 구체물을 말하며 세어본다.</td></tr>
<tr><td colspan="2">구체물을 일대일로 대응해 본다.</td></tr>
<tr><td rowspan="2">공간과 도형에 관심 가지기</td><td colspan="2">나를 중심으로 익숙한 위치, 장소를 인식한다.</td></tr>
<tr><td colspan="2">주변 사물의 모양에 관심을 가진다.</td></tr>
<tr><td>차이에 관심 가지기</td><td colspan="2">주변 사물의 크기(속성의 차이)에 관심을 가진다.</td></tr>
<tr><td>단순한 규칙성에 관심 가지기</td><td colspan="2">주변에서 단순하게 반복되는 규칙성에 관심을 가진다.</td></tr>
<tr><td>구분하기</td><td colspan="2">주변 사물의 같고 다름에 따라 구분한다.</td></tr>
</table>

3세 수학교육 내용

내용 범주	내용	세부내용
수학적 탐구하기	수와 연산의 기초개념 알아보기	생활 속에서 수에 관심을 갖는다.
		구체물 수량의 많고 적음을 비교한다.
		다섯 개 가량의 구체물을 세어보고 수량에 관심을 갖는다.
	공간과 도형의 기초개념 알아보기	나를 중심으로 앞, 뒤, 옆, 위, 아래를 알아본다.
		물체의 모양에 관심을 갖는다.
	기초적인 측정하기	두 물체의 길이, 크기를 비교해 본다.
	규칙성 이해하기	생활 주변에서 반복되는 규칙성에 관심을 갖는다.
	기초적인 자료 수집과 결과 나타내기	같은 것끼리 짝을 짓는다.

4세 수학교육 내용

내용범주	내용	세부내용
수학적 탐구하기	수와 연산의 기초개념 알아보기	생활 속에서 사용되는 수의 여러 가지 의미를 안다.
		구체물 수량에서 '같다', '더 많다', '더 적다'의 관계를 안다.
		열 개 가량의 구체물을 세어보고 수량을 알아본다.
	공간과 도형의 기초개념 알아보기	위치와 방향을 여러 가지 방법으로 나타내 본다.
		기본 도형의 특성을 인식한다.
		기본 도형을 사용하여 여러 가지 모양을 구성해 본다.
	기초적인 측정하기	일상생활에서 길이, 크기, 무게 등을 비교해 본다.
	규칙성 이해하기	생활 주변에서 반복되는 규칙성을 알아본다.
		반복되는 규칙성을 인식하고 모방한다.
	기초적인 자료 수집과 결과 나타내기	필요한 정보나 자료를 수집한다.
		한 가지 기준으로 자료를 분류해 본다.

5세 수학교육 내용

내용범주	내용	세부내용
수학적 탐구하기	수와 연산의 기초개념 알아보기	생활 속에서 사용되는 수의 여러 가지 의미를 안다.*
		구체물 수량의 부분과 전체 관계를 알아본다.
		스무 개 가량의 구체물을 세어보고 수량을 알아본다.
		구체물을 가지고 더하고 빼는 경험을 해 본다.
	공간과 도형의 기초개념 알아보기	위치와 방향을 여러 가지 방법으로 나타내 본다.*
		여러 방향에서 물체를 보고 그 차이점을 비교해 본다.
		기본 도형의 공통점과 차이점을 알아본다.
		기본 도형을 사용하여 여러 가지 모양을 구성해 본다.*
	기초적인 측정하기	일상생활에서 길이, 크기, 무게, 들이 등의 속성을 비교하고, 순서를 지어 본다.
		임의 측정 단위를 사용하여 길이, 면적, 들이, 무게 등을 재 본다.
	규칙성 이해하기	생활 주변에서 반복되는 규칙성을 알고 다음에 올 것을 예측해 본다.
		스스로 규칙성을 만들어 본다.
	기초적인 자료 수집과 결과 나타내기	필요한 정보나 자료를 수집한다.
		한 가지 기준으로 분류한 자료를 다른 기준으로 재분류해 본다.*
		그림, 사진, 기호나 숫자를 사용해 그래프로 나타내 본다.

* 4세 수학교육 내용과 동일

2 수학교육 내용의 분석

영유아 수학교육을 실천하기 위해 교사들은 활동을 선정하고 구체적인 계획을 세우며 적절한 교구를 활용하여 활동을 수행한다. 이때 현장 교사들은 생활주제와 영유아의 발달수준 그리고 수학교육 내용에 적합한 활동과 교구를 선택한다.

예비유아교사가 다양한 수학교육 활동에 내포된 교육과정 관련 요소를 분석하는 훈련을 하는 것은 현장에서 영유아 수학교육을 지도할 수 있는 역량 강화에 도움이 될 것이다. 뿐만 아니라 연령별 수학교육 내용을 파악하고 영유아의 수학적 경험을 확장시켜 줄 것으로 기대한다.

분석기준	분석방법
기대되는 수학적 교육	교구를 통해 영유아가 경험하게 될 수학적 교육이 무엇인지 즉 이 교구 및 활동을 통해 얻을 수 있는 수학적 교육경험을 분석한다.
교육과정 관련요소 (수학교육)	교구의 특성과 활동방법을 잘 읽어보고 내용을 분석한 교육적 경험이 표준보육과정이나 누리과정의 내용 중 일치하는 요소를 찾아서 **영역** > **내용범주** > **내용** > **세부내용** 순으로 적어본다. 교구에 따라서는 수학교육내용이 2 가지 이상이 될 수도 있다.
교육과정 관련요소(기타)	유아교육과정은 통합적 접근이므로 교구를 통해 활동하는 가운데 수학교육 내용 이외의 타 내용을 함께 다룰 수도 있으므로 이들 내용을 분석하여 적어본다.
연령	활동방법을 중심으로 교육과정 관련요소를 분석해보면 연령이 도출된다. 이때 영유아의 발달특성을 염두에 두고 일치하는지 검토해본다. 물론 교구의 활동방법을 심화하거나 단순화시키면 동일한 교구를 가지고도 3세, 4세 혹은 5세 수준에 맞게 변형할 수도 있다. 각 교구를 발달수준에 맞게 변형하는 훈련도 해 볼 필요가 있다.

활동명	없어졌다! 나타났다!
준비물	부채, 손수건
활동방법	1. 교사가 영아의 눈을 손으로 가리며 흥미를 유도한다. -(영아의 눈을 손으로 가리며) 선생님 어디 있지? -(영아의 눈을 가렸던 손을 치우며) 아, 선생님 여기 있네. 2. 얼굴이 가려지는 부채로 교사의 얼굴을 가리고 까꿍 놀이를 해 본다. -(부채로 얼굴을 가리면서) 선생님이 어디 갔지? 선생님 없네~. -(부채를 치우며 얼굴이 보이면) 선생님 여기 있네! 3. 부채로 친구들의 얼굴이나 보육실 안의 놀잇감을 안 보이게 가리면서 까꿍 놀이를 시도한다. -(부채로 놀잇감을 가리면서) 멍멍이는 어디 갔지? 여기 있네. -(부채로 친구의 얼굴을 가리며) ㅇㅇ가 없네. 어디 갔나? 여기 있다. 4. 교사 까꿍 놀이를 하면 영아가 교사를 찾아본다. -(부채로 얼굴을 가리면서) 선생님 어디 있을까요? 없네. -(영아가 교사를 찾아 얼굴이 보이면) 여기 있네! 1) 영아가 교사를 쳐다보고 있을 때, 교사가 교구장 옆에 숨는다. -(영아의 이름을 몇 차례 부르면서) ㅇㅇ야, 선생님 어디 있지? 2) 영아가 교사를 찾아낼 수 있도록 힌트를 제공하고 찾아내면 교사는 영아를 안아준다. -(교사를 찾는 순간) 까꿍! ㅇㅇ가 선생님을 찾았네. -(영아를 안아주면서) 선생님은 ㅇㅇ를 사랑해.
참고문헌	보건복지부·육아정책연구소(2013).

	활동의 수학교육내용 분석
기대되는 수학적 교육	
교육과정 관련 요소 (수학교육)	영역>
	내용범주>
	내용>
	세부내용>
교육과정 관련 요소 (기타)	영역>
	내용범주>
	내용>
	세부내용>
적절한 연령	

활동명	음식 봉지 두 조각 퍼즐
준비물	영아용 과자, 음식 봉지나 영아가 좋아하는 그림으로 만든 두 조각 퍼즐, 퍼즐과 동일한 음식 사진 자료 **교구제작방법;** ① 영아용 과자나 음식의 봉지나 상자에서 그림을 오린다. ② 오린 그림 뒤에 마분지를 붙여 동일한 것을 2개씩 만든다. ③ ②에서 하나를 두 조각으로 만든다.
활동방법	1. 음식사진 자료를 탐색한다. -음식이 그려진 사진이 있네요. -어떤 그림이 있는지 살펴볼까요? -(냄새 맡는 흠~) 음식에서 맛있는 냄새도 나는데요? -냠냠냠 맛있게 먹어볼까요? 2. 동일한 음식 사진으로 만든 퍼즐은 영아들과 살펴보며 맞추어 보도록 한다. -음식 사진이 또 있네요? -어? 음식 사진이 잘라져 있네요. -(영아와 함께 맞추며) 오늘 간식으로 먹은 음식 사진이네요. -길게 놓으니까 꽃들이 더 많이 있어요. 3. 영아 스스로 퍼즐을 맞출 수 있도록 격려한다. -ㅇㅇ가 과자그림을 맞추었네요. -또 다른 그림도 맞춰볼까요? 4. 완성된 퍼즐을 보며 이야기 나눈다. -(영아가 완성한 퍼즐을 가리키며) 음식사진이네요. -(박수치며) 우와~ ㅇㅇㅇ이가 맞추었어요.
참고문헌	보건복지부·육아정책연구소(2013).

	활동의 수학교육내용 분석
기대되는 수학적 교육	
교육과정 관련 요소 (수학교육)	영역>
	내용범주>
	내용>
	세부내용>
교육과정 관련 요소 (기타)	영역>
	내용범주>
	내용>
	세부내용>
적절한 연령	

활동명	모양종이에 그려요
준비물	동그라미, 세모, 네모 모양으로 자른 종이(A3 또는 A4크기 정도), 영아용 색연필
활동방법	1. 동그라미, 세모, 네모 모양 종이를 탐색한다. –여기에 있는 종이들을 한 번 볼까요? –동그라미, 세모, 네모, 모양 종이가 있네요. –종이가 어떤 모양인가요? 2. 모양 종이에 자유롭게 그림을 그린다. –색연필로 종이에 그림을 그려볼까요? 3. 영아의 그림에 관심을 보이고, 영아가 그린 그림에 대해 구체적인 언어로 표현해 준다. –동글동글 커다란 동그라미를 노란색으로 그렸네요. –세모(네모) 종이에 파란색으로 그렸네요. –ㅇㅇ이는 무엇을 그린 거예요? –ㅇㅇ이는 노란색으로 엄마를 그렸구나. 4. 영아가 그린 그림을 보며 이야기 나눈다. –(영아가 그린 모양 종이를 보며) ㅇㅇ이는 어떤 모양에 그림을 그렸나요? –ㅇㅇ이는 네모 모양에 그림을 그렸어요.
참고문헌	보건복지부·육아정책연구소(2013).

	활동의 수학교육내용 분석
기대되는 수학적 교육	
교육과정 관련 요소 (수학교육)	영역>
	내용범주>
	내용>
	세부내용>
교육과정 관련 요소 (기타)	영역>
	내용범주>
	내용>
	세부내용>
적절한 연령	

<table>
<tr><th>활동명</th><th>낮잠이불 짝짓기</th></tr>
<tr><td>준비물</td><td>크기가 다른 영아의 전신사진이나 그림 및 낮잠이불(큰 것, 중간 것, 작은 것)

교구제작방법;
<재료> 영아들의 전신사진(큰 것, 중간 것, 작은 것), 색상지, 코팅필름, 가위
① 영아들의 전신을 디지털 카메라로 찍는다.
② 사진을 큰 것, 중간 것, 작은 것 3종류로 나누어 편집하여 출력한다.
③ 출력한 사진을 가위로 오려 코팅한다.
④ 3종류의 영아사진을 덮을 수 있는 크기의 낮잠이불을 색상지로 만든 후 코팅한다.</td></tr>
<tr><td>활동방법</td><td>1. 영아의 사진(그림) 자료를 살펴본다.
−ㅇㅇ이와 △△이 사진이 있네요.
−친구들 모습이 어떤지 살펴볼까요?
−ㅇㅇ이와 △△이 모습이 어떤 점이 다른가요?
2. 낮잠이불을 살펴본다.
−이건 무엇인가요?
−언제 사용하는 것일까요?
−이불의 모습을 살펴볼까요? 어떤 게 다른가요?
3. 영아가 자유롭게 영아 사진(그림)과 낮잠이불 짝을 지어보도록 한다.
−친구들이 낮잠을 자고 있네요. 이불을 덮어줄 수 있나요?
−ㅇㅇ이는 △△이에게 제일 작은 이불을 덮어주었네요.
−ㅇㅇ이는 할머니집에 가고 싶군요.
−'자장 자장 우리 △△~' △△이가 '아이 따뜻해'하며 잘 잘 수 있겠어요.
−이불이 조금 작네요. 어떤 이불을 덮이주이야 할까요?
4. 친구에게 이불을 덮어 준 후 이야기 나눈다.
−ㅇㅇ이는 어떤 친구에게 이불을 덮어주었나요?
−어떤 크기의 이불을 덮어주었나요?</td></tr>
<tr><td>참고문헌</td><td>보건복지부·육아정책연구소(2013).</td></tr>
</table>

<table>
<tr><th colspan="2">활동의 수학교육내용 분석</th></tr>
<tr><td>기대되는 수학적 교육</td><td></td></tr>
<tr><td rowspan="4">교육과정 관련 요소 (수학교육)</td><td>영역></td></tr>
<tr><td>내용범주></td></tr>
<tr><td>내용></td></tr>
<tr><td>세부내용></td></tr>
<tr><td rowspan="4">교육과정 관련 요소 (기타)</td><td>영역></td></tr>
<tr><td>내용범주></td></tr>
<tr><td>내용></td></tr>
<tr><td>세부내용></td></tr>
<tr><td>적절한 연령</td><td></td></tr>
</table>

활동명	노란떡을 먹을까, 분홍떡을 먹을까
준비물	색깔 고무찰흙(노란색, 분홍색), 집게, 떡을 담을 통 **교구제작방법:** 떡을 담을 통 <재료> 페트병 2개, 종이테이프(혹은 투명테이프), 토끼그림 ① 투명한 페트병(2L) 윗부분을 칼로 잘라내어 통 두 개를 만든다. 페트병의 입구 부분은 날카로울 수 있으므로 종이테이프나 투명테이프로 마감한다. ② 두 마리의 토끼가 각각 노란떡과 분홍떡을 안고 있는 그림을 그리고 코팅하여 페트병에 부착한다.
활동방법	1. 그릇에 노란떡과 분홍떡을 섞어서 담아놓고, 영아가 관심을 보이면 어떤 색의 떡이 있는지 함께 이야기해 본다. -그릇에 맛있는 떡이 들어있네요. -노란색 떡도 있고 분홍색 떡도 있어요. 2. 색, 방법 구분없이 자유롭게 토끼에게 떡을 나누어 준다. -토끼가 배가 고픈가봐요. 토끼에게 떡을 줄까요? -냠냠~ 아이 맛있어. 토끼가 떡을 아주 잘 먹네요. 3. 토끼가 들고 있는 떡의 색에 맞게 집게로 떡을 집어 넣어준다. -어? 그런데 토끼가 서로 다른 색 떡을 들고있어요. -이 토끼는 노란떡을 들고 있어요. -노란색 떡을 줘볼까요? 이번엔 집게로 한 번 집어서 줘볼까요? -이 토끼는 어떤 색 떡을 넣어주면 좋을까요? -ㅇㅇ가 집게로 떡을 잘 집네요. -토끼가 냠냠 맛있게 먹어요. -ㅇㅇ가 떡을 많이 먹여줘서 토끼들이 배가 부르겠어요. 4. 활동을 마무리 하고 이야기 나눈다. -ㅇㅇ이는 토끼에게 어떤 색 떡을 주었나요? -집게를 사용할 때 어땠나요?
참고문헌	보건복지부·육아정책연구소(2013).

	활동의 수학교육내용 분석
기대되는 수학적 교육	
교육과정 관련 요소 (수학교육)	영역>
	내용범주>
	내용>
	세부내용>
교육과정 관련 요소 (기타)	영역>
	내용범주>
	내용>
	세부내용>
적절한 연령	

활동명	윷놀이
준비물	윷놀이와 관련된 그림책, 윷놀이 사진자료, 윷, 정사각형 우드락 **교구제작방법;** 윷 만들기 <재료> 백업, 시트지, 우드락 ① 백업 둥근 부분의 가운데를 반달모양이 되도록 반으로 자른다. ② 평평한 면은 색이 있는 시트지로 구분한다(볼록하거나 평평한 양쪽 면에 서로 다른 색이 표현되도록 한다). ③ 우드락의 한 면이 60~100cm가 되도록 정사각형으로 잘라 윷판을 만든다.
활동방법	1. 윷놀이를 하는 사진과 윷을 보며 탐색한다. –이것은 무엇인가요? –이것은 윷이라고 해요. –이런 놀이를 해본 적이 있나요? –어떻게 놀이할 수 있을까요? 2. 윷을 이용해 자유롭게 놀이한다. –○○이가 윷을 위로 던지네요. –○○이가 던진 것은 빨간색이예요. –△△이는 윷을 굴리고 있어요. 3. 윷을 윷판 안으로 던지는 시도를 한다. –큰 네모가 있어요. 무엇일까요? –○○이가 던진 윷이 네모인 윷판 안에 쏘옥 들어갔어요. –△△도 윷판에 던져볼까요? 4. 윷놀이를 해 본 경험에 대해 이야기 나눈다. –윷을 어떻게 했나요? –△△이가 윷을 던졌을 때 뒤집힌 윷은 몇 개가 나왔나요?
참고문헌	보건복지부 · 육아정책연구소(2013).

	활동의 수학교육내용 분석
기대되는 수학적 교육	
교육과정 관련 요소 (수학교육)	영역>
	내용범주>
	내용>
	세부내용>
교육과정 관련 요소 (기타)	영역>
	내용범주>
	내용>
	세부내용>
적절한 연령	

교구 1	바다이야기	
제작 과정	**»바다 상자** 1. 자른 하드보드지에 펠트지를 씌운다. 2. 바다에 사는 생물 등을 만들어 꾸민다. **»낚싯대** 1. 나무젓가락을 적당한 두께로 이어 붙인다. 2. 나무젓가락 2개를 이어 펠트지로 꾸민다. 3. 꾸며진 낚싯대에 낚싯줄과 자석을 붙인다. **»바다속 생물 모형** 1. 펠트지에 생물을 그려 오린 후 무늬를 꾸민다. 2. 펠트지에 솜을 넣고 글루건을 사용해 붙인다. 3. 완성된 바다속 생물 모형에 클립을 붙여 마무리한다.	 <완성품>
활동 방법	1. 2인 1조 게임으로 한 사람당 낚싯대를 하나씩 손에 쥔다. 2. 주어진 시간(60초) 안에 낚싯대의 자석을 이용하여 물고기를 잡는다. 3. 주어진 시간이 끝난 후 자신이 잡은 물고기의 수를 세어본다. 4. 자신이 사용한 물고기와 낚싯대를 통에 넣고 정리한다.	

	교구의 수학교육 내용 분석
기대되는 수학적 교육	
교육과정 관련 요소 (수학교육)	영역>
	내용범주>
	내용>
	세부내용>
교육과정 관련 요소 (기타)	영역>
	내용범주>
	내용>
	세부내용>
적절한 연령	

교구 2	다람쥐의 겨울나기	
제작 과정	**» 다람쥐, 도토리** 펠트지로 다람쥐와 도토리를 만든다. **» 주사위** 주사위를 만들고 숫자와 동그라미를 붙인다. **» 숫자 카드와 숫자판** 1. 탁상달력을 초록색 부직포로 감싸고 부호를 붙여 숫자판을 만들고, EVA원단으로 숫자를 만든다. **» 동화** 동화의 모든 장면을 그린 뒤 머메이드지를 뒤에 붙이고 코팅하여 동화책을 만든다. **» 배경** 1. 융판에 나무줄기를 만들고 나뭇잎을 붙인다. 2. 만든 동화를 배경의 왼쪽 밑에 펀치를 이용해 뚫어 주고 링으로 고정한다. 3. 만든 다람쥐를 글루건으로 붙여 고정한다.	 
활동 방법	1. 2명이 주사위를 한 번씩 던진다. 2. 주사위를 던져 나온 수만큼 나무에 있는 도토리를 딴다. 3. 딴 도토리를 숫자판에 붙여 더하기 한 다음 나온 숫자를 숫자 카드에서 찾아 판에 붙인다(주사위에서 도토리가 나올 경우 한 번 더 던진다.)	

	교구의 수학교육 내용 분석
기대되는 수학적 교육	
교육과정 관련 요소 (수학교육)	영역>
	내용범주>
	내용>
	세부내용>
교육과정 관련 요소 (기타)	영역>
	내용범주>
	내용>
	세부내용>
적절한 연령	

교구 3	달걀판 채우기	
제작 과정	**» 돌림판** 우드락을 둥글게 자르고 펠트지를 붙인 후 숫자를 붙여 할핀으로 고정한다. **» 부호 주사위** 펠트지로 만든 주사위 각 면에 +, - 부호를 붙인다. **» 달걀** 뽕뽕이에 눈알을 붙여 만든다. **» 숫자상자** 상자에 칸막이를 하여 다양한 숫자를 만들어 넣는다.	
활동 방법	1. 가위바위보를 하여 이긴 유아가 돌림판을 돌려서 나온 숫자를 숫자상자에서 꺼내어 판(나무 첫 번째)에 붙이고 숫자 개수만큼 닭 상자에서 달걀을 꺼내어 달걀판에 둔다. 2. 주사위를 굴려 나온 기호(+, −)를 판(사과)에 붙인다. 3. 다시 돌림판을 돌려 나온 숫자를 숫자상자에서 꺼내어 판(나무 두 번째)에 붙인다. 4. 기호가 +이면(⑥)의 숫자 개수만큼 닭 상자에서 꺼내어 달걀판에 둔다. 기호가 −이면(⑥)의 숫자 개수만큼 달걀판에서 뺀다. 5. 달걀판에 있는 달걀 수를 숫자상자에서 꺼내어 판에 붙인다. 6. 달걀판에 12개의 달걀을 모두 채운 유아가 이기는 게임이다.	

	교구의 수학교육 내용 분석
기대되는 수학적 교육	
교육과정 관련 요소 (수학교육)	영역>
	내용범주>
	내용>
	세부내용>
교육과정 관련 요소 (기타)	영역>
	내용범주>
	내용>
	세부내용>
적절한 연령	

<table>
<tr><th>교구 4</th><th colspan="2">구급차를 태워주세요!</th></tr>
<tr><td rowspan="2">제작 과정</td><td colspan="2">≫ 집, 구급차, 병원, 환자, 주사위, 보드판</td></tr>
<tr><td>
</td><td>
</td></tr>
<tr><td>활동 방법</td><td colspan="2">1. 2명의 유아가 구급차를 나누어 가진다.
2. 집에 아픈 사람을 놓는다.
3. 게임 순서를 정하고 주사위에 나온 수만큼 구급차로 이동한다.
4. 주사위를 굴려 도착한 곳의 적혀 있는 지시(위, 아래, 옆, 앞, 뒤)에 따라 움직여야 한다.
5. 도착한 집에 아픈 사람이 있으면 구급차에 태운다.
6. 구급차가 병원에 도착하면 몇 명의 환자를 태워왔는지 세어본다.
7. 더 많은 환자를 구급차에 태워온 유아가 승리한다.</td></tr>
</table>

<table>
<tr><th colspan="2">교구의 수학교육 내용 분석</th></tr>
<tr><td>기대되는 수학적 교육</td><td></td></tr>
<tr><td rowspan="4">교육과정 관련 요소
(수학교육)</td><td>영역></td></tr>
<tr><td>내용범주></td></tr>
<tr><td>내용></td></tr>
<tr><td>세부내용></td></tr>
<tr><td rowspan="4">교육과정 관련 요소
(기타)</td><td>영역></td></tr>
<tr><td>내용범주></td></tr>
<tr><td>내용></td></tr>
<tr><td>세부내용></td></tr>
<tr><td>적절한 연령</td><td></td></tr>
</table>

<table>
<tr><th>교구 5</th><th colspan="2">어둠 속에서 도형을 찾아라!</th></tr>
<tr><td>제작
과정</td><td>» 암막상자
1. 상자의 사방으로 암막 천을 덮어준다.
2. 한 면은 안을 보도록 네모모양을 뚫어준다.
3. 반대쪽 면은 천을 덮고 폼폼이로 꾸며준다.

» 그림자 판
1. 하드보드지를 네모모양으로 자르고 안쪽 면을 반듯하게 자른다.
2. 펠트지로 하드보드지를 감싸준다.
3. 하드보드지 사이에 기름종이를 2장을 대고 붙여준다.

» 그림자 모양
1. 다양한 색의 색지로 교통수단 모양으로 그려서 오린다.
2. 코팅을 한 후, 그림자 판 크기에 맞춰 자른다.</td><td>
</td></tr>
<tr><td>활동
방법</td><td colspan="2">1. 상자 앞에 눈을 맞추어 상자 안의 그림자 도형을 유심히 본다.
2. 활동지에 자신의 이름을 적는다.
3. 도형 안내서를 참고하여 자신이 본 도형을 색종이로 만든다.
4. 자신이 만든 도형을 활동지에 풀로 붙여 교통수단을 완성시킨다.</td></tr>
</table>

<table>
<tr><th></th><th>교구의 수학교육 내용 분석</th></tr>
<tr><td>기대되는 수학적 교육</td><td></td></tr>
<tr><td rowspan="4">교육과정 관련 요소 (수학교육)</td><td>영역></td></tr>
<tr><td>내용범주></td></tr>
<tr><td>내용></td></tr>
<tr><td>세부내용></td></tr>
<tr><td rowspan="4">교육과정 관련 요소 (기타)</td><td>영역></td></tr>
<tr><td>내용범주></td></tr>
<tr><td>내용></td></tr>
<tr><td>세부내용></td></tr>
<tr><td>적절한 연령</td><td></td></tr>
</table>

교구 6	나는 어디에 있나요?	
제작 과정	» **시계판** 1. 폼보드에 육각형, 원모양으로 스케치한 후 자른다. 2. 시계판에 아크릴물감으로 색칠한다. 3. 시계바늘과 판을 붙이고 받침을 붙인다. 4. 가장자리는 모루로 마무리한다. 5. 겨울/동·식물 그림자를 만들어 붙인다. » **겨울/동·식물 모양** 1. 펠트지에 스케치를 하고 솜을 넣어 바느질을 한다. 2. 완성한 모양에 까슬이를 붙인다.	
활동 방법	1. 겨울/동·식물 모양을 시계판에 붙인다. 2. 시계판을 보고 활동지를 완성한다. • 나는 ㅇㅇ이 아래로 2칸 내려가면 있어요. 나는 누구일까요? • 원숭이 반대편에 있는 동물은 누구일까요? • 나는 ★★이 왼편에 있어요. 누구일까요?	

교구의 수학교육 내용 분석	
기대되는 수학적 교육	
교육과정 관련 요소 (수학교육)	영역>
	내용범주>
	내용>
	세부내용>
교육과정 관련 요소 (기타)	영역>
	내용범주>
	내용>
	세부내용>
적절한 연령	

교구 7	코가 길어졌어요	
제작 과정	**»돌림판** 1. 폼보드를 팔각형과 직사각형 모양으로 자른다. 2. 8칸으로 구분하여 시트지를 붙이고 옳은 행동과 옳지 못한 행동의 그림을 붙인다. 3. 할핀으로 고정시키고 화살표를 붙인다. **»피노키오 게임판** 1. 피노키오와 8칸을 만든다. 2. 8개의 동일한 간격으로 코를 구분할 수 있는 칸을 만든다 3. 제목과 숫자를 출력하여 마분지에 붙인 후 투명시트지로 마무리한다. **»피노키오 코** 살색 펠트지를 직사각형으로 총 16개 잘라 안에 솜을 넣은 후 글루건으로 붙인다.	
활동 방법	1. 순서를 정하여 차례대로 돌림판을 돌린다. 2. 돌림판의 그림이 올바른 행동일 경우, 피노키오의 코를 하나씩 뗄 수 있다. (단, 올바르지 못한 행동일 경우, 피노키오의 코를 떼어낼 수 없다.) 3. 돌림판의 화살표가 중간을 가리킬 경우, 한 번 더 돌릴 수 있다. 4. 돌림판의 화살표가 꽝이 나올 경우, 코를 떼어낼 수 없다. 5. 먼저 원래 피노키오의 코로 되돌리는 사람이 이긴다.	

	교구의 수학교육 내용 분석
기대되는 수학적 교육	
교육과정 관련 요소 (수학교육)	영역>
	내용범주>
	내용>
	세부내용>
교육과정 관련 요소 (기타)	영역>
	내용범주>
	내용>
	세부내용>
적절한 연령	

<table>
<tr><th>교구 8</th><th colspan="2">할로윈 양팔저울</th></tr>
<tr><td>제작 과정</td><td>» 양팔저울
1. 아크릴판을 재단하고 저울을 받칠 나무판자와 함께 검정 칼라스프레이로 칠해 준다.
2. 투명반구에 주황 칼라스프레이를 칠한 후 눈, 코, 입을 검정매니큐어로 그린다.
3. 호박, 유령 등을 클레이로 만든다.

» 호박바구니
주황 펠트지에 바구니 도안을 그려 오린 후 바느질한다.

» 사탕
주름지 안에 다양한 크기의 구슬과 솜을 넣어 감싼 후 빵끈으로 묶어준다.</td><td></td></tr>
<tr><td>활동 방법</td><td colspan="2">1. 자신이 원하는 사탕이나 무게를 재보고 싶은 사탕을 고른다.
2. 선택한 사탕을 저울 위에 올린다.
3. 양쪽 저울의 무게를 비교 해 본다.</td></tr>
</table>

<table>
<tr><th></th><th>교구의 수학교육 내용 분석</th></tr>
<tr><td>기대되는 수학적 교육</td><td></td></tr>
<tr><td rowspan="4">교육과정 관련 요소 (수학교육)</td><td>영역></td></tr>
<tr><td>내용범주></td></tr>
<tr><td>내용></td></tr>
<tr><td>세부내용></td></tr>
<tr><td rowspan="4">교육과정 관련 요소 (기타)</td><td>영역></td></tr>
<tr><td>내용범주></td></tr>
<tr><td>내용></td></tr>
<tr><td>세부내용></td></tr>
<tr><td>적절한 연령</td><td></td></tr>
</table>

<table>
<tr><th>교구 9</th><th colspan="2">동물친구의 집을 찾아주세요</th></tr>
<tr><td>제작 과정</td><td>» 측정판
검정색 펠트지를 잘라 하드보드지 위에 붙이고 벨크로를 붙인다.

» 동물 친구들
다양한 크기의 동물친구들을 인쇄하여 코팅하고 뒤에 벨크로를 붙인다.

» 집
동물 크기의 펠트지로 만들어 하드보드지에 붙인 후 뒤쪽에 벨크로를 붙인다.

» 측정단위(동그라미)
5X5 일정한 사이즈의 동그라미를 만들어 숫자를 쓰고 코팅한 후 뒷면에 벨크로를 붙인다.</td><td></td></tr>
<tr><td>활동 방법</td><td colspan="2">1. 동물친구를 측정판에 놓는다.
2. 제시된 빨간 원으로 가로 길이를 잰다.
3. 제시된 파란 원으로 세로 길이를 잰다.
4. 집의 크기를 잰다.
5. 크기가 똑같은 집에 동물을 넣어준다.</td></tr>
</table>

	교구의 수학교육 내용 분석
기대되는 수학적 교육	
교육과정 관련 요소 (수학교육)	영역>
	내용범주>
	내용>
	세부내용>
교육과정 관련 요소 (기타)	영역>
	내용범주>
	내용>
	세부내용>
적절한 연령	

교구 10	맛있는 꼬지 만들기
제작 과정	**» 재료통** 1. 6개의 우유팩에 시트지를 붙인 후 글루건으로 연결한다. **» 꼬지와 꼬지 막대** 1. 계란, 햄, 맛살, 떡, 버섯, 파를 펠트지로 만들고, 구멍을 만든다. 2. 나무 젓가락을 물감으로 색칠하여 꼬지 막대를 만든다. **» 꼬지 카드** 다양한 꼬지를 만들어 사진을 찍고 인쇄한 후 코팅한다. **» 쟁반, 뽑기 상자** 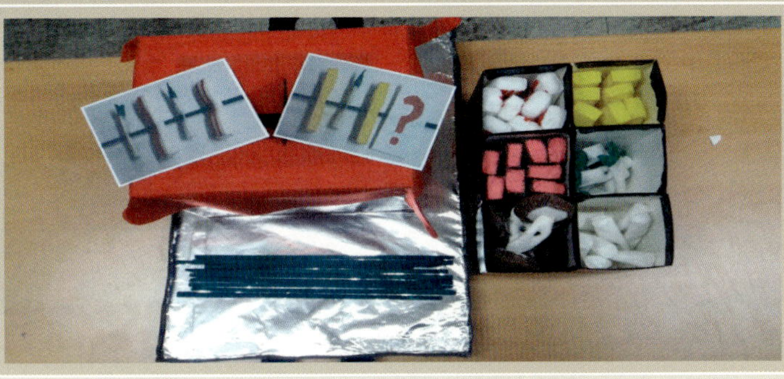
활동 방법	1. 두 명이서 가위바위보를 한다. 2. 이긴 사람이 먼저 뽑기 상자에서 꼬지 카드를 5장 꺼낸다. 3. 뽑은 꼬지 카드를 보고 꼬지를 만든다. 4. 5개의 꼬지를 먼저 완성한 유아가 이긴다.

	교구의 수학교육 내용 분석
기대되는 수학적 교육	
교육과정 관련 요소 (수학교육)	영역>
	내용범주>
	내용>
	세부내용>
교육과정 관련 요소 (기타)	영역>
	내용범주>
	내용>
	세부내용>
적절한 연령	

교구 11	다람이의 기차여행~!	
제작 과정	» 제시판과 제시카드 1. 하드보드지로 달력 모양의 제시판을 만든다. 2. 빨간색, 주황색, 노란색, 초록색, 파란색 색지를 이용하여 제시카드를 만들고 감, 은행잎, 단풍잎, 도토리 등을 붙인다. » 기차 초록색, 빨간색, 땡땡이, 파란색, 펠트지와 별 모양 스티커를 이용해 기차를 만들고 다람이를 만들어서 붙인다. » 그림 카드 은행잎, 단풍잎, 감, 도토리 모양의 제시카드를 코팅하여 뒷면에 벨크로를 붙여준다. » 그림 카드 보관상자 빈 상자에 4칸으로 구분하고 펠트지로 씌운다.	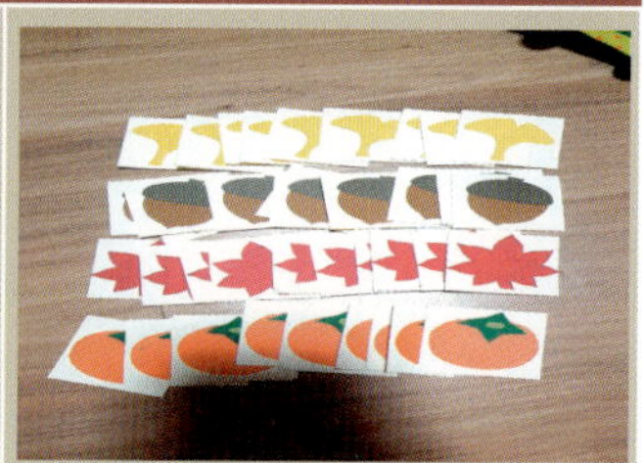  
활동 방법	1. 달력으로 된 예시 카드를 보고 앞에 놓인 기차에 붙여본다. 2. 순서에 맞게 뒤에 올 그림 카드를 생각하여 붙여본다. 3. 1단계부터 5단계까지 활동을 한 후 자신만의 새로운 패턴을 만들어 본다.	

교구의 수학교육 내용 분석	
기대되는 수학적 교육	
교육과정 관련 요소 (수학교육)	영역>
	내용범주>
	내용>
	세부내용>
교육과정 관련 요소 (기타)	영역>
	내용범주>
	내용>
	세부내용>
적절한 연령	

교구 12	패턴카드
제작 과정	**» 문양 카드** 1. 여러가지 문양 10개(8cm×8cm)를 준비한다. 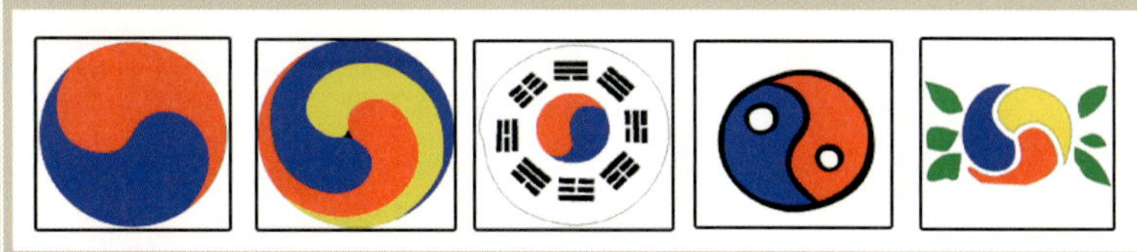  **» 문양 판** 1. 하드보드지 54cm×12cm 6장을 연결한다.
활동 방법	여러 가지 문양을 활용하여 다양한 패턴을 만든다.

	교구의 수학교육 내용 분석
기대되는 수학적 교육	
교육과정 관련 요소 (수학교육)	영역>
	내용범주>
	내용>
	세부내용>
교육과정 관련 요소 (기타)	영역>
	내용범주>
	내용>
	세부내용>
적절한 연령	

<table>
<tr><th>교구 13</th><th colspan="2">아름다운 환경 지키기</th></tr>
<tr><td>제작
과정</td><td>» 활동판
1. 하드보드지 판에 집과 바깥의 배경을 색지로 꾸민다.
2. 하드보드지 판에 부직포와 펠트지를 사용하여 꾸민 후 환경을 오염시키는 것과 환경을 오염시키지 않는 것들을 꾸민다.
3. 하드보드지 판 4개를 시트지를 사용해 연결한다.

» 인형
환경을 오염시키는 것과 오염시키지 않는 것들을 펠트지로 만든다.

» 그림 카드
흰색 색지에 펠트지 인형과 같은 도안을 그려 붙이고 글자를 붙인다.</td><td>

</td></tr>
<tr><td>활동
방법</td><td colspan="2">환경을 오염시키는 것과 오염시키지 않는 것들을 분류하고 그래프를 만든다.</td></tr>
</table>

<table>
<tr><th colspan="2">교구의 수학교육 내용 분석</th></tr>
<tr><td>기대되는
수학적 교육</td><td></td></tr>
<tr><td rowspan="4">교육과정
관련 요소
(수학교육)</td><td>영역></td></tr>
<tr><td>내용범주></td></tr>
<tr><td>내용></td></tr>
<tr><td>세부내용></td></tr>
<tr><td rowspan="4">교육과정
관련 요소
(기타)</td><td>영역></td></tr>
<tr><td>내용범주></td></tr>
<tr><td>내용></td></tr>
<tr><td>세부내용></td></tr>
<tr><td>적절한
연령</td><td></td></tr>
</table>

<table>
<tr><th>교구 14</th><th colspan="2">우리 집을 찾아주세요</th></tr>
<tr><td rowspan="3">제작 과정</td><td>

»» 돌림판

1. 하드보드지를 원형으로 2개 자른다.
2. 6등분하여 3가지 색깔의 색지를 붙인다.
3. 할핀을 이용해 원형판 2개를 고정한다.
4. 위쪽에 화살표를 붙인다.

</td><td>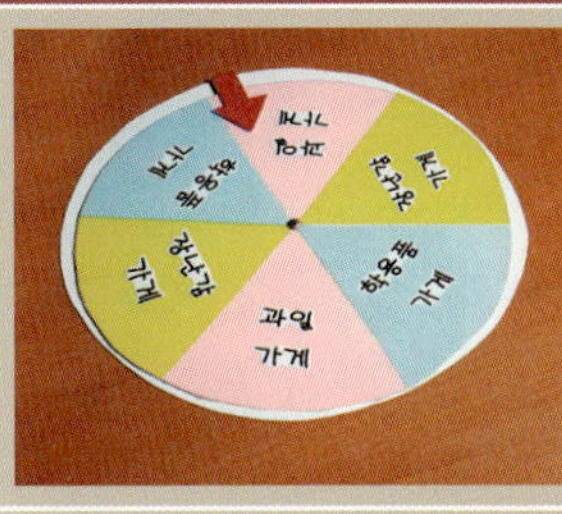
</td></tr>
<tr><td>

»» 그림 카드

1. 컴퓨터 그림을 활용하여 일정한 그림과 글씨를 만든다.
2. 그림과 글씨를 출력하여 색지에 붙인다.
3. 오려진 색지를 코팅해서 찍찍이를 붙인다.

</td><td>
</td></tr>
<tr><td>

»» 놀이판

1. 하드보드지에 색지로 동네를 꾸민다.
2. 꾸민 하드보드지에 시트지를 붙인다.
3. 각 가게에 색깔별로 부직포를 붙이고 건물을 하드보드지로 만들어 꾸며 세운다.
4. 남은 공간에 그림상자를 붙인다.

</td><td>

</td></tr>
<tr><td>활동 방법</td><td colspan="2">

1. 2명의 유아가 가위, 바위, 보로 순서를 정한다.
2. 돌림판을 돌린다.
3. 돌림판을 돌려 나오는 가게에 맞는 그림 카드를 상자에서 고른다.
4. 고른 카드를 알맞은 가게에 붙인다.
5. 이 과정을 반복하여 모든 카드를 알맞은 가게에 붙인다.

</td></tr>
</table>

교구의 수학교육 내용 분석	
기대되는 수학적 교육	
교육과정 관련 요소 (수학교육)	영역>
	내용범주>
	내용>
	세부내용>
교육과정 관련 요소 (기타)	영역>
	내용범주>
	내용>
	세부내용>
적절한 연령	

교구 15	화살 거리를 재어보아요	
제작 과정	» 그래프 1. 하드보드지를 잘라 분홍색 펠트지로 감싼 후 검정색 펠트지로 그래프 선을 붙인다. 2. 눈사람과 '그래프' 글자를 붙이고 뒷면은 고무자석과 펠트지를 붙인다. » 화살과 투호통 1. 대나무 대에 아크릴 물감을 칠 다양한 색의 뽕뽕이를 붙인다. 2. 하드보드지를 연결하여 투호통을 만들어 갈색 한지로 감싸고, 모서리는 분홍색 한지를 붙인다. 4. 우리나라 전통문양을 오려 겉면에 붙이고 안쪽 면에 아크릴 물감을 칠한다. » 교구상자 및 그림 자료 1. 상자를 파란색 시트지로 감싸고 손잡이를 붙인다. 2. 그림자료(나뭇가지, 책, 화살)를 오려 코팅한 후 잘라 지퍼백에 넣어 교구상자에 넣어둔다.	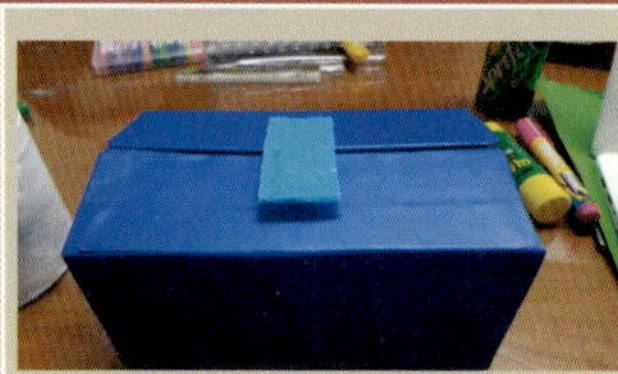  
활동 방법	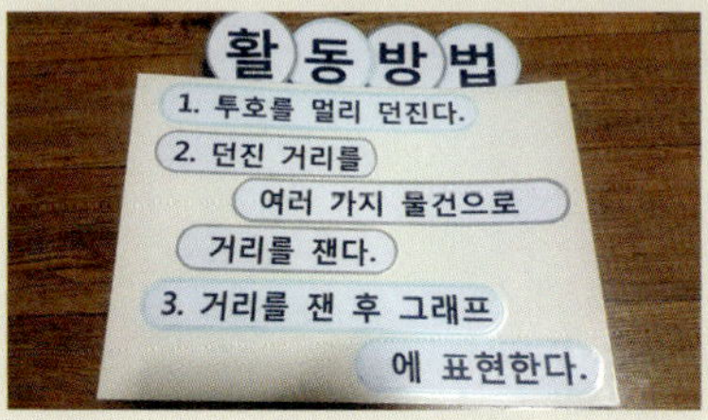 	

	교구의 수학교육 내용 분석
기대되는 수학적 교육	
교육과정 관련 요소 (수학교육)	영역>
	내용범주>
	내용>
	세부내용>
교육과정 관련 요소 (기타)	영역>
	내용범주>
	내용>
	세부내용>
적절한 연령	

3 영유아 수학교육의 지도

앞 장에서 소개한 연령별 구체적인 수학교육 내용을 충분히 이해하였다면 이제 각 내용을 지도할 수 있는 방법을 모색해야 한다. 영유아 수학교육의 내용인 수와 연산, 공간과 도형, 측정, 규칙성, 자료수집과 결과의 내용별 지도방법을 국가 수준 영유아 교육과정 중심으로 살펴보도록 한다.

영아를 위한 수학교육 내용별 지도지침 및 유의점은 제3차 어린이집 표준보육과정 교사용 지침서(2013)를, 유아를 위한 수학교육 내용별 지도지침 및 유의점은 누리과정 교사용 지침서(2013)를 중심으로 보다 명확한 이해와 전달을 위해 지침서의 내용을 발췌하여 그대로 인용한다.

1) 수와 연산

0~1세 '수와 연산' 지도지침 및 유의점

	내용	수량 지각하기			
0~1세	세부내용	1수준	2수준	3수준	4수준
			있고 없는 상황을 지각한다.	'있다'와 '없다'를 구별한다.	'한 개'와 '여러 개'를 구별한다.
	지도 중점사항	영아가 있고 없는 상황을 알게 되면서 '있다'와 '없다'를 구별하고, '한 개'와 '여러 개'의 수량을 지각하게 되는 데 중점을 둔다.			

- 교사는 영아가 있고 없는 상황을 지각할 수 있도록 물건을 숨기고 찾는 놀이, 까꿍 놀이 등을 하면서 언어적으로 지원해 주고, 영아가 이러한 상황을 자주 경험하도록 해 준다.

- 일상생활에서 눈앞에서 물건이 있다가 없어지는 경험을 통해 있고 없는 상황을 지각하게 된 영아에게 교사가 사물의 위치에 변화를 주거나 영아가 보는 앞에서 숨기고 찾는 놀이를 하면서 없어진 물건을 찾아보도록 격려하여 영아가 자연스럽게 '있다'와 '없다'를 구별할 수 있도록 돕는다.

- '있다'와 '없다'를 구별하게 된 영아가 많고 적음에 관심을 가지며 '하나', '많다' 등의 수량 관련 어휘를 알아듣고 구별하는 것을 돕기 위해 교사는 일상생활에서 수량에 관련된 어휘를 사용하여 영아가 자연스럽게 어휘를 듣고 익힐 수 있도록 한다.

- 벽면에 영아의 사진이나 친숙한 그림을 이용한 까꿍 놀이판을 눈높이에 맞게 게시해 주고, 영아에게 친숙한 놀잇감을 한 쪽 바구니에는 한 개, 다른 쪽 바구니에는 여러 개 제시하면서 영아들이 자연스럽게 수량을 경험할 수 있도록 한다.

- 놀이 중이나 일상생활 중 자연스러운 상황에서 수량에 관련된 어휘를 사용하여 경험할 수 있도록 하고, 지시적이거나 인위적인 상황을 만들어 수를 세거나 숫자에 관련된 어휘를 사용하지 않도록 유의한다.

2세 '수와 연산' 지도지침 및 유의점

<table>
<tr><td rowspan="7">2세</td><td>내용</td><td colspan="2">수량 인식하기</td></tr>
<tr><td rowspan="5">세부내용</td><td>1수준</td><td>2수준</td></tr>
<tr><td colspan="2">많고 적음을 구별한다.</td></tr>
<tr><td>두 개 가량의 수 이름을 말해 본다.</td><td>세 개 가량의 구체물을 말하며 세어본다.</td></tr>
<tr><td colspan="2">구체물을 일대일로 대응해 본다.</td></tr>
<tr><td colspan="2"></td></tr>
<tr><td>지도 중점사항</td><td colspan="2">영아가 많고 적음을 구별하게 되면서 세 개 가량의 구체물을 말하며 세어보고, 일대일 대응해 보면서 수량을 인식하게 되는 데 중점을 둔다.</td></tr>
</table>

- 교사는 일상생활에서 자연스럽게 '많다', '적다' 등의 수량을 비교하는 어휘를 사용하여 영아가 많고 적음에 대한 언어적 표현과 수량에 대한 개념을 자주 경험하고 익힐 수 있도록 한다.

- 물건을 나누어 줄 때나 간식을 먹을 때 등 일상적인 상황에서 교사가 보여주거나 영아가 직접 참여하면서 일대일 대응을 경험할 수 있도록 한다.

- 보육실에 모양구슬이나 열매, 같은 모양의 블록 여러 개 등 영아가 수량을 경험하고 비교할 수 있는 놀잇감을 제공한다.

- 일상생활에서 수에 관련된 어휘를 사용하거나 수 세어보기, 일대일로 대응하는 모습을 보여주어 영아가 자연스럽게 참여하도록 하고, 모든 놀이상황에서 수를 세어보거나 숫자에 대한 질문을 하면서 영아가 세어보게 하지 않도록 유의한다.

3~5세 '수와 연산' 지도지침 및 유의점

연령	구분	3세	4세	5세
3~5세	내용	수와 연산의 기초개념 알아보기		
	세부내용	생활 속에서 수에 관심을 갖는다.	생활 속에서 사용되는 수의 여러 가지 의미를 안다.	
		구체물 수량의 많고 적음을 비교한다.	구체물 수량에서 '같다', '더 많다', '더 적다'의 관계를 안다.	구체물 수량의 부분과 전체 관계를 알아본다.
		다섯 개 가량의 구체물을 세어보고 수량에 관심을 갖는다.	열 개 가량의 구체물을 세어보고 수량을 알아본다.	스무 개 가령의 구체물을 세어보고 수량을 알아본다.
				구체물을 가지고 더하고 빼는 경험을 해 본다.
	지도 중점사항	• 유아가 놀이와 일상경험을 기반으로 생활 속 구체적인 문제를 해결하는 과정에서 기초적인 수학적 개념과 기능을 학습하고 사용하는 것에 중점을 둔다. • 자신의 수학적 생각을 다양한 방법으로 나타내고 다른 사람들과 의사소통을 하는 데 주안점을 둔다.		

- 수가 사용되는 다양한 상황을 경험함으로써 직관적으로 수의 여러 가지 의미, 즉 수량을 나타내는 집합수, 순서를 나타내는 순서수, 명칭으로 사용되는 이름수를 이해하도록 한다.

- 일상생활에서 수량의 차이가 확실한 두 집합을 비교하는 활동을 통해 유아가 수량의 많고 적음을 감각적으로 이해하는 데 중점을 둔다. 만 3세 유아는 두 집단 간 차이가 큰 경우를 중심으로 "더 많고/

더 적음"을 탐색하고, 만 4세부터는 점차적으로 차이가 적은 두 집합의 크기를 비교하게 한다. 만 5세는 10개 정도의 물체를 사용하여 특정 수량을 여러 방법으로 나누거나 모아보도록 한다.

- 집합의 크기를 비교할 때는 1대1 대응을 사용하거나 수 세기를 활용하도록 격려한다.
- 수 세기가 요구되는 놀이나 게임, 숫자 노래, 일상경험 등 수 세기를 할 수 있는 기회를 많이 제공한다. 만 4, 5세 유아는 특정수부터 이어 세기, 거꾸로 세기, 띄어 세기 등 수 세기의 여러 방법을 경험하게 한다.

2) 공간과 도형

0~1세 '공간과 도형' 지도지침 및 유의점

연령	구분	1수준	2수준	3수준	4수준
0~1세	내용	주변 공간 탐색하기			
	세부내용	1수준	2수준	3수준	4수준
			도움을 받아 주변의 공간을 탐색한다.		
		주변 사물의 모양을 지각한다.			
	지도 중점사항	영아가 교사의 도움을 받아 보육실, 보육실 창 밖, 실외공간을 살펴보며 익숙한 물건의 위치, 장소, 모양을 탐색하도록 하는 데 중점을 둔다.			

- 교사는 영아가 자신을 둘러싼 공간과 공간에 놓여 있는 사물에 관심을 갖도록 도움을 주며 상호작용한다.
- 영아가 매일 접하는 사물을 가지고 놀 때, 모양과 관련된 어휘에 친숙해지도록 상호작용한다.
- 이동 능력이 발달되지 않은 영아는 영아 가까이에 영아가 흥미를 보이는 사물을 놓아주거나 교사가 영아를 안고 영아가 공간에 관심을 갖도록 돕는다.
- 도움을 받아 서는 단계의 영아는 교사가 잡고 설 수 있도록 도움을

주어 공간을 탐색하는 범위를 넓혀준다. 또한 교사가 누워서 발로 비행기 놀이를 해 주거나 말타기 놀이를 해 주어 영아가 공간을 다양한 위치에서 탐색하도록 한다.

- 영아에게 변화가 많은 환경보다는 친숙하고 익숙한 환경이 영아가 공간을 탐색하는 데 효과적이다.
- 영아의 시각 능력이 성인과 다름을 알고 성인의 시각에서 활동을 계획하지 않도록 유의한다.

2세 '공간과 도형' 지도지침 및 유의점

2세	내용	공간과 도형에 관심 가지기	
	세부내용	1수준	2수준
		나를 중심으로 익숙한 위치, 장소를 인식한다.	
		주변 사물의 모양에 관심을 가진다.	
	지도 중점사항	영아에게 자신을 중심으로 물건의 위치, 거리를 경험해 보도록 함과 동시에 환경 속에서의 자신의 위치를 탐색해 보도록 하며 다양한 사물과 놀잇감으로 놀이하면서 모양을 지각하도록 한다.	

- 영아가 자신의 몸을 움직이거나 스스로 사물을 움직여 자신과 사물, 사물과 사물의 위치, 방향, 거리를 경험하고 익숙한 공간에서 자신이 어디에 있는지 인식하도록 상호작용한다.
- 도형의 이름을 인식하고 자주 접하는 사물의 모양을 도형으로 표현하도록 상호작용한다.
- 영아 스스로의 힘으로 이동 가능한 사물을 배치하고 영아가 익숙한 환경에서 사물을 원하는 위치와 방향으로 옮기도록 허용한다.
- 여러 가지 모양의 자연물을 씻고, 말리고, 안전하게 다듬어 놀잇감으로 활용한다.
- 영아가 언어로 표현한 공간과 도형에 대한 내용이 교사가 인식한 내용과 다르다 할지라도 수정에 주력하기보다는 "○○는 그렇게 생각

했구나!"라고 표현하여 영아가 공간과 모양에 대한 표현을 할 수 있도록 돕는다.

3~5세 '공간과 도형' 지도지침 및 유의점

<table>
<tr><td rowspan="4">3~5세</td><td>내용</td><td colspan="3">공간과 도형의 기초개념 알아보기</td></tr>
<tr><td rowspan="3">세부내용</td><td>3세</td><td>4세</td><td>5세</td></tr>
<tr><td>나를 중심으로 앞, 뒤, 옆, 위, 아래를 알아본다.</td><td colspan="2">위치와 방향을 여러 가지 방법으로 나타내 본다.</td></tr>
<tr><td></td><td></td><td>여러 방향에서 물체를 보고 그 차이점을 비교해 본다.</td></tr>
<tr><td></td><td>지도 중점사항</td><td colspan="3">• 유아가 놀이와 일상경험을 기반으로 생활 속 구체적인 문제를 해결하는 과정에서 기초적인 수학적 개념과 기능을 학습하고 사용하는 것에 중점을 둔다.
• 자신의 수학적 생각을 다양한 방법으로 나타내고 다른 사람들과 의사소통을 하는 데 주안점을 둔다.</td></tr>
</table>

- 유아가 자신에서 시작하여 점차 주변의 특정 지형지물을 기준으로 물체의 위치와 방향을 인식하고 이를 표현할 수 있는 기회를 제공한다.

- 유아가 공간에 대한 심적 지도를 형성할 수 있도록 주요한 지형지물을 사용하여 경로를 설명하고 만 5세경에는 간단한 지도 만들기 경험을 제공한다.

- 여러 방향에서 본 물체의 형태를 표현하거나 비교하는 활동을 제공한다.

- 촉감을 이용한 감각 운동적 경험을 통해 기본 도형에 대한 이미지와 감각을 형성하도록 한다. 도형의 둘레를 손가락으로 따라가기, 비밀 주머니 속의 도형들 중에서 만져보고 같은 것 찾기, 물체를 만져보고 어떤 모양인지 설명하기, 도형 그리기, 도형 색칠하기, 지오보드 위에 도형 만들기의 경험을 제공한다.

- 주변 여러 물체의 모양을 살펴보고 모양에 따른 특성을 인식할 수 있는 기회를 제공한다. 초기에는 '굴러가는 것과 굴러가지 않는 것', '쌓을 수 있는 것과 쌓을 수 없는 것' 등으로 물체의 기본적인 특성에 기초하여 탐색하게 한다. 점차 주변 사물 중 기본 도형 모양인 것을 찾아보면서 각 도형의 형태와 이름에 익숙해지도록 하며, 만 5세에는 각 도형별로 다양한 크기를 제시하거나 도형을 놓는 방향을 다르게 하는 등으로 여러 예를 접하게 하여 도형의 속성을 비교해 보게 한다.

- 도형을 나누고 합해 보는 경험을 하도록 한다. 만 4세 유아는 여러 도형을 사용하여 새로운 형태를 구성하는 경험 자체에 중점을 두고, 만 5세 유아는 하나의 도형이 여러 다른 도형으로 만들어질 수 있음을 보면서 도형나누기와 합하기에 관심을 갖도록 한다.

- 교사는 유아가 공, 둥근기둥, 상자모양의 기본 입체도형과 동그라미, 세모, 네모의 기본 평면도형을 모두 경험할 수 있도록 유의한다.

3) 측정

0~1세 '측정' 지도지침 및 유의점

0-1세	내용	차이를 지각하기			
	세부내용	1수준	2수준	3수준	4수준
				주변 사물의 차이를 지각한다.	
	지도 중점사항	영아가 주변의 익숙한 물건의 색, 모양, 질감, 크기, 길이의 차이를 감각적으로 느낄 수 있도록 하는 데 중점을 둔다.			

- 교사는 영아가 사물로 놀이할 때, 사물의 속성을 지각하도록 색, 크기, 길이, 무게 관련 어휘를 자연스럽게 사용한다.

- 영아가 충분히 사물을 살펴보기 전에 서둘러 영아와 상호작용하기보다 영아가 사물을 충분하게 살펴보는 모습을 지켜보다 영아가 흥미를 보이는 사물의 속성과 관련된 어휘를 사용하여 상호작용한다.

- 영아가 사물의 속성을 충분히 살펴볼 수 있는 시간과 분위기를 조성해야 한다.
- 영아가 색, 크기, 길이의 차이를 자연스럽게 느낄 수 있도록 다양한 색, 크기, 길이, 무게의 놀잇감을 배치한다.
- 영아는 놀잇감을 손으로 만지거나 입에 넣는 등 오감을 이용해서 다양하게 살펴보므로 안전에 문제가 없는 놀잇감을 제공하도록 세심히 점검한다.

2세 '측정' 지도지침 및 유의점

2세	내용	차이에 관심 가지기	
	세부내용	1수준	2수준
		주변 사물의 크기(속성의 차이)에 관심을 가진다.	
	지도 중점사항	영아가 두 물체의 크기, 길이, 무게를 비교해 보고 관련 어휘를 경험해 보도록 하는 데 중점을 둔다.	

- 영아가 사물을 충분히 탐색하여 사물의 속성을 분명히 인식한 후 비교하기, 순서 인식하기와 관련된 상호작용을 시도한다.
- 영아가 실내외 놀이 활동에서 접하는 다양한 사물의 크기, 길이, 무게를 비교해 보고 순서짓도록 상호작용한다.
- 영아가 놀이 활동 속에서 물체를 비교해 볼 수 있도록 다양한 크기와 길이, 무게의 쌓기 컵, 블록, 자연물, 인형 등을 제시한다.
- 영아가 산책 나가기 위한 준비를 하거나 간식을 분비하고 먹을 때 등의 다양한 실외 활동과 일상생활에서 사물의 속성을 비교할 수 있도록 한다.
- 영아가 자신의 물건, 신체를 친구와 비교해 볼 때 크거나 작은 것은 특징이며, 크거나 작은 것이 좋고 나쁜 것과 연관되지 않음을 이야기한다. 또한 아직 두 가지 정도의 사물을 비교해 보는 것이 적절한

연령인 영아에게 지나치게 많은 수량의 물건을 비교하고 순서를 정하지 않도록 유의한다.

3~5세 '측정' 지도지침 및 유의점

<table>
<tr><td rowspan="4">3~5세</td><td>내용</td><td colspan="3">기초적인 측정하기</td></tr>
<tr><td rowspan="3">세부내용</td><td>3세</td><td>4세</td><td>5세</td></tr>
<tr><td>두 물체의 길이, 크기를 비교해 본다.</td><td>일상생활에서 길이, 크기, 무게 등을 비교해 본다.</td><td>일상생활에서 길이, 크기, 무게, 들이 등의 속성을 비교하고, 순서를 지어본다.</td></tr>
<tr><td></td><td></td><td>임의 측정 단위를 사용하여 길이, 면적, 들이 등을 재 본다.</td></tr>
<tr><td></td><td>지도 중점사항</td><td colspan="3">• 유아가 놀이와 일상경험을 기반으로 생활 속 구체적인 문제를 해결하는 과정에서 기초적인 수학적 개념과 기능을 학습하고 사용하는 것에 중점을 둔다.
• 자신의 수학적 생각을 다양한 방법으로 나타내고 다른 사람들과 의사소통을 하는 데 주안점을 둔다.</td></tr>
</table>

- 놀이 및 일상에서 유아가 길이, 크기, 무게, 들이 등의 속성을 인식하고, 비교하거나 순서지어 볼 수 있도록 한다. 초기에는 두 물체의 길이나 크기가 두드러지게 차이나는 것을 가지고 '~보다 크다', '~보다 작다', '~와 같다' 등의 용어를 사용하며 비교해 보는 경험을 제공한다. 점차 각 속성을 비교하기에 효과적인 전략을 생각하며 비교하고 순서지어 보게 한다.

- 유아가 측정을 위해 손 뼘, 발길이, 블록, 연필과 같은 임의 단위를 사용하도록 한다. 손 뼘이나 발길이와 같은 신체 단위는 사람에 따라 다르므로 측정 결과가 달라진다는 점을 인식할 수 있도록 한다.

- 유아가 측정과정에서 나타는 문제점을 경험하고 해결하는 과정에서 측정할 속성에 적합한 단위를 선정하고, 동일한 단위를 반복하여 측정할 때 필요한 기술을 인식할 수 있도록 지도한다. 예를 들어, 단위를 반복할 때 사이가 벌어지지 않게 정확하게 연결하거나 물체들의

한쪽 끝을 맞추어 배열하는 것과 같은 측정기술이 필요함을 인식하게 한다.

- 측정은 실생활에서 실제 많이 접하는 경험이므로 교사는 유아가 필요에 의해 직접 측정하는 허용적인 분위기를 조성한다.

4) 규칙성

0~1세 '규칙성' 지도지침 및 유의점

0~1세	내용	간단한 규칙성 지각하기			
	세부내용	1수준	2수준	3수준	4수준
				일상과 놀이에서 간단한 규칙성을 경험한다.	
	지도 중점사항	영아에게 규칙적으로 반복되는 하루일과를 제공하고 반복되는 소리, 리듬이 들어가는 노래, 말놀이, 동작을 제공하여 간단한 규칙성을 경험하는 데 중점을 둔다.			

- 교사는 하루 일과와 관련된 어휘를 자연스럽게 반복 사용하여 영아가 일과 흐름의 규칙성을 자연스럽게 이해하도록 한다.
- 규칙성이 있는 노래와 말놀이에 맞추어 간단한 동작을 반복적으로 제시함으로써 청각 또는 동작을 통한 규칙성을 경험하도록 한다.
- 영아가 하루 일과 흐름의 규칙성을 인식할 수 있도록 반복적이고 안정적인 하루 일과를 계획하고 실행한다.
- 놀이 활동과 전이 활동, 일상생활 활동을 시작하거나 진행할 때 어휘, 리듬, 음률이 반복되는 노래를 일정하게 사용하여 영아가 다음 일과를 예측할 수 있도록 한다.
- 반복되는 부분을 영아에게 직접 알려 주거나 강조하기보다는 자연스럽게 인식할 수 있도록 돕는다.

2세 '규칙성' 지도지침 및 유의점

<table>
<tr><td rowspan="4">2세</td><td>내용</td><td colspan="2">단순한 규칙성에 관심 가지기</td></tr>
<tr><td rowspan="2">세부내용</td><td>1수준</td><td>2수준</td></tr>
<tr><td colspan="2">주변에서 단순하게 반복되는 규칙성에 관심을 가진다.</td></tr>
<tr><td>지도 중점사항</td><td colspan="2">영아가 주변 환경에서 반복되는 무늬, 색, 모양, 소리 등을 살펴보고 규칙성에 관심을 갖도록 한다.</td></tr>
</table>

- 영아가 그림책으로 반복적으로 나타나는 인물의 특정 동작이나 단어(의성어, 의태어 등), 문장을 탐색하도록 상호작용한다.
- 영아가 일상생활에서 자주 접하는 음악에서 반복되는 리듬, 멜로디, 노랫말에 관심을 갖도록 상호작용한다.
- 보육실에 색, 모양이 반복적인 포인트 벽지, 벽면 구성 등을 배치하여 영아가 간단한 규칙성을 자연스럽게 느낄 수 있도록 한다.
- 실외놀이를 하거나 산책을 나갈 때 보도블록의 모양, 색에서 간단한 규칙성을 느낄 수 있도록 계획한다.
- 영아에게 규칙이 있는 부분을 알려주기 위하여 그림책, 음악의 반복되는 부분만을 별도로 들려주거나 반복되는 부분을 교사가 직접 알려주기보다는 영아가 자연스럽게 일상생활과 놀이를 하면서 스스로 알아가도록 활동을 계획한다.

3~5세 '규칙성' 지도지침 및 유의점

<table>
<tr><td rowspan="5">3~5세</td><td>내용</td><td colspan="3">규칙성 이해하기</td></tr>
<tr><td rowspan="3">세부내용</td><td>3세</td><td>4세</td><td>5세</td></tr>
<tr><td>생활 주변에서 반복되는 규칙성에 관심을 갖는다.</td><td>생활 주변에서 반복되는 규칙성을 알아본다.</td><td>생활 주변에서 반복되는 규칙성을 알고 다음에 올 것을 예측해 본다.</td></tr>
<tr><td></td><td>반복되는 규칙성을 인식하고 모방한다.</td><td>스스로 규칙성을 만들어 본다.</td></tr>
<tr><td>지도 중점사항</td><td colspan="3">• 유아가 놀이와 일상경험을 기반으로 생활 속 구체적인 문제를 해결하는 과정에서 기초적인 수학적 개념과 기능을 학습하고 사용하는 것에 중점을 둔다.
• 자신의 수학적 생각을 다양한 방법으로 나타내고 다른 사람들과 의사소통을 하는 데 주안점을 둔다.</td></tr>
</table>

- 유아가 사물이나 일상적 상황에 나타난 규칙성을 발견하도록 한다. 점차 유아가 인식한 규칙성에 따라 다음에 올 것을 예측해 보는 기회를 제공한다.

- 유아가 청각적 패턴, 시각적 패턴, 운동적 패턴과 같은 다양한 패턴이 있음을 인식하고 한 가지 유형의 규칙성을 다른 유형으로 재구성해 보도록 지도한다.

- 교사는 유아가 '빨강–파랑–빨강–파랑'과 같이 반복되는 규칙성을 보고 다음에 이어지는 것이 무엇인지에 초점을 맞추기보다는 규칙성의 핵심요소인 A-B를 파악하는 데 주의를 기울이도록 한다. 예를 들어, '빨강 다음에 파랑이 오고. 그 다음에 빨강, 그 다음에 파랑 …….'과 같이 말하는 것보다는 '빨강과 파랑이 계속 이어지고 있어'. '빨강과 파랑이 계속 반복되고 있구나'와 같이 말해 준다.

5) 자료수집과 결과

0~2세 '자료수집과 결과' 지도지침 및 유의점

0~1세	내용	·			
	세부내용	1수준	2수준	3수준	4수준
		·			

2세	내용	구분하기	
	세부내용	1수준	2수준
		주변 사물의 같고 다름에 따라 구분한다.	
	지도 중점사항	영아가 자기 나름의 기준을 통해 물건을 나누고 자신 소유의 물건과 타인 소유의 물건을 구분하도록 하는 데 중점을 둔다.	

- 영아가 오감각을 다양하게 활용하여 놀잇감, 생활용품을 구분해 보도록 격려한다.
- 영아가 때에 따라 기준을 달리하는 것을 수용하고 새로운 기준을 만들도록 격려한다.
- 영아가 일상생활에서 간단한 구분하기를 시도해 볼 수 있도록 교구장과 놀잇감 정리 바구니에 지리 표시를 하여 놀잇감을 구별하여 정리할 수 있도록 한다.
- 영아가 교사의 도움을 받아 자신의 개인 사물함에 양말, 모자 등을 넣음으로써 자신의 것과 다른 사람의 것을 구별하도록 한다.
- 영아가 자기 나름의 기준을 만들어 구분하도록 충분히 배려하고 교사가 기준을 지시적으로 제시하지 않도록 유의한다.

3~5세 '자료수집과 결과' 지도지침 및 유의점

3~5세	내용	기초적인 자료수집과 결과 나타내기		
	세부내용	3세	4세	5세
		필요한 정보나 자료를 수집한다.		
		같은 것끼리 짝을 짓는다.	한 가지 기준으로 자료를 분류해 본다.	한 가지 기준으로 분류한 자료를 다른 기준으로 재분류해 본다.
				그림, 사진, 기호나 숫자를 사용해 그래프로 나타내 본다.
	지도 중점사항	• 유아가 놀이와 일상경험을 기반으로 생활 속 구체적인 문제를 해결하는 과정에서 기초적인 수학적 개념과 기능을 학습하고 사용하는 것에 중점을 둔다. • 자신의 수학적 생각을 다양한 방법으로 나타내고 다른 사람들과 의사소통을 하는 데 주안점을 둔다.		

- 자료를 수집하기 전에 유아와 자료 수집 방법에 대해 이야기 나누며 모으고자 하는 자료의 기준을 고려하여 수집하게 한다.

- 다양한 사물의 같은 점과 다른 점을 구별하고 같은 것끼리 짝지어보는 기회를 제공한다. 점차 색, 모양, 크기, 재질 등 유아에게 익숙한 사물의 한 가지 속성에 기초하여 사물을 분류해 보고 분류의 준거를 말해 보게 한다.

- 만 5세 유아는 사물의 한 가지 속성에 기초하여 분류한 것을 또 다른 속성을 생각해 보고 이에 따라 다시 분류할 수 있도록 지도한다.

- 유아가 수집한 자료들을 구체물이나 실물을 사용하여 직접 비교해 보도록 하거나 그림이나 사진, 기호를 사용한 그래프나 표로 만들어 보도록 도와준다.

- 유아들이 그래프로 나타낸 자료를 분석하고 해석하도록 도와준다.

Part 02

수학교육 활동의 실제

영아 수학교육 활동의 실제

4

활동명 한 조각 자동차 퍼즐

주제 놀이는 재미있어요

추정시기 10월 3주차

활동형태 놀이활동 - 신체

대상연령 만 0세

기대되는 효과

- 퍼즐 조각과 같은 모양의 그림을 변별할 수 있다.
- 한 조각 퍼즐을 구멍에 끼워 맞출 수 있다.

교육과정 관련 요소

- 자연탐구 > 수학적 탐구하기 > 주변 공간 탐색하기 > 도움을 받아 주변의 공간을 탐색한다.
- 신체운동 > 신체조절과 기본운동하기 > 소근육 조절하기 > 눈과 손을 협응하여 소근육을 활용해 본다.

활동자료 및 준비

- 한 조각으로 된 손잡이 퍼즐

활동방법

도입 퍼즐 탐색하기

1. **영아와 손잡이가 있는 한조각 퍼즐 모양 조각을 탐색해본다.**
   - (영아가 퍼즐에 관심을 가지고 바라보면) 이게 뭘까요?
   - 여기 자동차 그림이 있어요. 부릉부릉~ 빵빵~! 자동차다.
   - 어? 자동차에 손잡이가 달려 있네요!

전개 퍼즐그림 살펴보기

2. 영아와 함께 퍼즐그림을 꺼내본다.

- (손잡이를 잡고) 손잡이를 잡고 꺼내볼까요?
- 우와! 자동차 그림이 쏘옥 나왔네요.
- (퍼즐의 구멍들을 가리키며) 여기 구멍이 생겼네요. 무슨 모양인가요?
- (손으로 구멍을 만져보도록 가까이에 가져다주고) 만져볼까요? 손이 들어가네요!

3. 영아가 퍼즐의 손잡이를 잡고 퍼즐 판을 끼워볼 수 있도록 도와준다.

- (영아가 손잡이를 손가락으로 잡아보도록 유도하며) 여기를 잡아볼까요? 꼬옥~ 잡았네요.
  (손잡이를 영아가 잡고 있을 때 퍼즐 판을 대어 끼워주면서) 쏘옥 구멍에 끼워볼까요? 들어갔어요.(박수를 쳐주며 격려한다.)

마무리 평가하기

4. 퍼즐을 맞춰 놓은 상황에서 영아와 퍼즐 손잡이를 잡고 빼내어 자동차 그림을 찾아본다.

- (교사와 영아가 맞춰 놓은 퍼즐 바라보면) 어? 자동차가 안 보여요. 자동차는 어디 있을까요?
- (영아가 손잡이를 잡고 퍼즐을 빼내면) 우와~ 퍼즐을 잡고 들어 올렸네요. 자동차 어디 있나요?
  –(영아가 손가락으로 자동차를 가리키면) ○○이가 자동차를 찾았네요.

지도 시 유의점

- 영아가 퍼즐에 관심을 갖는 모습이 관찰될 때 활동한다.
- 사전에 영아가 퍼즐을 자유롭게 탐색할 수 있도록 한다.

연관활동

- 자동차 이외의 영아에게 친숙한 한 조각 퍼즐 맞추기 활동을 한다.

참고문헌

- 보건복지부·육아정책연구소(2013). 0세 보육프로그램.

활동명 오볼 구멍에 솜공이 쏙

주제 놀이는 재미있어요

추정시기 9월 2주차

활동형태 놀이활동 – 감각·탐색

대상연령 만 0세

기대되는 효과

- 오볼과 솜공의 차이를 지각한다.
- 구멍이 있는 공에 솜공을 넣고 빼 본다.

교육과정 관련 요소

- 자연탐구 > 수학적 탐구하기 > 차이를 지각하기 > 주변 사물의 차이를 지각한다.
- 신체운동 > 신체조절과 기본운동하기 > 소근육 조절하기 > 눈과 손을 협응하여 소근육을 활용해 본다.

활동자료 및 준비

- 오볼, 솜공 여러 개

활동방법

도입 오볼과 솜공탐색하기

1. **오볼과 솜공을 보여주면서 영아가 탐색해보도록 유도 한다.**
   - 어? 공에 구멍이 있네요.
   - 여기도 구멍~ 또 여기도 구멍~ 구멍이 많아요.
   - 또 이건 뭘까요? 느낌이 어때요?
   - 솜공은 폭신폭신해요.

전개 오볼에 솜공 넣어보기

2. 오볼 구멍에 솜공을 넣어보게 한다.

- 공의 구멍에 작은 공을 넣어볼까요?
- 쏘옥~ 쏘옥~ 공이 구멍 속으로 쏙 들어가네요.
- (오볼에 솜공을 모두 넣고) 남아있는 작은 공이 하나도 없네요?
- 작은 공이 어디로 갔나요?

3. 오볼을 흔들어 솜공을 하나씩 빼어본다.

- (오볼을 가리키며) 작은 공이 모두 큰 공에 들어갔어요.
  이 공을 어떻게 하면 꺼낼 수 있을까요?
- (오볼을 흔들어 솜공을 빼내고) 와~ 큰 공을 흔드니까 작은 공이 나와요. 공이 이제 다 나왔네요. 이제 큰 공 속에 작은 공이 하나도 없어요.

마무리 스스로 솜공 넣어보기

4. 영아가 스스로 오볼에 솜공을 넣고 빼는 모습을 보며 이야기 나눈다.

- (오볼을 가리키며) 작은 공이 하나도 없어요. ○○이가 넣어볼까요?
  와~ ○○이가 큰 공에 작은 공을 모두 넣었어요.
- (오볼을 영아가 잡도록 도와주고) 작은 공을 빼 볼까요?
  우와~ ○○이가 큰 공을 흔드니까 작은 공이 모두 나왔어요.

지도 시 유의점

- 솜공을 입에 넣지 않도록 잘 지켜본다.
- 교사의 도움을 받아 오볼 속에 들어간 솜공을 살짝 잡아당겨 빼 보도록 한다.
- 솜공은 오볼의 구멍과 비슷한 크기로 제시하여 약간의 힘을 주어 밀어 넣도록 해야 넣었을 때 밖으로 쉽게 빠지지 않는다.

연관활동

- 오볼 공에 스카프를 넣고 빼어보는 활동을 한다.

참고문헌

- 보건복지부 · 육아정책연구소(2013). 0세 보육프로그램.

활동명 곤지곤지 잼잼

주제 움직여요

추정시기 7월 3주차

활동형태 놀이활동 – 언어

대상연령 만 0세

기대되는 효과

- 반복되는 짧은 운율을 들으며 손 놀이를 즐긴다.
- 운율이 있는 짧은 말소리를 듣는다.

교육과정 관련 요소

- 자연탐구 > 수학적 탐구하기 > 간단한 규칙성 지각하기 > 일상과 놀이에서 간단한 규칙성을 경험한다.
- 의사소통 > 듣기 > 운율이 있는 말 듣기 > 운율이 있는 짧은 말소리를 관심 있게 듣는다.

활동자료 및 준비

- 「전래동요–잼잼 도리도리」 음원

활동방법

도입 노래부르며 관심끌기

1. **교사가 '곤지곤지' 노래를 부르며 영아의 관심을 끈다.**
   (영아가 자신의 손에 관심을 보이며 움직일 때 교사가 영아의 관심을 파악하여 활동을 유도할 수 있다.)
   - ♬ 곤지 곤지 곤지 곤지~
   - (영아가 관심을 보이면 왼손바닥에 오른손 검지손가락을 찍으며)
     ♬ 곤지 곤지 곤지 곤지 ~

전개 노래 부르며 따라하기

2. **영아와 함께 '곤지곤지' 노래를 부르며 손을 움직여본다.**
   - (영아의 손을 잡고) 선생님하고 같이 곤지곤지해 볼까요?
   - 우리 ○○이 곤지곤지 잘 하네요.
   - ♬ 곤지 곤지 곤지 곤지. 엄마 따라 콕 콕 선생님 따라 콕 콕. 곤지 곤지 곤지 곤지...
   - 쥐암 쥐암 잼잼 우리 ○○이 잘도 한다. 쥐었다 폈다 잼~잼~/두 손을 들고 벌리고 오므리고...♬
3. **영아가 익숙해지면 곤지곤지나 잼잼 외에 간단한 음률이 있는 말(도리도리, 짝짜꿍 등)로 바꾸어 해주며 동작을 따라해 보게 한다.**
   - (도리도리를 보여주며) ♬ 도리도리 도리도리~
   - 우리 ○○이 도리도리 ~

마무리 영아 혼자 활동하기

4. **영아가 동작을 잘 따라하게 되면 교사는 말로만 '곤지 곤지'해주고 영아가 혼자서 동작을 해볼 수 있도록 한다.**
   - (교사가 말로만) ♬ 곤지 곤지 곤지 곤지~ 쥐암 쥐암 잼잼~
   - (영아가 혼자 곤지곤지를 하면 교사가 말로만)♬ 도리도리 ~
   - (박수를 쳐 준 후) ○○이 곤지곤지 잼잼, 도리도리도 잘하네요.

지도 시 유의점

- 영아의 발달 수준을 고려하여 곤지곤지부터 시작하여 익숙해지면 잼잼, 도리도리 짝짜꿍 등을 차례로 추가해 활동을 한다.
- 영아가 하루 일과 중 수시로 활동할 수 있도록 노래를 자주 불러주거나 전래동요-곤지곤지 잼잼 음원을 들려준다.

연관활동

- 곤지곤지, 잼잼, 도리도리, 짝짜꿍을 섞어서 활동한다.

참고문헌

- 보건복지부 · 육아정책연구소(2013). 0세 보육프로그램.

활동명 꽃그림 블록을 길게 연결해요

생활주제 새로운 것이 낯설어요 **추정시기** 4월 4주차

활동형태 실내자유놀이 – 역할·쌓기 **대상연령** 만 1세

기대되는 효과

- 구성된 블록의 길이에 따른 차이를 인식한다.
- 블록 위에 있는 꽃그림에 관심을 가진다.

교육과정 관련 요소

- 자연탐구 > 수학적 탐구하기 > 수량 지각하기 > '한 개'와 '여러 개'를 구별한다.
- 예술경험 > 아름다움 찾아보기 > 예술적 요소에 호기심 가지기 > 주변 환경에서 색, 모양에 호기심을 가진다.

활동자료 및 준비

- 꽃그림을 붙인 종이블록, 스펀지 블록 또는 우레탄 블록

[교구제작방법]

① 놀이실에 제공된 블록 위에 꽃 사진이나 꽃 그림을 붙여준다.

② 꽃그림보다 크게 시트지를 오려 꽃그림 위에 덧붙여 준다.

활동방법

도입 꽃그림 탐색하기

1. 영아가 블록 위에 있는 꽃그림에 관심을 가지면 어떤 그림들이 붙어 있는지 살펴본다.

- 어? 이게 뭘까요?
- 블록 위에 예쁜 꽃이 많이 피어 있어요.
- 또 여기에도 꽃이 있어요.
- 노란 꽃이 있네요.
- 어! 여기에는 분홍색 꽃이 있어요.

전개 꽃그림 블록 놓아보기

2. 꽃그림 블록을 영아와 길게 놓아본다.

- ㅇㅇ가 노란꽃 블록을 놓았어요. 그 옆에는 어떤 꽃을 놓아 볼까요?
- 길어졌어요. 여기에 놓고 그 다음 어떤 꽃을 놓아 볼까요?
- 또 하나 놓았더니 더 길어졌네요.
- 길게 놓으니까 꽃들이 더 많이 있어요.

3. 꽃그림 블록 위에 앉아 보거나 블록 길 위로 걸어본다.

- ㅇㅇ이는 노란 꽃 위에 앉았네요..
- 꽃길 위로 걸어볼까요? 노란꽃, 빨간꽃, 정말 아름다운 길이 되었네요.

마무리 평가하기

4. 완성된 꽃그림 블록길을 가리키며 이야기 나눈다.

- (영아가 놓은 블록을 가리키며) ㅇㅇ가 노란꽃 블록 한 개 놓고 또 빨간 꽃 한 개를 놓았더니 길어졌어요.
- (양팔을 벌리며) 꽃그림 블록 길이 이만큼 길어졌어요.

지도 시 유의점

- 영아에게 익숙한 꽃 이름을 이야기해 줄 수 있으나 꽃이름이나 꽃의 색은 영아에게 어려우므로 이를 강조하지 않도록 유의한다.

연관활동

- 블록에 자동차, 동물 등 영아들에게 친숙한 그림을 붙여 길게 놓아본다.

참고문헌

- 보건복지부 · 육아정책연구소(2013). 1세 보육프로그램.

활동명 뜨껑을 찾아서 맞춰주세요

생활주제 놀이할 수 있어요

추정시기 8월 4주차

활동형태 실내자유놀이 – 신체

대상연령 만 1세

기대되는 효과

- 여러 사물의 뚜껑 크기가 서로 다름을 한다.
- 뚜껑을 열고 닫아본다.

교육과정 관련 요소

- 자연탐구 > 수학적 탐구하기 > 차이를 지각하기 > 주변 사물의 차이를 지각한다.
- 신체운동 > 신체조절과 기본운동하기 > 소근육 조절하기 > 눈과 손을 협응하여 소근육을 활용해 본다.

활동자료 및 준비

- 크기가 다른 소꿉 냄비와 뚜껑, 뚜껑을 열고 닫을 수 있는 교구

[교구제작방법]

① 여러 가지 종류의 뚜껑이 있는 병을 모은다. (화장품병, 페트병, 우유병 등).

② 너무 긴 플라스틱 병은 짧은 병에 맞춰 크기를 자른다.

③ 우드락(30cm×20cm) 표면에 펠트지를 붙인다.

④ 우드락에 구멍을 뚫고 병을 간격을 맞춰 끼워 붙인다.

⑤ 단단한 폐 종이상자 윗면에 ④를 붙인다.

⑥ 병이 상자 안에서 움직이지 않도록 상자 안에 신문지로 채워 마무리한다.

활동방법

도입 냄비와 뚜껑 탐색하기

1. **소꿉 냄비와 뚜껑들을 탐색한다.**
   - 보글보글 요리 하는 냄비와 뚜껑이 있어요.
   - 그런데 냄비에 뚜껑이 없네요.
   - 뚜껑을 찾아서 한 번 닫아볼까요?

전개 뚜껑맞추기

2. **영아가 냄비와 뚜껑의 짝을 맞출 때 언어로 표현해주고 스스로 찾아 보도록 격려한다.**
   - 뚜껑이 어디에 있을까요?
   - (영아가 하는 것을 보며) 뚜껑이 냄비보다 더 크네요.
   - 이번에는 뚜껑이 너무 작아서 냄비 안에 쏙 들어가 버렸네요.
   - ○○이가 뚜껑의 짝을 잘 찾아서 덮어주었구나!
3. **영아가 샴푸 뚜껑이나 우유병 뚜껑, 화장품 뚜껑 등을 자유롭게 열었다 닫아보며 놀이할 수 있도록 돕는다.**
   - 모양이 다른 뚜껑들이 있네요.
   - 제일 큰 뚜껑 짝을 찾아 닫아볼까요?
   - ○○이가 작은 우유병 뚜껑을 잘 찾았구나.
   - 어떻게 닫아줄까요?
   - ○○이가 뚜껑을 돌려주니까 닫혔네.

마무리 평가하기

4. **교사가 냄비를 보여주면 영아가 뚜껑을 찾아 닫는다.**
   - (냄비를 보여주며) 이 냄비의 뚜껑은 어디있나요?
   - (영아가 뚜껑을 찾아 닫으면) ○○이가 뚜껑을 닫았네요.

지도 시 유의점

- 교사가 답을 주기보다는 영아가 반복하여 시도할 수 있도록 충분히 기

다려준다.

- 재활용을 사용하는 병뚜껑은 영아가 빨기 쉬우므로 깨끗이 소독하여 사용한다.
- 병뚜껑의 크기는 영아가 삼킬 우려가 있으므로 3.5cm 이상 것을 준비한다.

연관활동

- 빈 화장품 용기를 활용하여 뚜껑을 찾아 닫아본다.

참고문헌

- 보건복지부·육아정책연구소(2013). 1세 보육프로그램.

활동명 낮은 골대에 공을 넣어요

생활주제 나는 할 수 있어요

추정시기 10월 3주차

활동형태 실내자유놀이 – 신체

대상연령 만 1세

기대되는 효과

- 공의 움직임을 탐색한다.
- 공을 잡아 골대에 넣는다.

교육과정 관련 요소

- 자연탐구 > 수학적 탐구하기 > 주변 공간 탐색하기 > 주변 사물의 모양을 지각한다.
- 신체운동 > 신체활동에 참여하기 > 기구를 이용하여 신체활동 시도하기 > 간단한 기구를 이용하여 신체활동을 시도한다.

활동자료 및 준비

- 공, 골대

활동방법

도입 공과 골대 탐색하기

1. **공과 골대를 탐색하고 골대의 사용방법을 보여준다.**
   - 동글동글 공이 있네요.
   - (골대를 보며) 이건 뭘까요?
   - 동그랗게 생긴 골대군요.
   - 공과 골대로 무엇을 할 수 있을까요?

- 공을 여기다 쏙~ 공이 들어갔네요.

전개 공 넣어보기

2. 영아가 공을 가져다 골대에 넣어보도록 제안한다.

- 공을 여기 골대에 넣어볼까요?
- 공이 어떻게 되었지요?
- 공이 쏙~ 떼구르르 굴러가요.
- 공이 빠르게 내려오네요.

3. 교사가 팔로 골대를 만들면 영아가 공을 넣어본다.

- 여기 선생님 팔이 골대가 되었네요. 여기에 넣어볼까요?
- ○○는 선생님 골대에 공을 잘 넣었네요.

마무리 평가하기

4. 영아가 공을 자유롭게 골대에 넣으며 이야기 나눈다.

- (굴러가는 공을 바라보며) ○○가 넣은 공이 어디로 갔나요?
- 공이 어떻게 갔나요?

지도 시 유의점

- 영아의 키와 발달 수준에 따라 골대의 높이를 조절해 준다.

연관활동

- 입구가 넓은 바구니나 종이 상자 등에 공을 넣어보는 활동을 한다.

참고문헌

- 보건복지부·육아정책연구소(2013). 1세 보육프로그램.

활동명 토닥토닥 발헤기 놀이

주제 느낄 수 있어요 **추정시기** 5월 2주차

활동형태 실내자유놀이 – 언어 **대상연령** 만 1세

기대되는 효과

- 교사를 모방하여 교차된 다리를 만지며 탐색한다.
- 운율이 있는 말소리를 듣는다.

교육과정 관련 요소

- 자연탐구 > 수학적 탐구하기 > 간단한 규칙성 지각하기 > 일상과 놀이에서 간단한 규칙성을 경험한다.
- 의사소통 > 듣기 > 운율이 있는 말 듣기 > 운율이 있는 짧은 말소리를 관심 있게 듣는다.

활동자료 및 준비

- 카페트

활동방법

도입 앉아서 다리펴기

1. **영아가 교사 옆으로 다가와서 앉았을 때 다리를 길게 펴보도록 제안한다.**
    - ○○아, 다리를 쭉~ 펴 볼까요?
    - ○○이 다리가 길어졌네요;
    - (영아의 다리를 가볍게 두드리며) 토닥토닥~ 이렇게 두드리니까 느낌이 어때요?

- ㅇㅇ이가 선생님 다리도 토닥토닥~

전개 다리 교차하기

2. 교사와 영아가 다리를 펴고 교차하여 앉는다.

- ㅇㅇ이 다리 사이에 선생님 다리를 놓아볼까요?
- (영아와 교사의 다리를 차례로 짚으며) ㅇㅇ이 다리, 선생님 다리, ㅇㅇ이 다리, 선생님 다리~
- ㅇㅇ이 다리하고 선생님 다리가 차례로 있네요.

노래부르며 다리 짚기

3. 교차된 영아와 교사 다리의 무릎을 하나씩 짚으며 ♬ 나비야 노래를 불러보고 노래가 끝날 때 짚은 다리의 무릎을 간질간질 한다.

- 와~ ㅇㅇ이 무릎에서 노래가 끝났네요?
- 간질간질~ ㅇㅇ이 무릎이 간지러워요.

마무리 활동 반복하기

4. 노래가 멈춘 영아의 다리 다음에 있는 교사의 다리에서 시작하여 반복하고 모든 다리의 무릎을 간질간질 하면 마친다.

- ㅇㅇ이 다리가 간질간질 했으니 다음엔 누구의 다리부터 시작할까요?
- 선생님 다리 다음은 누구의 다리가 있나요?

지도 시 유의점

- 다리를 짚을 때 영아가 살짝 두드리도록 교사가 시범을 보여주며 힘을 주어 두드리지 않도록 지도한다.

연관활동

- 영아의 발헤기 놀이가 익숙해지면 친구와 함께 활동을 한다.

참고문헌

- 보건복지부·육아정책연구소(2013). 1세 보육프로그램.

활동명 우레탄블록으로 의자, 화장대 만들기

생활주제 나는요

추정시기 6월 4주차

활동형태 실내자유놀이 – 쌓기

대상연령 만 2세

기대되는 효과

- 블록을 이용하여 화장대 모양을 만들어본다.
- 화장하는 놀이를 통해 친구와 어울리는 경험을 한다.

교육과정 관련 요소

- 자연탐구 > 수학적 탐구하기 > 공간과 도형에 관심 가지기 > 주변 사물의 모양에 관심을 가진다.
- 사회관계 > 더불어 생활하기 > 또래와 관계하기 > 또래가 있는 곳에서 놀이를 한다.

활동자료 및 준비

- 우레탄블록

활동방법

도입 화장대 이야기 나누기

1. **화장대에 앉아서 꾸미기 놀이를 할 때에 우레탄블록으로 화장대 만드는 것에 대해 자연스럽게 이야기 나눈다.**
   - ○○가 화장대에 앉아서 머리를 빗고 있네요.
   - ○○는 거울을 보면서 로션을 얼굴에 바르고 있네요.
   - 우리 화장대에 의자를 만들어 볼까요?

- 어떤 블록으로 만들 수 있을까요?
- 여기에 있는 우레탄블록으로도 화장대를 만들어 볼 수 있을까요?

전개 화장대 만들기

2. 우레탄블록을 탐색한 후, 블록으로 화장대, 의자 등을 만들어본다.

- 네모난 우레탄블록이네요. 어떻게 화장대를 만들어 볼 수 있을까요?
- ○○는 우레탄블록을 옆으로 길게 놓아서 긴 화장대를 만들었네요.
- ○는 블록을 위로 쌓았어요. 화장대가 높아졌네요.
- ○○ 화장대는 의자도 있네요.
- ○○ 화장대는 가운데가 뻥 뚫려있어요. 재미있는 모양이네요.

마무리 평가하기

3. 화장대를 만들어 본 후 이야기 나눈다.

- ○○이는 화장대를 만들어 보니 어땠나요?
- 우리가 만든 화장대와 의자를 사용해 놀이해 볼까요?

지도 시 유의점

- 우레탄블록으로 화장대와 의자를 만들 때 자유롭게 다양한 모양으로 구성해볼 수 있도록 격려한다.
- 영아들이 서로의 활동에 방해가 되지 않도록 활동 공간을 충분하게 확보해 준다.

연관활동

- 영아가 만든 화장대에 안전거울을 잘라서 붙여주어 실제 화장대와 흡사하게 만들어 놀이할 수 있다.

참고문헌

- 보건복지부·육아정책연구소(2013). 2세 보육프로그램.

활동명 내 키만큼 쌓아보아요

생활주제 나는요

추정시기 6월 1주차

활동형태 실내자유놀이 – 쌓기

대상연령 만 2세

기대되는 효과

- 키와 높이에 관심을 갖는다.
- 종이벽돌블록을 쌓으며 신체 부분의 명칭에 관심을 갖는다.

교육과정 관련 요소

- 자연탐구 > 수학적 탐구하기 > 차이에 관심 가지기 > 주변 사물의 크기(속성의 차이)에 관심을 가진다.
- 신체운동 > 감각과 신체 인식하기 > 신체를 인식하고 움직이기 > 신체 각 부분의 명칭을 안다.

활동자료 및 준비

- 종이벽돌블록

활동방법

도입 종이벽돌블록 탐색하기

1. **종이벽돌블록을 늘어놓거나 쌓아보며 다양하게 탐색한다.**
   - 네모난 종이벽돌블록이네. 옆으로 길게 놓아볼 수도 있네요.
   - 이렇게 세워볼 수도 있고, 여러 개를 쌓아볼 수도 있군요.

키 알아보기

2. **영아들과 함께 키에 대해 자연스럽게 이야기를 나누어본다.**
   - ○○는 키가 얼만큼 큰가요? 이만큼? 선생님 허리만큼?

- ○○ 키가 예전에는 교구장만큼 왔었는데, 이제는 창문까지 오네요.

전개 키만큼 쌓기

3. **종이벽돌블록을 키만큼 쌓아본다.**
   - 종이벽돌블록을 ○○키만큼 높이 쌓아볼 수 있을까요?
   - ○○키만큼 쌓으려면 얼마나 많이 쌓아야할까요?
   - ○○이는 머리까지 높이 쌓고 싶어요?
4. **종이벽돌블록에 키를 대보며 블록을 쌓아본다.**
   - 종이벽돌블록에 키를 한 번 대 볼까요?
   - 벌써 무릎까지 왔네요.
   - 종이벽돌블록이 ○○이 어깨까지 왔어요.
   - 조금만 더 쌓으면 머리까지 오겠어요.
   - ○○이 블록은 △△이 블록보다 몇 개나 더 많나요?
   - 블록을 한 번 세어볼까요? 하나 둘 셋...

마무리 평가하기

5. **쌓아 놓은 종이벽돌블록을 보며 이야기 나눈다.**
   - ○○이는 종이벽돌블록을 몇 개 쌓았나요?
   - 종이벽돌블록을 키만큼 쌓아보니 어땠나요?

지도 시 유의점

- 종이벽돌블록을 높이 쌓을 경우에는, 무너져 다칠 수 있으므로 안전에 유의하도록 한다.

연관활동

- 리본끈을 종이벽돌블록의 높이만큼 벽에 붙여주어 내 키가 얼마나 되는지, 친구 키가 얼마나 되는지 알아본다.

참고문헌

- 보건복지부·육아정책연구소(2013). 2세 보육프로그램.

활동명 누구의 물건일까요?

생활주제 나는 가족이 있어요 **추정시기** 8월 3주차

활동형태 실내자유놀이 – 언어 **대상연령** 만 2세

기대되는 효과

- 사용하는 사람에 따라 물건을 분류해 본다.
- 환경인쇄물에 관심을 가진다.

교육과정 관련 요소

- 자연탐구 > 수학적 탐구하기 > 구분하기 > 주변 사물을 같고 다름에 따라 구분한다.
- 의사소통 > 읽기 > 그림책과 환경 인쇄물에 흥미 가지기 > 그림책과 환경 인쇄물에 있는 그림과 내용에 관심을 가진다.

활동자료 및 준비

- 환경인쇄물(전단지), 가위, 풀, 가족 구성원 얼굴이 그려진 종이

활동방법

도입 환경인쇄물 탐색하기

1. **영아가 환경인쇄물(전단지)에 관심을 보이면 함께 보며 이야기한다.**
   - 여러 가지 사진들이 많이 있어요. 옷도 있고, 냉장고도 있네요.
   - 이건 누구 옷일까요? 엄마가 입는 치마예요.
   - 이건 누가 쓰는 걸까요? 공부할 때 쓰는 책상과 의자예요.
   - 이건 무엇일까요? ○○가 좋아하는 놀잇감이에요.

- 이 물건은 엄마 말고 또 누가 쓸 수 있을까요?

전개 가족그림에 물건 오려 붙이기

2. 가족 구성원 얼굴이 그려진 종이 위에 잡지에서 오린 물건들을 가족에 맞게 짝지어 붙여 본다.

- 아빠 얼굴이 그려진 종이가 있어요. 아빠는 어떤 물건을 사용하실까요? 전단지에서 오려 붙여 볼까요?
- 아빠는 넥타이를 하는군요. 면도기도 아빠한테 붙여주었네요.
- 립스틱을 바르고 있어요. 립스틱은 누가 사용하는 걸까요?
- 색연필을 잘라서 붙이고 있네요. ○○가 집에서 색연필로 그림을 그리는 군요. ○○얼굴이 그려진 종이에 붙였네요.

마무리 평가하기

3. 완성된 활동지를 보며 이야기 나눈다.

- ○○이는 아빠에게 어떤 물건 그림을 오려 붙였나요?
- 어떤 전단지에 그림이 많았나요?

지도 시 유의점

- 가위질이 능숙하지 못한 수준의 영아의 경우, 교사가 전단지 속 물건을 미리 잘라놓고, 영아는 가족에 맞게 붙여보는 활동을 하도록 한다.
- 만 2세의 경우, 물건 사진이 작을 경우 가위질하기 쉽지 않으므로, 가능하면 큰 사이즈의 물건 사진을 준비해주도록 한다.
- 립스틱은 흉내만 내어볼 수 있게 빈 곽을 제공해주도록 한다.

연관활동

- 비밀상자 안에 아빠, 엄마가 사용하는 물건을 넣어두고 달려가서 하나를 꺼내어 보고 아빠, 엄마 물건에 따라 아빠 것이면, 아빠 목소리로, 엄마 것이면 엄마 목소리로 “안녕하세요, 나는 아빠예요, 나는

엄마예요."하고 친구들에게 인사하는 활동을 한다.

참고문헌

- 보건복지부 · 육아정책연구소(2013). 2세 보육프로그램.

활동명 목표지점까지 달려보아요

생활주제 나는 가족이 있어요

추정시기 9월 3주차

활동형태 실외놀이

대상연령 만 2세

기대되는 효과

- 자신의 신체적 능력에 자신감과 성취감을 가진다.
- 달리면서 팔, 다리를 움직이고 조절한다.

교육과정 관련 요소

- 자연탐구 > 수학적 탐구하기 > 공간과 도형에 관심 가지기 > 나를 중심으로 익숙한 위치, 장소를 인식한다.
- 신체운동 > 신체조절과 기본운동하기 > 대근육 조절하기 > 팔, 다리, 목, 허리 등 움직임을 조절한다.

활동자료 및 준비

- 목표지점을 표시할 수 있는 삼각대(혹은 깃발, 그림)

활동방법

도입 삼각대 알아보기

1. **삼각대(혹은 깃발, 그림)를 살펴본다.**
   - 이것은 무엇일까요? 무슨 표시인 것 같아요.
   - 이 표시가 있는 곳까지 한번 달려보면 어떨까요.
   - 선생님이 준비 출발~ 하면 힘껏 달려보기로 해요.

전개 삼각대까지 달리기

2. 삼각대(혹은 깃발, 그림)가 있는 곳까지 달려본다.

- 준비 출발~
- 우와~ 정말 열심히 달리네요.
- 팔을 앞뒤로 잘 흔드네요.
- 다리를 점점 빨리 움직이고 있어요. 이제 거의 다 와가요.

3. 삼각대(혹은 깃발, 그림)의 거리를 조절하여 달려본다.

- 이번엔 이 표시를 조금 더 뒤로 놓아볼께요. 좀 더 멀리까지 달려볼 수 있겠어요?
- 준비 출발~
- 힘껏 달리고 나니 어떤가요?
- 숨이 조금 차오르지요. 휴~ 하고 크게 숨을 쉬어 보아요.

마무리 평가하기

4. 달려본 후 경험을 이야기 나눈다.

- 어디까지 달려가 보았나요?
- 달릴 때 팔과 다리는 어떻게 되었나요?

지도 시 유의점

- 바닥이 울퉁불퉁하거나 미끄럽지 않은, 달리기를 하기에 안전한 장소에서 활동을 실시하도록 한다.
- 빨리 달리는 것에 초점을 두기보다는 영아의 움직임을 언어적으로 반영해주고 최선을 다해서 열심히 달리는 것에 초점을 두고 격려해준다.
- 달리기를 통해 신체적인 유능감과 성취감을 많이 느끼는 시기이므로 충분한 격려와 칭찬을 해주도록 한다.

연관활동

- 목표지점까지 옆으로 걸어보기, 보폭을 크게 하여 뛰어보기 등 다양한

형태로 활동한다.

참고문헌

- 보건복지부 · 육아정책연구소(2013). 2세 보육프로그램.

활동명 동물 도장 찍기

생활주제 동물놀이해요

추정시기 10월 3주차

활동형태 실내자유놀이 – 미술

대상연령 만 2세

기대되는 효과

- 여러 가지 색과 모양이 다른 동물 도장을 찍어본다.
- 또래와 함께 만든 동물 도장 그림을 게시한 후 감상해본다.

교육과정 관련 요소

- 자연탐구 > 수학적 탐구하기 > 구분하기 > 주변 사물을 같고 다름에 따라 구분한다.
- 예술경험 > 예술 감상하기 > 아름다움 즐기기 > 자신과 또래가 표현한 노래, 춤, 미술품 등에 관심을 가지고 즐긴다.

활동자료 및 준비

- 동물 도장, 종이, 스탬프, 색연필

활동방법

도입 동물 도장 탐색하기

1. **동물 도장에 있는 동물들의 모양을 살펴본다.**
   - 이것은 무엇일까요?
   - 이건 무슨 모양 도장일까요? 호랑이네요.
   - 기린의 모습은 어때요? 목이 길어요.
2. **종이에 동물 도장을 자유롭게 찍어본다.**

- ○○이는 무슨 도장을 찍고 싶어요?
- 강아지 도장은 어떤 색깔로 찍고 싶어요?
- 이 도장을 찍으면 어떤 모양이 나올까요?

전개 동물 도장 찍고 꾸미기

3. 동물 도장을 찍은 종이에 그림을 그려 꾸며본다.

- ○○는 노란색 사자 도장을 찍었어요. 초록색 기린은 누가 찍었을까요?
- ○○이는 사자 옆에 초록색 색연필로 색칠했어요.
- ○○반 친구들이 함께 만든 도장 그림을 볼까요?
- 친구들이 어떤 도장을 찍었나요?
- 알록달록 여러 가지 동물들이 많이 있어요.

마무리 평가하기

4. 활동 후 이야기 나눈다.

- ○○이는 어떤 동물 도장을 찍었나요?
- 어떤 색으로 찍었나요?

지도 시 유의점

- 넓은 스탬프가 없으면 여러 가지 색깔의 물감을 각각 접시에 담은 후 펠트지를 덮어 물감이 은근히 배어나오게 한 후 사용한다.

연관활동

- 영아들이 찍은 동물 도장 그림으로 발판을 만들어 활동해본다.

참고문헌

- 보건복지부·육아정책연구소(2013). 2세 보육프로그램.

활동명 동물 부분그림 보고 동물 이름 맞히기

생활주제 동물놀이해요

추정시기 10월 1주차

활동형태 실내자유놀이 – 언어

대상연령 만 2세

기대되는 효과

- 동물그림의 부분을 보고 어떤 동물인지 안다.
- 동물의 이름을 알고 말할 수 있다.

교육과정 관련 요소

- 자연탐구 > 수학적 탐구하기 > 차이에 관심 가지기 > 주변 사물의 크기(속성의 차이)에 관심을 가진다.
- 의사소통 > 말하기 > 자신이 원하는 것을 말하기 > 자신이 원하는 것을 낱말이나 짧은 문장으로 말해본다.

활동자료 및 준비

- 동물그림 까꿍 그림책(동그라미 창으로 동물의 부분만 보이며 책장을 넘기면 동물의 전체가 나타남)

[교구제작방법]

[재료] 동물사진, 하드보드지, 동물무늬천, 펠트지, 코팅지, 링

① 동물사진을 코팅하여 하드보드지 위에 붙인다. 사진속 동물무늬와 같은 천을 동물사진 위에 부분적으로 붙인다.

② 사진을 가릴 수 있도록 같은 크기의 펠트를 덮고 동물무늬천만 보일 수 있게 구멍을 낸다.

③ 같은 방법으로 만든 여러 가지 동물사진을 모아 책으로 엮어준다.

활동방법

도입 부분그림책 살펴보기

1. **동물의 일부분만 보이는 그림책을 살펴본다.**
   - 여기 새로운 책이 있어요.
   - 어? 작은 동그라미에 그림이 보이네요?
   - 어떤 그림인가요?
   - 만져볼까요? 느낌이 어떤가요?
   - 무늬가 있어요. 어떤 동물의 무늬일까요?

전개 부분그림 전체 맞히기

2. **책장을 넘겨 어떤 동물인지 확인하고 동물의 그림을 보며 생김새, 울음소리 등 특징을 이야기 나누어본다.**
   - 이 동그라미 안에는 어떤 동물이 숨어 있을까요?
   - 귀가 긴 토끼네요. 토끼는 어떻게 움직일까요?
   - ○○가 토끼처럼 움직여 볼 수 있나요?

마무리 평가하기

3. **동물의 부분그림을 보며 특징에 대해 이야기 나눈다.**
   - 이 무늬는 어떤 동물이었나요?
   - 이 동물의 특징은 무엇이었나요?

지도 시 유의점

- 어떤 동물인지 쉽게 알아맞혀보도록 영아들이 기본적으로 인지하고 있는 동물의 가장 특징적인 부분에 창을 만들어준다.
- 영아들이 일부분을 탐색하고 전체를 인식하여 동물의 이름을 맞혀보는 활동으로 탐색하는 과정에서 동물의 특징을 구체적으로 설명해준다.

연관활동

- 여러 가지 동물이 그려진 카펫에서 놀이하며 동물의 특징을 알아본다.

참고문헌

- 보건복지부 · 육아정책연구소(2013). 2세 보육프로그램.

활동명 큰 나무, 작은 나무 쌓아보기

생활주제 알록달록 가을이에요 **추정시기** 11월 2주차

활동형태 실내자유놀이 – 쌓기 **대상연령** 만 2세

기대되는 효과

- 우레탄(스펀지) 블록으로 긴 블록과 넓은 블록을 번갈아 쌓아 큰 나무를 구성해본다.
- 내가 만든 나무에 대해 또래에게 이야기해준다.

교육과정 관련 요소

- 자연탐구 > 수학적 탐구하기 > 단순한 규칙성에 관심 가지기 > 주변에서 단순하게 반복되는 규칙성에 관심을 가진다.
- 의사소통 > 말하기 > 자신이 원하는 것을 말하기 > 자신이 원하는 것을 낱말이나 짧은 문장으로 말해본다.

활동자료 및 준비

- 우레탄 블록 스펀지 블록

활동방법

도입 블록 쌓아보기

1. 우레탄 블록을 길게 늘어놓거나 쌓아보는 등 다양한 방법으로 탐색해 본다.

- ○ ○가 블록을 높게 쌓았네요.
- ○ ○의 키보다 더 높이 쌓았네요.
- 블록이 무너질 것 같아요. 흔들흔들 움직여요.

전개 나무 경험나누기

2. **자연스럽게 블록을 쌓다가 나무를 구성해본다. 이때 영아들과 나무를 본 경험을 이야기 해보며 다양한 나무 모양을 표현해볼 수 있도록 도움을 준다.**
   - ○○가 블록을 높게 쌓아보니 커다란 나무처럼 생겼네요?
   - ○○는 나무를 본 적 있나요?
   - 선생님과 블록으로 나무를 만들어볼까요?
   - 키가 아주 크고 나뭇잎이 많은 나무를 보았군요.
   - ○○가 본 나무를 블록으로 만들어볼까요?
3. **영아가 블록을 이용하여 여러 가지 나무(키가 큰 나무, 작은 나무)를 표현하여 구성해본다.**
   - 와~ ○○는 키가 작은 나무를 만들었네요?
   - ○○가 만든 나무는 △△보다 키가 크네요.

블록의 규칙 알아보기

4. **구성한 나무를 살펴보며 나무를 더 크게 만드는 방법에 대해 알아본다.**
   - 큰 나무를 쌓다가 무너졌어요. 왜 무너졌을까요?
   - 긴 블록으로만 쌓다보니 좁아서 무너지고 있어요. 그럼 어떻게 해야 무너지지 않게 더 큰 나무로 쌓을 수 있을까요?
   - 아~ 긴 블록 위에 넓은 블록을 올리고 그 위에 다시 긴 블록을 반복해서 쌓는 방법이 있군요.
   - ○○의 큰 나무도 △△의 큰 나무도 긴 블록, 넓은 블록, 긴 블록, 넓은 블록을 번갈아 가며 쌓아서 더 큰 나무를 만들었네요.

마무리 친구에게 소개하기

5. **완성된 나무를 친구에게 간단하게 이야기해준다.**
   - △△ 나무는 무슨 나무인지 친구에게 예기해 줄 수 있나요?
   - 아~ 사과나무군요.
   - ○○이 나무에서는 꽃이 피기도 하는군요.
   - ○○는 큰 나무가 무너지지 않게 쌓으려고 어떻게 했나요?

지도 시 유의점

- 우레탄 블록 외에도 쌓기를 구성할 수 있는 상자나 블록을 사용할 수 있다.

연관활동

- 영아들이 구성한 나무와 함께 가을 동산을 구성하여 가을나들이를 가는 역할놀이를 한다.

참고문헌

- 보건복지부·육아정책연구소(2013). 2세 보육프로그램.

생활주제 : 유치원(어린이집)과 친구

활동명	수학교육 내용
오늘은 어떤 활동을 할까요?	규칙성
제자리에 정리해요	자료수집과 결과
놀이영역과 놀잇감	자료수집과 결과
친구들을 만나요	수와 연산
우리 유치원(어린이집) 찾아가기	수와 연산

활동명 오늘은 어떤 활동을 할까요?

생활주제 유치원(어린이집)과 친구 **추정시기** 3월 2주차

활동형태 대·소집단활동 – 이야기 나누기 **대상연령** 만 5세

기대되는 효과

- 유치원(어린이집)에서의 하루 일과 흐름을 안다.
- 유치원(어린이집)에서 이루어지는 다양한 활동에 관심을 갖는다.

교육과정 관련 요소

- 자연탐구 > 수학적 탐구하기 > 규칙성 이해하기 > 생활주변에서 반복되는 규칙성을 알고 다음에 올 것을 예측해 본다.

활동자료 및 준비

[준비물]

① 삼각대: 하드보드지, 부직포

② 카드: 그림자료, 색지, 하드보드지, 시트지, 찍찍이

[제작방법]

① 삼각대를 만들어 하드보드지를 붙인다.

② 하드보드지를 잘라 색지, 그림 자료를 붙여 카드를 만든다. (시계카드 16개, 활동카드 13개)

③ 카드에 시트지를 붙이고 찍찍이를 붙인다.

활동방법

도입 하루일과 회상하기

1. 어제의 유치원(어린이집) 하루 일과를 회상하고 이야기 나눈다.

- 어제 우리가 어떤 활동을 하였나요?
- 활동순서대로 이야기 해 볼까요?

2. 하루 활동이 적힌 카드를 차례로 제시한다.

- 어떤 활동 카드들이 있나요?
- 이건 어떤 활동을 나타내는 카드일까요?

전개 자료제시 및 하루일과 알아보기

3. 오늘의 활동카드를 순서대로 삼각대에 붙이며 제시한다.

- 오늘 하는 활동카드를 준비해 왔는데 한번 볼까요?
- 오늘은 어떤 활동을 하나요?

4. 등원부터 평가 및 귀가까지 차례로 어떤 활동을 하는지 이야기 나눈다.

- 가장 먼저 하는 활동은 무엇인가요?
- 등원 후에는 어떤 활동을 하나요?
- 매일 반복되는 활동은 무엇인가요?
- 마지막 활동은 무엇인가요?

5. 유아와 함께 삼각대의 활동카드 옆에 시계카드를 차례로 제시한다.

- 등원은 몇 시에 시작할까요? 선생님을 도와 등원카드 옆에 시계카드를 붙여 볼까요?
- 지금 우리가 하고 있는 활동은 어떤 카드일까요? 어떤 시계카드를 붙여야 할까요?

6. 시계카드에 해당하는 활동을 알아본다.

- 8시 45분부터 9시까지는 무엇을 할까요?
- 9시부터 9시 50분까지는 어떤 활동을 할까요?

마무리 활동 평가하기

7. 오늘의 활동 순서를 회상해 본다.

- 가장 먼저 하는 활동은 무엇이었나요?
- 오늘은 어떤 활동을 하게 되나요?
- 이야기 나누기 다음 활동이 무엇이었나요?
- 그럼 다음 활동을 준비해 볼까요?

지도 시 유의점

- 활동카드와 시계카드는 글자와 사진을 함께 제시하여 만든다.
- 유아가 시간을 알 수 있도록 사전에 매일 활동시작시 시간을 알아본다.

연관활동

- 오늘의 활동을 시간 순서대로 그려보고 발표한다.
- 하루일과 평가 시간에 활동순서와 시간에 맞게 유아가 참여했던 활동에 대해 발표한다.

활동명 제자리에 정리해요

생활주제	유치원(어린이집)과 친구	추정시기	3월 1주차
활동형태	자유선택활동 – 수·조작 영역	대상연령	만 4세

기대되는 효과

- 유치원(어린이집) 생활 속에서 사용하는 물건을 알고 혼자 사용하는 것과 함께 사용하는 것을 분류한다.

교육과정 관련 요소

- 자연탐구 > 수학적 탐구하기 > 기초적인 자료 수집과 결과 나타내기 > 한 가지 기준으로 자료를 분류해 본다.

활동자료 및 준비

[준비물]

- 유치원: (티슈상자, 색지, 시트지) 티슈상자에 색지를 이용하여 유치원을 꾸민다.
- 교구장: (하드보드지, 색지, 시트지, 자석) 하드보드지에 색지를 이용하여 분홍색과 녹색으로 교구장을 꾸민 후 안에 자석을 넣고 시트지를 붙인다.
- 물건들: (물건그림, 클립, 코팅지) 물건그림 뒷면에 클립을 대고 붙인 후 코팅한다.
- 낚싯대: (모루, 나무젓가락, 자석) 나무젓가락에 모루를 감고 자석을 붙인다.

활동방법

도입 수수께끼 동기유발하기

1. **[교구 알아맞히기] 수수께끼를 통해 새로운 교구를 소개한다.**
   - 오늘 새로운 교구를 가져왔는데 무슨 교구인지 알아맞힐 수 있나요?
   - 그럼 교구 알아맞히기 수수께끼를 시작해 볼까요?
2. **교구의 특징을 설명하여 유아가 연상할 수 있도록 한다.**
   - 이것은 바다나 강, 호수, 냇가 등 물에서 사용하는 거예요.
   - 선생님도 좋아해서 이번 일요일에 바다로 가서 이것을 하려고 해요.
   - 물고기를 잡을 때 사용해요.
   - 이것은 무엇일까요?
3. **유아가 교구를 맞추면 교구 이름을 소개한다.**
   - 이것은 낚싯대예요.

전개 교구제시 및 활동방법 알아보기

4. **낚시놀이에 필요한 교구를 제시하고 이야기 나눈다.**

   ① 유치원상자와 물건들을 소개한다.

   –이것은 무엇일까요?

   –(흔들면서) 유치원 안에 유치원에서 사용하는 물건들이 들어 있네요.

   ② 교구장을 소개한다.

   –교구장에 [혼자 사용해요] [함께 사용해요]라고 쓰여 있네요.

   –교구장은 언제 사용할까요?

   –어떻게 물건들을 분류해야 할까요?

   –분홍색 교구장은 혼자 사용하는 것을 담고 녹색 교구장은 함께 사용하는 교구를 담아 볼까요?
5. **활동방법을 알아보고 활동 순서를 정한다.**
   - 그런데 교구장이 비어있네요. 물건들이 어디에 있을까요?

- 유치원에 있는 물건들은 무엇으로 꺼내야 할까요?
- 물건을 꺼내어 어디에 넣어야 할까요?
- 누가 먼저 시작해 볼까요?

6. 유아들이 차례로 낚싯대를 이용하여 물건을 낚으면 분류해 본다.

- 친구들 장난감 자동차가 나왔어요. 어느 교구장에 넣어야 할까요?
- 그래요. 함께 가지고 노는 장난감 자동차는 녹색 교구장에 넣어요.

마무리 교구배치하기

7. 활동을 마무리하고 교구가 배치된 영역을 소개한다.

- 이 교구는 어느 영역에 넣으면 될까요?
- 이 교구는 수·조작 영역에 넣어 놓을 거예요. 활동하고 싶은 친구들은 자유선택활동 시간에 활동하기로 해요.

지도 시 유의점

- 교구 설명 시간이 길어지지 않도록 한다.
- 질문 시 유아들이 어려워하면 새로운 힌트를 제공한다.
- 분류 기준이 명확한 물건을 골라 유아가 물건의 분류 시 혼란스럽지 않도록 한다.

연관활동

- 교구 사진을 카드로 만들어 낚시를 하여 영역별로 분류해 본다.

활동명 놀이영역과 놀잇감

생활주제 유치원(어린이집)과 친구 | 추정시기 3월 1주차

활동형태 자유선택활동 – 수·조작 영역 | 대상연령 만 4세

기대되는 효과

- 놀이영역별 자료를 짝 지을 수 있다.
- 작은 구멍에 물건을 집어넣을 수 있다.

교육과정 관련 요소

- 자연탐구 > 수학적 탐구하기 > 기초적인 자료 수집과 결과 나타내기 > 한 가지 기준으로 자료를 분류해 본다.

활동자료 및 준비

[준비물] 뚜껑이 있는 상자 4개, 교구 그림 카드 20장

[영역상자 및 비밀상자 만들기]

① 하드보드지를 이용하여 상자 모양으로 조립한다.
② 상자 표면에 색시트지를 붙인다.
③ 겉면에 놀이영역 그림을 붙인다.
④ 윗면에 카드가 들어갈 수 있도록 구멍을 뚫는다.

[그림 카드]

① 마닐라지를 7×7의 크기로 20장을 준비한다.
② 카드에 색지를 붙이고 놀이영역별 특징을 잘 나타낸 자료의 그림을 그린다.
③ 한 영역당 5~7개의 카드를 준비한다.

활동방법

도입 교실의 영역 알아보기

1. 우리 교실의 영역에 대해 알아본다.

- 우리 반에는 어떤 영역들이 있나요?
- ○○영역에서는 어떤 놀이를 하나요?

2. 각 영역별로 어떤 물건들이 있는지 알아본다.

- 조형 영역에는 어떤 물건들이 있나요?
- 음률 영역에는 어떤 물건들이 있나요?

전개 교구소개 및 영역별 물건 분류하기

3. 상자와 영역별 자료가 그려진 그림 카드를 제시한다.

- 이 상자에는 어떤 글자가 있나요?
- 그림 카드에는 어떤 그림이 있나요?
- 그림 카드를 보고 어느 영역에서 사용되는 놀잇감인지 찾아서 넣어보기로 해요.

4. 유아들이 다양한 활동방법을 이야기할 수 있도록 유도한다.

- 영역상자와 교구 그림 카드로 어떤 활동을 할 수 있을까요?
- 그림 카드를 보고 어느 영역에서 사용하는 교구인지 찾아서 넣어보는 활동을 할 거예요.
- 어떤 활동방법들이 있을까요?

[활동방법1]

① 그림 카드를 똑같이 나누어 가진다.

② 순서를 가위바위보로 정하고 순서대로 흥미영역의 이름을 부른다.

③ 부른 흥미영역에 해당하는 그림 카드는 영역상자에 넣는다.

④ 가지고 있는 그림 카드가 모두 없어진 유아가 있으면 마친다.

[활동방법2]

① 각자 가지고 싶은 영역상자를 나누어 가진다.

② 그림 카드를 비밀상자에 모두 넣는다.

③ 한 명씩 비밀상자에서 그림 카드를 하나씩 꺼내어 자기가 가지고

있는 영역에 맞으면 가져온다.

④ 꺼낸 그림 카드가 자기 영역상자에 맞지 않을 경우에는 비밀상자에 다시 넣는다.

⑤ 비밀상자에 그림 카드가 모두 없어질 때까지 한다.

마무리 활동 평가하기

5. 다양한 방법으로 활동해 보고 이야기 나눈다.

- 어떤 방법으로 활동해 보았나요?
- 활동해 본 느낌은 어땠나요?

지도 시 유의점

- 처음부터 교실에 있는 모든 영역의 물건을 알아보지 말고 몇 개의 영역만 제시하였다가 점차 늘려준다.
- 영역상자와 교구그림 카드 제작시 그림과 글자를 함께 제시한다.

연관활동

- 정리정돈 시간에 유아들이 자기가 가지고 놀았던 놀잇감을 제자리에 정리할 수 있도록 지도한다.

활동명 친구들을 만나요

생활주제 유치원(어린이집)과 친구 **추정시기** 3월 2주차

활동형태 자유선택활동 – 수·조작 영역 **대상연령** 만 4세

기대되는 효과

- 친구들의 성씨와 유치원(어린이집) 오는 방법을 분류하여 수를 세어 본다.
- 유치원(어린이집) 생활에 적응하고 친구들에게 친근감을 느낀다.

교육과정 관련 요소

- 자연탐구 > 수학적 탐구하기 > 수와 연산의 기초개념 알아보기 > 열 개 기량의 구체물을 세어보고 수량을 알아본다.

활동자료 및 준비

[준비물] 유아들의 이름 카드, 교통기관 그림 카드, 유아들의 성씨 카드, 그림그래프 두 개

[그림그래프]

① x축–성, y축–숫자

② x축–교통기관, y축–숫자

[그림 카드]

① 유아들의 이름 카드

② 교통기관 그림 카드 (자동차, 버스, 지하철, 걸어 다니는 모습, 승용차, 오토바이)

③ 유아들의 '성씨' 카드 (김, 박, 이, 조, 손)

활동방법

도입 유아의 이름 알아보기

1. ♪당신은 누구십니까? 노래를 부르며 유아들의 이름을 알아본다.

- (차례로 양손으로 한 유아를 가리키며) ♪당신은 누구십니까?
- 나는 ○○○. 그 이름 아름답구나.

2. 우리의 이름은 성과 이름으로 구성되어 있다는 것을 이야기한다.

- 이 ○○의 이름 중 이는 무엇인가요?
- 이는 성씨라고 해요.

전개 교구 소개하고 이름표 붙이기

3. 그림그래프를 제시하고 이야기 나눈다.

- 이것은 무엇일까요? 어떤 그림이 있나요?
- 그림그래프로 무엇을 할 수 있을까요?

4. 그림그래프에 써놓은 성씨를 읽어본다.

- 그림그래프에 쓰여 있는 성씨를 함께 읽어 보아요.
- 어떤 성씨가 있나요?

5. 유아 자신의 성씨가 쓰여 있는 곳에 이름표를 붙인다.

- ○○의 성이 쓰여 있는 곳은 어디일까?
- 이름표를 붙여 볼까요?

자료분석 및 수세기 나열하기

6. 그래프를 보며 이야기 나눈다.

- ○○성씨를 가진 친구가 모두 몇 명이 있나요?
- 우리 반 친구들은 모두 몇 개의 성씨를 가지고 있나요?
- 우리 반에는 어느 성씨를 가진 친구가 가장 많나요?
- 우리 반에는 어느 성씨를 가진 친구가 가장 적나요?
- 가장 많은 성씨부터 적은 성씨 순서로 이야기 해 볼까요?

등원 방법 수세기, 나열하기

7. 유치원(어린이집)에 오는 방법에 대해 이야기 나눈다.

- 유치원에 올 수 있는 방법은 무엇이 있을까요?

8. 그래프에서 자신이 유치원에 오는 방법을 찾아본다.

- ○○은 유치원에 어떻게 오나요?

9. 이름 카드를 그래프 아래 칸부터 붙인다.

- ○○타고 오는 친구 손들어볼까요?
  (자동차, 오토바이, 걸어 다니는 친구, 지하철, 버스 등)

10. 그래프를 보며 이름 카드를 세어보고 다른 칸과 비교해 본다.

- 우리 반에 ○○을 타고 오는 친구들은 모두 몇 명 있나요?
- 우리 반에서 유치원에 어떻게 오는 친구가 가장 많나요?
- 우리 반에서 유치원에 어떻게 오는 친구가 가장 적나요?
- 유치원에 오는 방법이 가장 많은 것부터 나열해 보아요.

마무리 활동 평가하기

11. 그래프를 수·조작 영역에 붙이고 수세기 활동을 지속적으로 할 수 있도록 한다.

- 그래프 활동을 해 보니 어땠나요?
- 이 교구는 어느 영역에 넣으면 될까요?
- 수·조작 영역에 그래프를 붙여 놓으면 친구들이 활동해 보기로 해요.

지도 시 유의점

- 그래프를 그리기 전에 우리 반 유아의 성씨를 미리 분석하여 없는 성씨는 쓰지 않는다.
- 같은 성씨의 인원을 충분히 고려하여 이름 카드 붙일 자리가 없어 좌절감을 느끼지 않도록 그래프를 제작한다.

연관활동

- 유아들의 다양한 기준(남녀 구분, 입고 있는 옷 색깔 등)을 그래프에 추가하여 수세기와 순서 짓기를 해 본다.
- 유치원(어린이집)에 오는 친구의 이름을 부르며 이름표를 찾아 붙이는 활동을 한다.

활동명 우리 유치원(어린이집) 찾아가기

생활주제 유치원과 친구

추정시기 3월 4주차

활동형태 자유선택활동 – 수 영역

대상연령 만 5세

기대되는 효과

- 주사위 2개를 던져 나온 숫자를 더할 수 있다.
- 게임의 규칙을 알고 규칙에 맞게 게임을 한다.
- 규칙을 지키는 태도를 갖는다.

교육과정 관련 요소

- 자연탐구 > 수학적 탐구하기 > 수와 연산의 기초개념 알아보기 > 구체물을 가지고 더하고 빼는 경험을 해본다.

활동자료 및 준비

[준비물]

유치원(어린이집) 주변의 지도를 참고하여 제작한 게임판, 말 2개, 큰 주사위 1개, 작은 주사위 1개, 연산기호(+, –) 주사위 1개

활동방법

도입 경험 나누기

1. 유치원(어린이집)에 오는 길에 대한 경험을 이야기 나눈다.

- 유치원(어린이집)에 올 때 어떻게 오나요?
- 오면서 무엇을 보았나요?
- 어떤 건물이 있었나요?

전개 게임방법 알아보기

2. 게임판을 제시하고 게임방법을 추측해 본다.

- (게임판을 제시하며) 이 게임판에 어떤 그림이 있나요?
- 그럼 이 게임판으로 어떤 활동을 할 수 있을까요?

3. 게임 방법을 알아본다.

- 선생님과 함께 게임방법을 알아보기로 해요.

[활동방법]

① 말을 1개씩 나눠 갖는다.

② 큰 숫자 주사위 하나를 먼저 던지고 연산기호 주사위를 던진 다음 작은 숫자 주사위를 던져서 합하거나 빼서 큰 수가 나온 유아가 먼저 시작한다.

③ 큰 숫자 주사위를 먼저 던지고 연산기호 주사위를 던진 다음 작은 숫자 주사위를 던져 합하거나 빼서 나온 수만큼 앞으로 간다.

④ 해당 칸에 써져있는 글자대로 게임을 진행한다. (처음으로 가기, 한 칸 뒤로, 한 칸 더 앞으로 등)

⑤ 먼저 말이 도착하면 끝난다.

4. 먼저 도착할 수 있는 방법에 대해 이야기 나눈다.

- 어떻게 하면 더 빨리 도착할 수 있을까요?
- 가장 큰 수는 몇이 나올 수 있을까요?

5. 순서를 정하고 함께 게임을 한다.

- 게임을 하려면 가장 먼저 무엇을 해야 할까요?
- 순서를 정하고 차례로 활동해 볼까요?

마무리 활동평가하기

6. 활동 했던 경험에 대해 이야기 나눈다.

- 우리 유치원(어린이집) 찾아가기 게임을 해 보니 어땠나요?
- 수·조작 영역에서 활동해 보기로 해요.

지도 시 유의점

- 유아들이 게임규칙에 맞게 활동할 수 있도록 한다.

- 덧셈과 뺄셈이 아직 어려운 유아의 답이 맞았는지 틀렸는지 그 정확성을 평가하지 않고 문제에 대한 해결책을 스스로 모색하도록 지원한다.

연관활동

- 수를 합하거나 빼서 나온 수를 몸으로 표현할 수 있다.

참고문헌

- 정연희(2009). 유아수학교육. 창지사.
- 교육과학기술부(2013). 5세 누리과정 교사용 지도서.

생활주제 : 봄

활동명	수학교육 내용
벚꽃 채우기	수와 연산
모내기를 해요	수와 연산
그림자 찾기	공간과 도형
봄 풍경으로 왕관을 만들어요	측정
봄맞이 대청소하기	자료수집과 결과

활동명 벚꽃 채우기

생활주제 봄

추정시기 4월 2주차

활동형태 대·소집단 활동 – 게임

대상연령 만 5세

기대되는 효과

- 합이 10 이하의 개수를 더할 수 있다.
- 5 이하의 개수를 뺄 수 있다.
- 규칙을 잘 지키며 게임한다.

교육과정 관련 요소

- 자연탐구 > 수학적 탐구하기 > 수와 연산의 기초 개념 알아보기 > 스무 개 가량의 구체물을 세어보고 수량을 알아본다.
- 자연탐구 > 수학적 탐구하기 > 수와 연산의 기초 개념 알아보기 > 구체물을 가지고 더하고 빼는 경험을 해 본다.
- 사회관계 > 다른 사람과 더불어 생활하기 > 친구와 사이좋게 지내기 > 친구와 협동하며 놀이한다.

활동자료 및 준비

[주사위] 펠트지(노란색, 초록색, 파란색, 갈색), 솜

[벚꽃판] 나무(하드보드지 2장, 부직포), 바구니(펠트지, 스케치북), 꽃(색지, 코팅지, 찍찍이), 숫자(출력한 숫자, 코팅지, 찍찍이)

[숫자판] 배경(하드보드지 8절, 부직포), 숫자 꽃(펠트지, 코팅지)

활동방법

도입 과거회상 흥미유발

1. **봄에 피는 꽃과 나무에 대해 이야기한다.**
   - 봄에는 어떤 꽃이 필까요?
   - 어떻게 생겼을까요? 색은 어떨까요? 냄새는 어떨까요?
2. **자료를 보며 게임에 대해 이야기한다.**
   - 이게 무엇일 거 같나요? 어떤 나무일까요?
   - 어떻게 활동할까요?

전개 게임방법 알아보기

3. **게임방법 설명**
   - 먼저 주사위 던질 순서를 정한 후 각자의 벚꽃을 가져간다(각각 30개씩).
   - 이긴 사람이 더하기 빼기 주사위를 먼저 던진다.
   - 나오는 연산 기호(+ −)를 보고 연산 기호 카드를 한 장 선택한다(더하기 나오면 더하기 카드, 빼기 나오면 빼기 카드를 한 장 꺼낸다).
   - 숫자 카드에 적혀 있는 두 숫자를 연산한다.
   - 연산해서 나온 수만큼 벚꽃을 나무에 붙인다.
   - 각각 통에 담겨 있는 벚꽃 30개를 먼저 다 붙이면 게임이 끝난다.
4. **유아들과 게임을 한다.**
   - (게임이 끝난 후) ○○ 나무엔 몇 개의 꽃잎이 있을까요? ㅁㅁ 벚꽃 통엔 몇 개의 벚꽃이 남았나요?

마무리 활동 평가하기

5. **활동 후 평가**
   - 벚나무를 만들어 보니 어땠니?

지도 시 유의점

- 유아들이 계산을 못할 시 숫자판으로 풀이하는 시범을 보여주며 풀이하는 방법을 설명해 준다.

연관활동

- 나만의 봄꽃 만들기

참고문헌

- 교육과학기술부(2013). 4세 누리과정 교사용 지도서.
- 권영례(2013). 유아수학교육. 양서원.
- 권영례, 조명옥(2012). 유아를 위한 수학/과학 통합 활동. 창지사.

주사위

숫자 판(배경, 숫자 꽃)

벚꽃 판

활동명 모내기를 해요

생활주제 봄

추정시기 4월 1주차

활동형태 자유선택활동 – 수 · 조작활동

대상연령 만 5세

기대되는 효과

- 수의 더하기와 빼기에 대해 알 수 있다.
- 모내기 순서에 관심을 갖는다.

교육과정 관련 요소

- 자연탐구 > 수학적 탐구하기 > 수와 연산의 기초 개념 알아보기 > 구체물을 가지고 더하고 빼는 경험을 해 본다.

활동자료 및 준비

[준비물]

모내기 그림 자료, 계란판, 초록색 실, 하드보드지, 색지

① 모내기하는 그림자료를 인쇄하여 코팅한다.
② 코팅한 그림자료에 대한 설명과 순서를 정한다.
③ 초록색 부직포를 계란판의 30칸에 맞게 자른다.
④ 휴지를 둥글게 말아서 부직포 중간에 둔 후 실을 이용해 묶는다.
⑤ 모판을 가로 20cm, 세로 6cm로 만든 후 초록색 부직포를 붙인다.
⑥ 30개짜리 계란판을 반으로 나눠 모심을 판 두 개를 만든다.
⑦ 가로 4cm, 세로 4cm로 주사위를 만든 후 1, 2, 3, 4, –1, –2 숫자를 뽑아 주사위에 붙인다.

활동방법

도입 주의집중

1. **주의집중을 위한 손 유희를 한다.**
   - 지금부터 선생님을 따라 손가락을 세어 보아요. 오른손을 입 앞에 가져가 조용히 엄지를 꼽으며 '하나' (이때 유아들은 선생님과 똑같이 '하나'라고 말하며 엄지를 접는다)
     두 번째는 '중지' 가운데 손가락을 접으며 '둘'
     세 번째는 반지를 끼는 '무명지를 꼽으며' 셋
     네 번째는 새끼 손가락을 접으며 '넷'
     마지막 남은 검지손가락을 입에 가까이 가져가며 '쉬--' 해 보세요.

전개 모내기의 과정 알아보기

2. **유아들에게 모내기에 대해 아는지 동기유발을 시킨다.**
   - 친구들 모내기에 대해 들어봤어요?
     5월 마지막 주에 농촌을 가면 흔히 볼 수 있는 장면이예요.
   - (모내기 그림자료를 제시하며) 이 그림은 무엇을 하는 장면일까요
     ① 모종 싹 틔우기
     ② 모를 심을 빈 논
     ③ 모판 옮기기
     ④ 모내기(손으로 모를 옮겨 심는 모습, 이앙기를 이용하여 모를 옮겨 심는 모습)
     ⑤ 벼

게임 모심기 활동

3. **준비해 온 교구 설명 및 활동을 한다.**
   - 선생님이 준비해 온 활동은 3번째 그림 자료에 나온 모판을 빈 논에 모를 심는 활동을 하는 거예요.
   - 먼저 두 팀으로 나누어 모를 심을 판 15개를 먼저 채우는 팀이 이기는 활동이에요.

- 시작하기 전에 순서를 정해야 하는데 순서를 정하는 방식은 선생님이 주사위를 돌려 숫자가 많이 나온 팀부터 시작하는 거예요.
- 활동방법은 주사위를 돌려 나온 숫자만큼 모를 들고 가는 거예요. 주사위 숫자 중에는 빼기도 있으니 빼기에 주의해 활동하도록 해요.

마무리 활동평가

4. 활동을 마무리한다.

- 모내기 게임을 해 보니 어땠나요?
- 모내기 순서는 어떻게 되나요?
- 더하기와 빼기 활동을 해보니 어땠나요?

지도 시 유의점

- 유아들마다 발달 정도가 다를 수 있으므로 그 점에 유의하여 함께 참여할 수 있게 한다.
- 그림 자료가 작게 인쇄되어 유아들이 보기 힘들 수 있는 점을 고려하여 PPT자료로 제작하여 보여주도록 한다.

연관활동

- 유아들과 농촌견학을 가서 직접 모내기를 하는 장면을 본다.

활동명

그림자 찾기

생활주제 봄

추정시기 4월 1주차

활동형태 자유선택활동 – 수·조작 영역

대상연령 만 5세

기대되는 효과

- 그림과 그림자의 모양을 짝지을 수 있다.
- 봄철 과일과 동·식물을 안다.

교육과정 관련 요소

- 자연탐구 > 수학적 탐구하기 > 공간과 도형의 기초개념 알아보기 > 여러 방향에서 물체를 보고 그 차이점을 비교해 본다.

활동자료 및 준비

- 봄철 과일그림과 그림의 그림자: 딸기, 앵두, 레몬
- 봄에 볼 수 있는 동물그림과 그림의 그림자: 개미, 개구리, 병아리, 벌, 나비
- 봄에 볼 수 있는 식물(꽃)과 그림의 그림자: 진달래, 개나리, 목련, 벚꽃
- 보관: 바구니 안에 함석판을 밑에 깔고 위에 동·식물, 과일 그림과 그림자 카드를 각각 분리하여 제시된 통에 담아 정리한다.

[제작방법]

① 과일, 동물, 식물 그림을 가위질하여 시트지로 싼다.

② 시트지로 싼 그림을 검은색 색지에 대고 그린다(그림자 그림 준비).

③ 그림자 그림을 오려서 일정한 크기로 오린 마분지에 붙여서 코팅시키고 테두리 처리를 한다.

④ 과일, 동물, 식물 그림과 그림자 그림의 앞면에 각각 고무자석을 붙

인다.

- 고무자석을 붙일 때 그림자 카드에 붙인 고무자석 위에 고무자석을 붙여놓고 글루건으로 과일, 동물, 식물 그림을 올려붙이며 자석의 위치를 정확하게 할 수 있다.

⑤ 함석판을 소그룹으로 활동할 수 있는 작은 크기로 오려서 색지를 붙이고 시트지를 씌워서 테두리를 처리한다.

활동방법

도입 동기유발

1. 봄의 환경 변화를 이야기한다.

- 봄철 과일(딸기, 앵두, 레몬)
- 봄에 볼 수 있는 동물(개구리, 병아리, 벌, 나비)
- 봄에 볼 수 있는 식물(진달래, 개나리, 목련, 벚꽃)

전개 자료제시

2. 봄에 볼 수 있는 것들에 대한 그림을 보여준다.

- 그림을 보며 그림의 이름을 이야기하고 유아에게 본 경험이 있는지 물어본다.
  –과일: "맛은 어땠나요?", "색은 무엇이었나요?"
  –식물: "어디서 보았나요?", "향은 맡아보니 어땠나요?"
  –동물: "생김새가 어땠나요?", "색은 어땠나요?"

맞춰보기 본 활동

3. 그림자만 보여주고 무엇일지 맞추도록 한다.

- "무슨 모양인가요?", "그림자만 보고도 알 수 있나요?", "이 그림자는 무슨 그림의 그림자일까요?"

확장활동

4. 직접 그림을 그림자 카드에 맞춰보며 일치하도록 한다.

- "그림자 카드에 그림을 붙여서 모양이 같은지 알아볼까요?

분류활동

5. 그림과 그림자를 붙인 카드를 동물, 식물, 과일을 구별하여 분류해 본다.

- 동물, 식물, 과일 글자카드를 보고 해당되는 그림을 함석판에 붙인다.

마무리 활동 정리하기

6. 그림과 그림자 카드를 각각 분리하여 통해 담아 정리한다.

지도 시 유의점

- 비닐하우스의 과일 재배로 4계절 다양한 과일을 먹고 있는 현실을 고려하여 제철 과일이 구분될 수 있도록 한다.
- 그림과 그림자를 보고 눈으로 맞추고 끝나는 것이 아니라 직접 유아가 맞춰볼 수 있게 한다.

연관활동

- 사전활동으로 봄이 다른 계절과 차이나는 특성에 대해 알아본다.
- 그림이나 그림자를 반으로 접은 모습을 제시하고 나머지 반은 유아의 상상에 맞게 그림을 그리도록 한다.
- 그림자 모양 테두리만을 제시하여 유아들이 자유롭게 그 공간을 표현하도록 한다.
- 확장활동으로 각 계절별 제철과일과 동·식물에 관해서 이야기 나누기를 할 수 있다.

활동명 봄 풍경으로 왕관을 만들어요

생활주제 봄 **추정시기** 4월 2주차

활동형태 자유선택활동 – 수 · 조작 영역 **대상연령** 만 5세

기대되는 효과

- 크고 작은 것, 많고 적은 것을 비교해서 부호로 나타낼 줄 안다.
- 표준화된 도구를 사용하여 머리둘레를 잴 수 있다.
- 봄 풍경을 느끼며 친구와 협동한다.

교육과정 관련 요소

- 자연탐구 > 수학적 탐구하기 > 기초적인 측정하기 > 일상생활에서 크기 등의 속성을 비교하고 순서를 지어본다.

활동자료 및 준비

하드보드지, 부직포(연두색, 파란색, 빨간색, 살색), 찍찍이, EVA원단, 코팅지 양면테이프, 봄 풍경 그림(벚꽃, 진달래꽃, 민들레, 튤립, 개구리, 나비) 줄자

활동방법

도입 음악을 들려주며 주의 집중하기

1. **음악을 들려주며 주의 집중시킨다.(비발디 사계 중 '봄')**
   - 무슨 소리가 들리는 것 같지 않아요?
   - 이 음악은 비발디의 사계 중 '봄'이라는 음악이에요.
   - 음악을 들으니 어떤 느낌이 들어요?

전개 봄의 풍경 그림을 보여 주며 비교하기

2. 봄의 풍경 그림을 보여주며 크다, 작다, 많다, 적다, 똑같다를 부호로 나타낸다.

- 봄이 되면 무슨 꽃들이 필까요? (벚꽃, 진달래, 민들레, 튤립)
- 또 개굴개굴 누굴까요?
- 꽃들 위에 날아다니는 나비도 있어요.
- 그런데, 이 친구들은 크기가 다 달라요.
  (하드보드지에 크다, 작다, 똑같다 부호로 나타낸다.)
- 그리고 꽃이 많은 것도 있고, 적은 것도 있어요.

친구들끼리 머리 둘레 재어 왕관 만들기

3. 친구들끼리 줄자로 머리둘레 재며 왕관을 만든다.

- 이 예쁜 꽃들로 왕관을 만들어 보아요.
- 먼저 둘씩 짝지어 친구의 머리둘레를 재어보아요.
  규칙: 친구들끼리 장난을 치지 않는다. 정확하게 잰다.
- 왕관에다가 예쁜 꽃들로 꾸며보아요.
- ○○는 무슨 꽃이 제일 많아요?
- ○○는 몇 송이 붙였나요?
- 각자가 붙인 것들로 부호화해 본다.

마무리 평가 및 차시예고

4. 활동에 대해 평가한다.

- 예쁜 꽃들을 보니 어떤 느낌이 들었어요?
- 친구들 머리둘레 잴 때 힘들지는 않았어요?
- 크다, 작다, 많다, 적다, 똑같다 라는 개념을 확실히 알았나요?
- 다음 시간에는 팔찌와 반지를 만들어 보아요.

지도 시 유의점

- 머리둘레를 잴 때 어려워하는 친구를 도와준다.
- 왕관 만드는 법을 시범을 보여 유아들이 잘 이해하도록 한다.

연관활동

- 친구들의 팔목, 허리, 손가락 둘레를 잴 수 있다.
- 길이, 무게, 들이 등의 속성을 비교할 수 있다.

참고문헌

- 권영례(1996). 아동중심 유아수학활동. 양서원.
- 정연희(2014). 유아수학교육. 창지사.

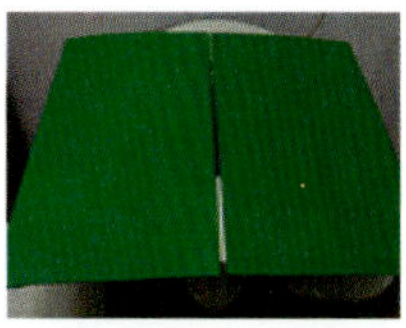

하드보드지 두 장에
연두색 부직포를 붙인다.

코팅한 그림에 EVA원단을
붙인다.

코팅한 그림 뒤에
찍찍이를 붙인다.

크다, 작다, 똑같다를 부호로
나타낸다.

많다, 적다를 부호로
나타낸다.

부직포 위에 왕관모양을
본 뜬다.

여러 가지색의 부직포로
왕관을 만든다.

왕관에 봄 풍경의 그림을
자유롭게 붙인다.

활동명 봄맞이 대청소하기

생활주제 봄 **추정시기** 4월 1주차

활동형태 자유선택활동 – 역할 영역 **대상연령** 만 4세

기대되는 효과

- 봄철 생활의 변화에 관심을 갖는다.
- 겨울에 필요한 물건과 봄에 필요한 물건을 구분할 수 있다.

교육과정 관련 요소

- 자연탐구 > 수학적 탐구하기 > 기초적인 자료수집과 결과 나타내기 >한 가지 기준으로 자료를 분류해 본다.

활동자료 및 준비

- 역할놀이 영역의 옷과 소품(겨울용, 봄용), 상자, 화사한 색의 식탁보, 봄꽃(조화), 봄풍경 그림, 청소용품

활동방법

도입 동화 회상하기

1. **사전활동으로 들은 '봄맞이 대청소'(코이데 탄, 한림출판사, 2004) 동화 내용을 생각하며 이야기 나눈다.**
   - 겨울이 지나고 봄이 되면 사람들은 어떤 일들을 할까요?
   - 봄맞이 대청소는 왜 하는 것일까요?

전개 봄맞이 대청소 계획하기

2. 역할놀이 영역을 둘러보고 봄맞이 대청소 계획을 세운다.

- 우리 반 역할놀이 영역에 있는 것들 중에서 겨울에는 필요했지만 봄이 되어 필요 없어진 물건은 무엇일까요?
- 따스하고 환한 봄의 느낌이 나게 하려면 어떻게 해야 할까요?
- 어떤 것을 바꾸어야 할까요?
- 봄맞이 대청소를 할 때 필요한 도구에는 무엇이 있을까요?

3. 역할을 나누어 역할놀이 영역의 봄맞이 대청소를 한다.

- 봄맞이 대청소를 하기 위해 필요한 역할에는 무엇이 있을까요?
- 어떤 역할을 맡고 싶나요?

[대청소 방법]

① 역할놀이 영역의 겨울옷, 몸을 따뜻하게 해주는 소품들을 정리해서 상자에 넣는다.
② 봄옷을 꺼내어 옷장에 건다.
③ 화사한 색으로 식탁보를 바꾼다.
④ 봄꽃 조화로 장식한다.
⑤ 봄 풍경 그림을 전시한다.
⑥ 청소용품으로 청소를 한다.

마무리 평가하기

4. 봄맞이 대청소를 마친 후, 평가를 한다.

- 봄맞이 대청소를 하니 우리 반 역할놀이 영역이 어떻게 변했나요?
- 봄맞이 대청소를 하고나서 깨끗해진 역할놀이 영역을 보니 기분이 어땠나요?
- 봄의 따스하고 환한 느낌이 나나요?

지도 시 유의점

- 먼지가 날 수도 있으므로 창문을 열어 환기를 시킨다.
- 봄맞이 대청소에 필요한 도구들은 유아의 연령을 고려하여 교사가 충

분히 제공한다.

- 겨울에 필요한 물건과 봄에 필요한 물건을 미리 교사가 준비한다.

연관활동

- 흰색의 얇은 소재의 천 등을 사용하여 미술 영역에서 식탁보를 만들어 본다.
- 봄맞이 대청소 모습을 사진으로 찍어 '우리반의 봄맞이 대청소' 이야기책을 만들어 본다.

참고문헌

- 교육과학기술부(2013). 4세 누리과정 교사용 지도서.

생활주제 : 나와 가족

활동명	수학교육 내용
내 몸의 크기를 알아봐요	측정, 자료수집과 결과
우리 가족은 몇 명일까요?	수와 연산, 자료수집과 결과
가족 패턴 그리기	규칙성
행복한 우리 가족	수와 연산
우리집을 지어요	공간과 도형

활동명 내 몸의 크기를 알아봐요

생활주제 나와 가족 **측정시기** 5월 1주차

활동형태 대·소집단 활동 – 이야기 나누기 **대상연령** 만 5세

기대되는 효과

- 길이의 측정과정을 이해한다.
- 임의 측정 단위를 사용하여 길이를 측정할 수 있다.

교육과정 관련 요소

- 자연탐구 > 수학적 탐구하기 > 기초적인 측정하기 > 임의 측정 단위를 사용하여 길이, 면적, 들이, 무게 등을 재 본다.
- 자연탐구 > 수학적 탐구하기 > 기초적인 자료 수집과 결과 나타내기 > 그림, 사진, 기호나 숫자를 사용해 그래프로 나타내 본다.

활동자료 및 준비

- 동화: 그림(임금님, 왕비, 목수, 침대 대 소, 발바닥)
  그림자료를 코팅해서 사용한다.
- 바퀴자: 레고블록, 지름 10cm원 종이, 레고를 이용하여 바퀴자를 만들고 원의 가장자리를 10칸으로 나누어서 각각 다른 색으로 색칠한다.
- 나의 책: 여러 가지 색의 A4용지, 발, 손, 머리, 팔, 다리 그림, 유아그림 A4용지를 접어서 나의 책을 만든다.(개별)

활동방법

도입 동화 듣기

1. **'발바닥이 얼마만큼 커요?'라는 동화를 들려준다.**
   - 동화책의 표지엔 어떤 그림이 있나요?
   - 발바닥이 얼마만큼 커요?라는 동화를 들어 볼까요?

전개 동화내용 이야기하기

2. **동화의 내용에 대해 이야기 나눈다.**
   - 왜 침대의 크기가 맞지 않았을까요?
   - 정확한 길이와 크기를 재기 위해서는 어떻게 해야 할까요?

손뼘 비교하기

3. **교사의 경험을 들려준다.**
   - 선생님도 침대를 바꾸고 침대 크기에 맞는 이불을 사러 갔었어요.
   - 그 때 침대의 길이를 손뼘으로 재고 이불가게에 가서 잰 손뼘만큼의 길이인 이불을 사 왔어요.
   - 선생님 손뼘과 친구들의 손뼘 크기는 어떨까요?
   - ○○이의 손뼘과 선생님의 손뼘을 재 볼까요?
   - ○○이의 손뼘과 선생님의 손뼘의 크기가 어땠나요?

측정도구소개

4. **바퀴 자를 소개한다.**
   - 선생님이 측정하는 도구, 바퀴자를 갖고 왔어요.
   - 이것으로 어떻게 측정할까요?

'나의 책' 소개

5. **'나의 책'을 소개한다.**
   - 이것은 무엇일까요?
   - 친구들의 발, 손, 머리 등을 재서 기록할 수 있는 책이예요.

측정해보기

6. **바퀴자로 측정을 해 본다.**

- ○○이 발 길이를 측정해 보아요.
- 측정한 발길이가 몇 칸 인가요?

그래프 만들기 길이 비교하기

7. 측정한 신체부위를 그래프로 표시한다.

8. 길이를 비교해 보게 한다.

- 가장 긴 신체부위는 어디인가요?
- 가장 짧은 길이의 신체부위는 어디인가요?
- 발 길이보다 짧은 신체부위는 어디인가요?
- 발과 손 중 더 긴 신체부위는 어디인가요?

마무리 회상하기 평가하기

9. 신체부위를 측정해 본 경험을 회상해 본다.

- 오늘 우리가 알아본 것은 무엇인가요?
- 측정하는 활동을 해 보니 어땠나요?

지도 시 유의점

- '바퀴 자'의 사용법을 충분히 이해하도록 한다.

연관활동

- 미술 영역: 손과 발 찍어보기
- 쌓기 영역: 바퀴 자 만들기
- 바퀴자 이외의 임의의 측정을 할 수 있는 다양한 방법을 알아보고 측정활동을 한다.

참고문헌

- 한유미(2005). 유아수학교육. 창지사.
- 월간 폴라리스 2003년 5월호.

활동명 우리 가족은 몇 명일까요?

생활주제 나와 가족 **추정시기** 5월 4주차

활동형태 대·소집단 활동 – 이야기 나누기 **대상연령** 만 5세

기대되는 효과

- 다양한 가족 구성원이 있음을 안다.
- 그래프를 보고 수를 비교할 수 있다.
- 통계의 기초 개념에 대해 안다.

교육과정 관련 요소

- 자연탐구 > 수학적 탐구하기 > 수와 연산의 기초개념 알아보기 > 스무 개 가량의 구체물을 세어보고 수량을 알아본다.
- 자연탐구 > 수학적 탐구하기 > 기초적인 자료 수집과 결과 나타내기 > 그림, 사진, 기호나 숫자를 사용해 그래프로 나타내 본다.

활동자료 및 준비

[준비물]

그래프판, 다양한 수의 가족사진, 2~15 숫자 카드, 활동지

[다양한 수의 가족사진] 하드보드지를 11cm×12cm의 크기로 잘라 각 장에 다양한 수의 가족사진을 붙인 후 투명시트지를 씌우고 뒷면에 까슬이로 마무리 한다.

※가족의 수는 3명, 4명, 5명, 7명, 13명인 가족사진

[숫자 카드] 3cm×5cm의 크기로 숫자 카드를 자른 다음 색지위에 붙인 뒤 코팅을 한다. 뒷면에 까슬이를 붙여서 마무리한다.

※숫자는 2~15까지

활동방법

도입 가족에 대해 이야기 나누기

1. 유아의 가족에 대해서 이야기 나누기를 한다.

- ○○이의 집에는 누가누가 살고 있나요?

(엄마, 아빠, 할머니, 할아버지, 언니, 동생이 있어요.)

사진 속 가족 수 세어보기

2. 다양한 가족수의 사진(3명, 4명, 5명, 7명, 13명)을 붙여나가며 가족의 구성원과 가족의 수를 세어본다.

- 이 사진 속에 몇 사람이 있나요?
- 식구는 몇 명일까요?
- 우리 다 같이 한번 세어 보아요.(가족의 수 만큼에 해당하는 숫자카드를 붙인다.)
- 중간 부분에 (5명, 7명) 가족을 소개할 때, 수수께끼를 이용해서 유아들이 가족이 몇 명인지 맞춰 볼 수 있도록 한다. 그런 다음에는 가족사진을 붙이고, 가족의 수를 다 같이 세어 본다.
- 영희는 엄마, 아빠랑 같이 살고 있어요. 그런데 영희에게는 언니도 있고, 남동생도 있대요. 그러면 영희의 집에는 모두 몇 명의 가족이 있을까요?

전개 가족의 수 크기에 따라 순서 짓기

3. 가족사진을 섞어서 붙인 다음 유아에게 가족의 수가 많은 사진부터 (또는, 가족의 수가 작은 사진부터) 붙여 보도록 한다.

- 사진 속의 식구 중에서 몇 식구의 가족이 가장 많나요?
- 그럼, 우리 친구 한명이 나와서 가족이 많은 순서대로 놓아볼까요?

유아들의 가족 수에 대한 통계활동

4. 유아의 가족 수에 따라 그래프를 구성한다.

- 우리 반 친구들의 가족이 몇 명씩 있는지에 대해서 그래프를 이용해서 알아보아요.

- 가족이 세 명(네 명, 다섯 명)인 친구 손들어 볼까요? (준비한 동그라미를 친구들이 손을 든 만큼 붙인다.)

그래프 해석하기

5. **통계가 끝나면 동그라미의 개수를 세어본다.** (동그라미의 수에 해당하는 숫자 카드를 붙인다.)
   - 우리 반 친구들 중에서 몇 식구의 가족이 가장 많나요?

마무리 활동지 하기

6. **활동지에 가족을 그리고 가족의 수를 적는다.**
   - 선생님이 준비한 활동지를 해보도록 해요.

지도 시 유의점

- 교사가 준비한 가족사진 이외에 유아들이 가져온 가족사진을 이용할 수도 있다.

연관활동

- 우리 가족들이 사용하는 물건카드를 준비하여 가족별 그래프, 물건별 그래프 활동을 한다.

활동명 가족 패턴 그리기

생활주제 나와 가족 **추정시기** 5월 3주차

활동형태 자유선택활동 – 수·조작 영역 **대상연령** 만 3세

기대되는 효과

- 가족 구성원을 알고 소개한다.
- 패턴의 규칙성을 파악할 수 있다.

교육과정 관련 요소

- 자연탐구 > 수학적 탐구하기 > 규칙성 이해하기 > 생활주변에서 반복되는 규칙성에 관심을 갖는다.
- 사회관계 > 가족을 소중히 여기기 > 가족과 협력하기 > 가족 구성원을 알아본다.

활동자료 및 준비

- 패턴 판: 하드보드지 2장, 초록색 부직포
- 그림 카드: 가족 그림, 코팅지, 벨크로 테이프(까슬이)

활동방법

도입 가족구성원 소개하기

1. 가족구성원을 소개한다.

- 우리 가족에는 누가 있나요?
- 몇 명인가요?

전개 활동방법 소개하기

2. 교구를 소개하고 놀이방법을 알아본다.

- 가족 그림으로 어떤 놀이를 할 수 있을까요?
- 선생님은 이렇게 그림을 놓아보고 싶어요.
- 다음엔 어떤 그림이 오면 좋을까요?

패턴 모방하기

3. <가족 패턴 놀이> 방법을 소개하고 함께 해 본다.

- 선생님과 함께 가족패턴 놀이를 해 보기로 해요.
- 2명의 유아가 짝을 짓는다.
- 첫 번째 유야가 패턴 판에 패턴을 만든다.
- 두 번째 유아가 윗줄과 같은 패턴을 만든다.
- 역할을 바꾸어 활동한다.

마무리 활동 평가하기

4. 활동을 평가한다.

- 어떤 순서로 가족 패턴을 만들어 보았나요?
- 친구와 함께 패턴놀이를 하니 어땠나요?

지도 시 유의점

- 활동하는 모든 유아가 한번 씩은 스스로 패턴을 만들어 볼 수 있도록 지도한다.

연관활동

- 그림 카드를 이용하여 역할 영역에서 가족놀이를 해본다.

패턴 판

그림 카드

활동명 행복한 우리 가족

생활주제 나와 가족 **추정시기** 5월 4주차

활동형태 자유선택활동 - 수·조작 영역 **대상연령** 만 3세

기대되는 효과

- 수학적 개념을 이해한다.
- 게임을 통해 5개의 구체물을 셀 수 있다.
- 가족과 화목하게 지내는 방법을 안다.

교육과정 관련 요소

- 자연탐구 > 수학적 탐구하기 > 수와 연산의 기초개념 알아보기 > 다섯 개 가량의 구체물을 세어보고 수량에 관심을 갖는다.

활동자료 및 준비

- 나무 모양 게임판 (10개의 까슬이 부착) 2개, 하트 모양 30개, 좋은 말 주사위(각 면에 기본 좋은말과 웃는 표정을 그리고 한 면에는 찡그린 얼굴을 그린다.), 숫자 주사위(1~5)

활동방법

도입 기분이 좋아지는 말 알아보기

1. 가족들과의 대화 내용을 회상한다.

- 어제 가족들과 어떤 이야기를 했나요?
- 누가 이야기를 했나요?

2. 유아가 좋아하는 말을 생각해 본다.

- 오늘 유치원 오기 전에 엄마, 아빠랑 이야기 많이 하고 왔어요?
- 친구들은 엄마, 아빠와 이야기를 나누면 기분이 어떤가요?
- 엄마, 아빠가 해주는 기분 좋은 말은 무엇인가요?

동요 부르기

3. ♪참 좋은 말 동요를 부른다.

- 어떤 말을 하면 서로 기분이 좋아지는지 어제 선생님과 함께 불러 본 '참 좋은 말'노래를 다 같이 불러 봐요.

[노래부르기]

사랑해요 이 한마디 참 좋은 말

우리 식구 자고나면 주고받는 말

사랑해요 이 한마디 참 좋은 말

엄마아빠 일터 갈 때 주고받는 말

이 말이 좋아서 온종일 신이나지요

이 말이 좋아서 온종일 일 맛나지요

이 말이 좋아서 온종일 가슴이 콩닥 콩닥 인데요

사랑해요 이 한마디 참 좋은 말

나는 나는 이 한마디가 정말 좋아요

- 친구들 들으면 기분이 좋아지고 행복해지는 말들이 많죠?

전개 가족과 화목하게 지내는 방법

4. 가족과 화목하게 지내기 위해서 할 수 있는 일을 생각해 본다.

- 엄마는 언제 행복할까요?
- 아빠는 언제 기쁘실까요?
- ○○이는 언제 즐거운가요?
- 가족과 즐겁게 지내기 위해서 무엇을 할 수 있을까요?
- 어떤 말을 하면 가족이 기뻐할까요?

5. 게임 자료를 살펴본다.

- 선생님이 자료를 준비해 왔어요.
- 무엇이 있나요?
- 이걸로 우리 친구들과 게임을 해볼 건데 준비한 자료로 어떤 게임

을 할 수 있을까요?

게임방법 알아보기

6. 게임방법을 알아보고 게임을 한다.

[게임방법]

① 나무 모양 게임판을 한 개씩 나누어 갖는다.

② 가위, 바위, 보 등의 방법으로 활동 순서를 정한다.

③ 좋은말 주사위와 숫자 주사위를 동시에 던져서 나온 숫자와 좋은 말 표정을 확인한다.

④ 웃는 얼굴이 나오면 주사위의 숫자만큼 하트를 가져다가 자신의 게임판에 붙인다. 찡그린 얼굴이 나오면 주사위의 숫자만큼 자신의 게임판에 붙은 하트를 떼어낸다.

⑤ 자신의 게임판에 하트 10개를 먼저 붙인 유아가 이긴다.

마무리 활동 평가하기

7. 활동을 회상하고 평가한다.

- 게임방법을 잘 지키며 활동했나요?
- 놀이하면서 어떤 점이 재미있었나요?
- 나무를 빨리 완성하려면 어떤 숫자가 나오야 할까요?

지도 시 유의점

- 게임판에 하트 그림 카드를 붙이며 가족과 사이좋게 지내는 방법을 한 가지씩 말해볼 수 있다.

연관활동

- 반 친구들이 들으면 기분 좋은 말을 찾아보고 익힌다.

활동명 우리집을 지어요

생활주제 나와 가족

추정시기 5월 4주차

활동형태 자유선택활동 – 쌓기 영역

대상연령 만 4세

기대되는 효과

- 집의 형태가 다름을 인식한다.
- 도형을 합하거나 나누었을 때 여러 가지 모양이 구성됨을 이해한다.

교육과정 관련 요소

- 자연탐구 > 수학적 탐구하기 > 공간과 도형의 기초개념 알아보기 > 기본 도형을 사용하여 여러 가지 모양을 구성해 본다.

활동자료 및 준비

- 유니트 블록, 여러 종류의 집 사진자료

활동방법

도입 집 사진자료 소개하기

1. 쌓기 영역에 전시한 여러 종류의 집 사진자료를 소개한다.

- 어떤 사진인가요?
- 이 집은 어떤 모양인가요?
- 이런 집을 본 적이 있나요?
- 집의 모양이 어떻게 다른가요?
- 어떤 모양의 집에 살고 있나요?

전개 블록으로 집 구성하기

2. 블록을 이용해 집을 어떻게 구성할 수 있는지 이야기 나눈다.
- 블록을 이용해 집을 어떻게 만들 수 있을까요?
- 어떤 블록으로 만들어 볼까요?

3. 입체도형의 특성을 활용해 원하는 집을 구성해 본다.
- 어떤 집을 만들어보고 싶나요?
- 이 모양으로 만들려면 어떻게 블록을 쌓는 것이 좋을까요?
- 직사각형과 원기둥을 어디에 사용하면 좋을까요?
- 부채모양 블록 두 개를 붙이면 어떤 모양이 나올까요?

마무리 전시하기

4. 유아들이 구성한 블록 집을 전시하고 이야기 나눈다.
- 어떤 집을 만들었나요?
- 어떤 모양의 블록을 사용해서 만들었나요?
- 이 집의 특징은 무엇인가요?
- 여러 가지 소품으로 꾸민 집을 이용해 놀이를 해 볼까요?

지도 시 유의점

- 유니트 블록으로 집을 구성하기 전 집의 모양에 대해 관심을 가질 수 있도록 한다.
- 유아 스스로 블록과 구성 방법을 선택할 수 있도록 격려하며 다양한 표현을 할 수 있도록 지원한다.
- 블록을 던지거나 장난하지 않도록 활동 전 안전지도를 한다.

연관활동

- 여러 가지 소품(사람모형, 소꿉놀이, 자동차 등)을 이용하여 놀이한다.

참고문헌

- 근로복지공단(2014). 직장어린이집 우수 보육프로그램 자료집.

생활주제 : 우리 동네

활동명	수학교육 내용
신나는 장보기	수와 연산
어느 것이 더 무거울까?	측정
차례로 놓아보아요	규칙성
우리 동네 패턴 만들기	규칙성
너는 몇 층에 사니?	자료수집과 결과

활동명 신나는 장보기

생활주제 우리 동네

추정시기 6월 1주차

활동형태 자유선택활동 – 수·조작 영역

대상연령 만 3세

기대되는 효과

- 우리 동네 가게에서 파는 물건을 알 수 있다.
- 게임을 통해 물건을 사고 물건의 갯수를 셀 수 있다.

교육과정 관련 요소

- 자연탐구 > 수학적 탐구하기 > 수와 연산의 기초개념 알아보기 > 다섯 개 가량의 구체물을 세어보고 수량에 관심을 갖는다.

활동자료 및 준비

[준비물]

게임판(하드보드지에 아이스크림가게, 옷가게, 빵가게, 과일가게와 물건을 꾸민다), 물건(아이스크림, 빵, 과일, 옷), 1~5 주사위 1개, 1~3딸랑이 주사위 1개, 장바구니 2개, 말 2개, 활동지(가게 이름이 적힌 활동지에 장바구니 물건의 갯수를 적는다.)

- 게임판

  색깔 하드보드지 4절(386mm×536mm): 녹색 2 / 이동칸–접착 펠트지(약 30cm×45cm): 갈색 / 아이스크림, 빵, 과일, 옷–소프트펠트지(약 30cm×45cm): 노랑1, 연두1, 황토색1, 주황1, 진한분홍1, 연한분홍1, 흰색1, 하늘색1), 색깔별로 실 / 가게–손 코팅지4, 색지(주황, 연파랑, 검정)
- 주사위

소프트 펠트지(10cm×10cm): 노랑, 연한분홍, 하늘색, 흰색, 연두, 진한 분홍, 살색 실, 숫자–갈색

- 장바구니(소프트 펠트지로 만든다)

  소프트 펠트지(약 29cm×20cm): 주황색, 노란색 손잡이–황토색
- 말: 하드보드지(약 3cm×7cm), 초록색 접착펠트지, 사람 얼굴: 색지(살색, 검정색, 주황, 노랑, 연파랑), 손코팅지
- 바구니

활동방법

도입 동네 가게 알아보기

1. 우리 동네 가게에 대해서 이야기를 나눈다.

- 우리집 주변에 어떤 가게가 있나요?
- 가게에서는 어떤 것들을 팔고 있나요?

2. 교사의 경험을 이야기 하고, 유아의 경험을 이야기 나눈다.

- 가게에 가서 물건을 사본 경험이 있나요?
- 가게에 가서 무엇을 샀나요?

전개 게임판 알아보기

3. 게임판의 가게와 파는 물건의 종류를 알아본다.

- 어떤 가게인가요?
- 아이스크림가게는 무슨 가게이죠? 게임판에는 무슨 색 아이스크림이 있지요? 노란색 아이스크림/분홍색 아이스크림은 무슨 맛일까요? 노란색 아이스크림/분홍색 아이스크림은 몇 개 있나요? 총 몇 개 인가요?
- 옷가게는 무슨 가게이죠? 게임판에 무슨 옷이 있나요? 몇 개씩 있나요? 위에 입을 수 있는 옷은 몇 개인가요? 밑에 입을 수 있는 옷은 몇 개인가요? 총 몇 개 인가요?
- 빵가게는 무슨 가게이죠? 게임판에 무슨 빵이 있는 것 같아요? 총 몇개 있지요?

- 과일과게는 무슨 가게이죠? 게임판에 무슨 과일이 있나요? (과일 이름)몇 개가 있지요? 총 몇 개의 종류가 있지요?

주사위 사용방법

4. 주사위에 대해서 알아본다.

- 이 주사위들은 어떻게 사용할까요?
- 1~5 주사위: 나오는 수만큼 칸을 옮길 수 있는 주사위
- 1~3 딸랑이 주사위: 가게 칸에 도착해서 물건을 가지고 올 수 있는 주사위

게임하고 활동지하기

5. 게임방법을 알아보고 활동을 한다.

[활동방법]

① 유아 2명이 각자 장바구니를 가지고 게임을 시작한다.
② 순서를 정하고 주사위를 던져 나온 수만큼 말로 칸을 옮긴다.
③ 4군데 가게를 순서대로 다녀온다.
④ 각 가게에 도착하면 딸랑이 주사위를 던져 나온 수만큼 "○○ 3개 주세요"하면서 물건을 개수만큼 장바구니에 담는다.
⑤ 4군데 가게를 모두 다녀온 후 장바구니에 있는 물건 수를 세어 보고 활동지에 기록한다.

마무리 물건의 수 알아보기

6. 게임을 하고 난 후 다양한 질문을 통해 물건의 수를 알아본다.

- ○○ 가게에는 무엇이 있나요?
- 장바구니에는 물건이 몇 개 있나요?
- 물건이 가장 많은 가게는 어느 가게인가요? 몇 개인가요?
- 동네에 있는 가게에 파는 물건을 더 알아보고 가게 꾸미기 미술 활동을 해보도록 해요~

지도 시 유의점

- 주사위를 돌려서 말을 이동시키는 것보다 수를 세는 것에 중점을 두어

야 한다.

연관활동

- 동네에 있는 어려 가게에서 파는 물건을 알아보고 가게 꾸미기 미술활동을 한다.

참고문헌

- 정연희(2014). 유아수학교육. 창지사.

신나는 장보기 교구사진

활동명 어느 것이 더 무거울까?

생활주제 우리 동네 **추정시기** 6월 4주차

활동형태 대·소집단 활동 – 이야기 나누기 **대상연령** 만 4세

기대되는 효과

- 여러 가지 과일의 무게를 예측할 수 있다.
- 과일의 종류와 이름을 안다.
- 추론하는 사고방식을 기른다.

교육과정 관련 요소

- 자연탐구 > 수학적 탐구하기 > 기초적인 측정하기 > 일상생활에서 길이, 크기, 무게 등을 비교해 본다.

활동자료 및 준비

- 실제과일(바나나, 사과, 배, 딸기, 키위, 귤, 방울토마토), 양팔저울, 활동지(무거운 순서대로 과일 그림 오려 붙이고 이름 따라쓰기)

활동방법

도입 가게에 가 본 경험 나누기

1. 유아들에게 동네의 과일 가게에 가 본 경험을 알아본다.

- 동네의 과일 가게에 가 본 적이 있나요?
- 과일 가게에서 무엇을 했나요?
- 어떤 과일을 샀나요?

전개 활동소개

2. 여러 가지 실제 과일을 제시하며 이야기 나눈다.

- 여기 어떤 과일이 있나요?
- 오늘 선생님이 과일가게에서 이런 과일들을 사 왔어요. 그런데 과일을 담아온 상자에서 과일을 꺼내는데 무게가 다 달랐어요.

무게 예측하기

- 어떤 과일이 가장 무거울까요?
- 가장 가벼운 과일은 어떤 과일일까요?
- 어떻게 무게를 잴 수 있을까요?

양손으로 무게 비교하기

3. 유아들과 함께 양손에 과일을 한 개씩 잡고 무게를 비교해본다.

- 오른손엔 사과를 올리고 왼손에는 키위를 올렸어요. 어느 과일이 무거운가요?
- 그럼 바나나와 방울토마토는 어느 과일이 무거운가요?
- 딸기와 방울토마토는 어느 과일이 무거운가요?
- 과일을 무거운 순서대로 놓아 볼까요?

무게 측정하기

4. 양팔저울을 제시하고 과일의 무게를 재 본다.

- 이것은 무엇일까요?
- 언제 사용할까요?
- 무거운 쪽은 어떻게 될까요?
- 양팔저울의 오른쪽에 사과를 올리고 왼쪽에 키위를 올리면 어떻게 될까요?
- 어떤 과일이 무거운가요?

활동지하기

5. 양팔저울로 과일의 무게를 재고 무거운 순서대로 놓고 양손으로 잰 순서와 비교한다.

- 양 손으로 잰 순서와 양팔저울로 잰 순서를 비교해 볼까요?

- 왜 다르게 나왔을까요?
- 활동지에 과일의 무거운 순서대로 그림을 오려 붙여 보고 과일 이름을 따라 써 볼까요?

마무리 정리 및 평가하기

6. 활동을 하고 어땠는지 이야기를 나눈다.

- 과일의 무게를 어떻게 재 보았나요?
- 가장 무거운 과일은 무엇이었나요?
- 가장 가벼운 과일은 무엇이었나요?

지도 시 유의점

- 양 손으로 무게를 비교할 때 무게 차이가 확실하게 나는 과일부터 무게를 잰다.

연관활동

- 다른 가게의 물건들로 무게를 재 보고 무게 순서로 놓아 본다.

참고문헌

- 정연희(2014). 유아수학교육. 창지사.

활동명 차례로 놓아보아요

생활주제 우리 동네

추정시기 6월 3주차

활동형태 자유선택활동 - 수·조작 영역

대상연령 만 5세

기대되는 효과

- 여러 개의 동전을 순서대로 놓을 수 있다.
- 돈의 모양을 변별할 수 있다.

교육과정 관련 요소

- 자연탐구 > 수학적 탐구하기 > 규칙성 이해하기 > 생활주변에서 반복되는 규칙성을 알고 다음에 올 것을 예측해 본다.

활동자료 및 준비

- 동전, 동전카드 (숫자의 면), 동전이 그려진 배경판, 다양한 패턴 배경판

동전이 그려진 배경판

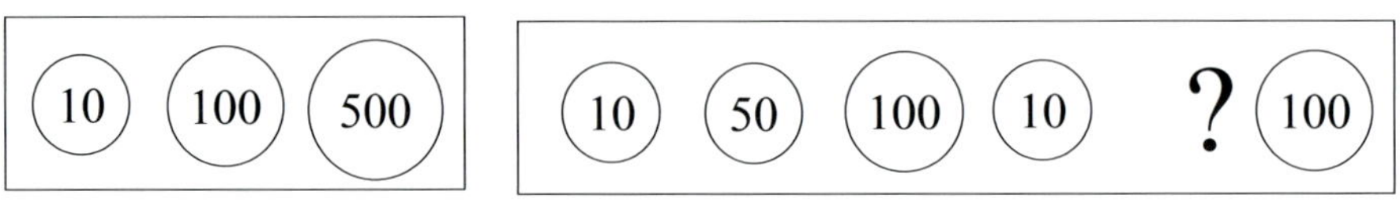

활동방법

도입 동전에 대해 이야기 나누기

1. **동전에 대해 알아본다.**
   - 물건을 사려면 무엇이 필요할까요?
   - 돈의 종류에는 어떤 것들이 있나요?
   - 동전의 종류는 몇 개가 있나요?

전개 동전 관찰하기

2. **준비한 동전을 제시하고 살펴본다.**
   - 어떤 숫자가 씌어 있나요?
   - 가장 큰 숫자는 어느 것인가요?
   - 숫자가 큰 동전부터 차례로 놓아 볼까요?
   - 얼마라고 이야기 하나요?

같은 동전 찾기

3. **동전카드를 보고 똑같은 동전을 찾아서 동전카드 배경판에 올려놓는다.**
   - 동전에 씌어진 숫자를 읽어볼까요?
   - 동전 배경판에 있는 그림과 똑같은 동전을 찾아 놓아 볼까요?
   - 어떤 동전을 올려 놓았나요?

빈곳에 동전 채우기

4. **동전카드 배경판의 물음표에 들어갈 동전을 찾아 패턴을 완성한다.**
   - 동전에 써 있는 숫자를 읽어 볼까요?
   - 어떤 규칙이 있나요?
   - 물음표에 들어갈 동전은 어느 것인가요?

마무리 활동 평가하기

5. **활동을 회상하고 평가를 한다.**
   - 어떤 동전들이 있었나요?
   - 숫자의 크기가 가장 큰 동전은 얼마 인가요?
   - 숫자가 큰 동전부터 차례로 이야기 해 볼까요?

지도 시 유의점

- 유아의 수준에 맞게 난이도를 조절한다.
- 동전에 관심을 갖을 수 있도록 사전에 역할영역에 배치한다.

연관활동

- 동전 뿐만 아니라 지폐에 대해서도 알아본다. (이야기 나누기 영역)
- 동전과 지폐의 크기와 다른 점을 서로 비교해 본다. (탐구영역)
- 동전으로 시장놀이를 해본다. (역할놀이 영역)

참고문헌

- 교육부(1998). 유치원 교육활동 지도자료3 가족과 이웃.

활동명 우리 동네 패턴 만들기

생활주제 우리 동네 | 추정시기 6월 2주차

활동형태 자유선택활동 - 수·조작 영역 | 대상연령 만 3세

기대되는 효과

- 우리 동네의 다양한 장소를 안다.
- 규칙성을 알고 패턴을 완성 한다.

교육과정 관련 요소

- 자연탐구 > 수학적 탐구하기 > 규칙성 이해하기 > 생활주변에서 반복되는 규칙성에 관심을 갖는다.
- 사회관계 > 사회에 관심 갖기 > 지역사회에 관심 갖고 이해하기 > 우리 동네에 대해 알아본다.

활동자료 및 준비

[준비물]

동네기관 패턴판 4개, (과일가게, 은행, 식당, 주민센터, 경찰서, 소방서 등) 동네기관 그림 카드 4세트

활동방법

도입 동네기관 알아보기

1. **우리 동네기관에 대해 이야기를 나눈다.**
   - 우리 동네에는 어떤 기관들이 있나요?
   - 그 곳에 가 본 적이 있나요?

- 언제, 누구와 함께 가 보았나요?
- 무엇을 하고 왔나요?

전개 활동 추측하기

2. 패턴판과 그림 카드를 제시하고 활동을 추측해 본다.

- 패턴판과 그림 카드에는 어떤 그림이 있나요?
- 어떤 동네 기관인가요?
- 그 곳에서는 무엇을 하나요?
- 이 교구로 어떤 활동을 할 수 있을까요?
- 그림 카드를 이용해 패턴 놀이를 해 볼까요?

활동하기

3. 활동방법을 알아보고 유아들과 함께 활동을 한다.

① 네 명의 유아가 활동에 참여한다.

② 먼저 한 명의 유아가 패턴판에 그림 카드를 이용해 패턴을 자유롭게 만들어본다.

③ 다른 세 명의 유아가 친구가 만들었던 패턴을 똑같이 나머지 패턴판에 그림 카드를 붙여본다.

④ 한 명의 유아가 세 명의 유아들을 등 지고 패턴을 만든 후 만든 유아가 한 장의 그림 카드를 제거하고 나머지 유아들에게 제시한다.

⑤ 제시된 패턴을 똑같이 만들고 빈 곳에 알맞은 패턴을 붙여 완성한다.

예) 과일가게 - 은행 - 식당 - - 은행 - 식당

마무리 평가하기

4. 활동 후 평가를 한다.

- 우리 동네에는 어떤 기관들이 있나요?
- 어떤 패턴을 만들어 보았나요?
- 빈 곳의 카드를 채워 패턴을 완성하려면 어떻게 해야 할까요?

지도 시 유의점

- 패턴을 구성하면서 규칙성을 유아 스스로가 발견 할 수 있도록 한다.

연관활동

- 우리 동네 기관에서 일하는 사람 그림 카드로 패턴 활동을 한다.
- 미술 영역에서 우리 동네 기관을 꾸며본다.

참고문헌

- 교육과학기술부(2013). 3세 누리과정 교사용 지도서.

패턴판

그림 카드

활동명 너는 몇 층에 사니?

생활주제 우리 동네

추정시기 6월 4주차

활동형태 대·소집단활동 – 이야기 나누기

대상연령 만 5세

기대되는 효과

- 우리 동네 사람들이 사는 집에 관심을 갖는다.
- 기초적인 자료 수집 및 분류한 것을 그래프로 나타내어 볼 수 있다.

교육과정 관련 요소

- 자연탐구 > 수학적 탐구하기 > 기초적인 자료수집과 결과 나타태기 > 그림, 사진, 기호나 숫자를 사용해 그래프로 나타내 본다.
- 사회관계 > 사회에 관심 갖기 > 지역사회에 관심 갖고 이해하기 > 우리 동네에 대해 알아본다.

활동자료 및 준비

[준비물]

아파트 틀, 여러 가지 그래프 그림, 여러 가지 그래프 틀

활동방법

도입 집에 대한 이야기 나누기

1. 유아들이 살고 있는 집에 대해 이야기 나눈다.

- ○ ○이가 살고 있는 집에 대해 이야기 해볼까요?
- ○ ○이가 살고 있는 동네의 이름은 무엇인가요?
- ○ ○이가 살고 있는 집은 아파트, 주택, 빌라 중 어떤 곳인가요?

- 몇 층으로 되어 있나요?

2. 유아들이 살고 있는 집의 층수에 대해 알아본다.

- ○ ○이가 살고 있는 집은 몇 층인가요?
- 우리반 친구들은 몇 층에 살고 있는지 알아볼까요?
- 우리반 친구들 중 가장 높은 곳에 살고 있는 친구는 누구일까요?
- 그 친구의 집은 몇 층인가요?
- 가장 낮은 곳에 살고 있는 친구는 누구일까요?
- 그 친구의 집은 몇 층인가요?

전개 그래프 활동하기

3. 유아들이 살고 있는 집 층수를 그래프로 나타내어 본다.

- 우리반 친구들이 살고있는 층수를 한눈에 볼 수 있는 방법이 있을까요?
- 그래프를 만들기 위해 필요한 것은 무엇일까요?
- 어떤 그래프를 만들어 볼까요?(막대그래프, 원그래프, 띠그래프, 꺽은선 그래프 등의 그림을 제시한다.)

4. 만들고 싶은 그래프의 종류에 따라 그룹을 나누어 그래프를 만들어 본다.

- 6층에 살고 있는 친구는 누가 있나요?
- 6층을 나타내려면 몇 칸을 색칠해야 될까요?
- 아무도 살고 있지 않은 층이 있나요? 그렇다면 그 곳은 어떻게 해야 할까요?

마무리 그래프 해석하기

5. 완성한 그래프를 보며 이야기 나눈다.

- 제일 많은(적은) 친구들이 살고 있는 층은 몇 층인가요?
- 제일 높은(낮은) 층에 살고 있는 친구는 누구인가요?
- 여자(남자) 친구들만 살고 있는 층은 몇 층인가요?
- 그래프를 수·조작 영역에 전시해 놓으려고 해요. 자유선택활동시간에 친구가 몇 층에 사는지 찾아보세요.

지도 시 유의점

- 아파트, 주택, 빌라 등 사전에 집의 형태별로 알아본다.
- 평소 자주 접했던 막대그래프 이외에도 다양한 그래프에 대해 알아본다.

연관활동

- 블록으로 아파트를 만들고 친구가 사는 층과 내가 사는 층의 높이를 비교해 본다.

참고문헌

- 근로복지공단(2014). 직장어린이집 우수 보육프로그램 자료집.

생활주제 : 동·식물과 자연

활동명	수학교육 내용
물고기 먹이를 찾아요	수와 연산, 자료수집과 결과
동물의 크기	측정, 자료수집과 결과
사막 여우와 북극 여우	자료수집과 결과
꽃씨 채우기	수와 연산
고구마가 자라요	측정

활동명 물고기 먹이를 찾아요

생활주제 동·식물과 자연

추정시기 4월 3주차

활동형태 대·소집단활동 – 게임

대상연령 만 5세

기대되는 효과

- 바다 속 먹이사슬에 대해서 안다.
- 1~20까지의 숫자를 셀 수 있다.
- 게임규칙을 지키며 게임에 즐겁게 참여한다.

교육과정 관련 요소

- 자연탐구 > 수학적 탐구하기 > 수와 연산의 기초개념 알아보기 > 스무 개 가량의 구체물을 세어보고 수량을 알아본다.
- 자연탐구 > 수학적 탐구하기 > 기초적인 자료수집과 결과 나타내기 > 한 가지 기준으로 분류한 자료를 다른 기준으로 재분류해 본다.

활동자료 및 준비

[준비물]

먹이사슬 모형, 게임판, 먹이판, 주사위, 물고기 모양 말

- 먹이사슬 모형

하드보드지1개, 펠트지(초록), 용지, 시트지

- 게임판

하드보드지1개, 부직포(파랑, 회색, 흰색), 시트지, 펠트지(분홍, 노랑, 연두, 검정, 흰색, 초록, 하늘), 검은 실, 벨크로 테이프

- 먹이판

하드보드지1개, 부직포(살색), 펠트지(검정, 분홍, 갈색, 하늘, 주황, 연두,

초록), 시트지, 벨크로 테이프

- 주사위

솜, 부직포(노랑, 검정, 파랑, 갈색, 하늘색, 살색), 펠트지(빨강, 연두, 분홍, 초록, 회색), 실, 벨크로 테이프

활동방법

도입 이전 경험 회상하기

1. 물고기의 먹이에 대해 이야기 나눈다.

- 우리반 친구들은 어떤 음식을 좋아하나요?
- 바다 속 물고기들은 무엇을 먹고 살까요?

전개 먹이 사슬 알아보기

2. 먹이사슬 모형을 소개하고 이야기 나눈다.

- 이것은 무엇일까요?
- 이것은 어떤 생물일까요?
- 이것의 모양이 어떤가요?

게임방법 알아보기

3. 활동자료를 제시하고 활동방법 소개한다.

- 게임판에 어떤 물고기가 있나요?

[게임방법]

① 물고기 모양의 말을 나누어 갖는다.
② 주사위를 던져 나온 수만큼 물고기를 옮긴다.
③ 작은 물고기나 새우가 나오면 먹이판에 옮긴다.
④ 상어가 있는 곳에 도착하면 먹었던 먹이를 하나만 준다.
⑤ 첫 번째 도착한 사람에게 먹이 2개, 두 번째 도착한 사람에게 먹이 1개를 준다.
⑥ 먹은 먹이의 개수를 세어본다.

게임하기

4. 게임규칙에 대해 이야기를 나누고 게임을 한다.

- 게임을 할 때 어떤 약속이 필요할까요?
- 순서를 정하고 차례대로 게임을 한다.

마무리 게임활동 회상하기

5. 게임을 한 후 평가를 한다.

- 먹이를 누가 가장 많이 먹었나요?
- 상어에게 먹이를 뺏긴 사람 있나요?
- 먹이를 얻기도 하고 잃기도 하였는데 어땠어요?
- 어떤 점이 가장 재미있었어요?

지도 시 유의점

- 게임방법을 설명할 때 시범을 보여 이해를 돕는다.
- 유아가 먹은 먹이를 비교하고 세어본다.

연관활동

- 바다 동물에 관한 동화를 읽어본다.

참고문헌

- 교육과학기술부(2013). 4세 누리과정 교사용 지도서.

먹이사슬 모형

게임판

먹이판

주사위

활동명 동물의 크기

생활주제 동·식물과 자연 **추정시기** 4월 3주차

활동형태 자유선택활동 – 수·조작 영역 **대상연령** 만 5세

기대되는 효과

- 동화책을 읽고 다양한 동물들을 비교할 수 있다.
- '크다와 작다'를 알 수 있다.

교육과정 관련 요소

- 자연탐구 > 수학적 탐구하기 > 기초적인 측정하기 > 일상생활에서 길이, 크기, 무게, 들이 등의 속성을 비교하고, 순서를 지어 본다.
- 자연탐구 > 수학적 탐구하기 > 기초적인 자료 수집과 결과 나타내기 > 그림, 사진, 기호나 숫자를 사용해 그래프로 나타내 본다.

활동자료 및 준비

- 동화책(도란도란 동물 가족들)
- 동물 그림자료(토끼, 사자, 기린, 새, 백조, 원숭이...)
- 동물판(함석판, 부직포(갈색 초록색 연두색)) - 함석판에 색지를 붙이고, 부직포로 나무와 풀 등을 꾸며준다.
- 게임판(하드보드지, 부직포,(노랑, 분홍, 하늘, 주황)) - 하드보드지에 부직포를 붙이고 그림자료를 붙인다.
- 돌림판, 부직포로 만든 별모양, 하트모양, 같은 색깔의 원판

활동방법

도입 자료소개 및 주의집중

1. 아기오리로 주의집중을 시킨다.

- 아기오리가 소풍을 간다 뒤뚱~

2. 동화책(도란도란 동물가족들)을 보여준 후 이야기를 나눈다.

- 오늘 선생님이 도란도란 동물가족들 책을 읽어 줄꺼예요. 우리 함께 책을 읽고 동물가족들의 크기를 알아보도록 해요.

동화 읽어주기

3. 동화책을 읽어 준다.

4. 동화책을 읽고 동물들에 대한 이야기를 나눈다.

- 우리가 제일 먼저 만난 동물 가족은 누구였을까요?
- 그럼, 우리가 만난 동물 가족들을 순서대로 나열해 볼까요?
- 동물 가족들 중에서 제일 큰 동물과 제일 작은 동물은 무엇일까요?

전개 활동자료 제시하기

5. 동물판을 보며 이야기를 나눈다.

- 우리 동물가족들 크기를 비교해보도록 해요. 먼저, 큰 동물은 무엇일까요?

6. 동물판에 서로 크기가 다른 동물을 붙인다.

- 토끼와 사자 중에 어느 동물이 클까요?
- 사자와 기린 중에 어느 동물이 클까요?

7. 큰 동물을 알아보고 난 후, 다시 작은 동물에 대해 알아본다.

- 그럼, 우리 이번엔 작은 동물에 대해서 알아봐요. 작은 동물은 무엇일까요?

8. 동물판에 서로 크기가 다른 동물을 붙인다.

- 새와 백조 중에 어느 동물이 작을까요?
- 새와 원숭이 중에 어느 동물이 작을까요?

9. 큰 동물과 작은 동물이 각각 하나씩 나오면 다시 동물판에 큰 동물과 작은 동물을 붙인다.

- 동물 가족들 중에서 제일 큰 동물은 ○○이고, 제일 작은 동물은 ○○이구나.

활동자료로 게임하기

10. 게임판과 돌림판을 보여주며 게임을 지도할 수 있도록 지도한다.

- 선생님하고 크기에 대해 알아봤으니까, 우리 친구들이 직접 활동하도록 해요.
- 돌림판을 돌려서 화살표가 멈춘 곳의 색깔과 게임판의 같은 색깔을 찾아서 큰 동물이 나오면 별을 붙이고, 작은 동물이 나오면 하트표를 붙여요.
- 게임하는 순서를 정해서 게임을 하기로 해요.

마무리 회상하고 평가하기

11. 활동 후 회상하여 평가하기

- 오늘 우리가 알아본 것이 무엇이죠?
- 이 교구는 수·조작 영역에 넣어 둘게요. 활동하고 싶은 친구는 자유 선택활동 시간에 활동하기로 해요.

지도 시 유의점

- 다양한 크기의 동물 그림자료를 준비한다.
- 적절한 질문을 통해 크기에 대한 오류를 범하지 않게 해준다.

연관활동

- 언어활동: 동물 이름표를 가지고 동물과 이름을 연결할 수 있다.
- 조형활동: 자신이 좋아하는 동물들을 만들 수 있다.

참고문헌

- 이대균·송정원(2002). 최신 유아 교재·교구 연구 및 지도.

활동명 사막 여우와 북극 여우

생활주제 동·식물과 자연

추정시기 4월 3주차

활동형태 자유선택활동 – 과학영역

대상연령 만 5세

기대되는 효과

- 사막여우와 북극여우에 대해 안다.
- 정보를 벤다이어그램으로 나타낸다.
- 협동활동에 흥미를 갖는다.

교육과정 관련 요소

- 자연탐구 > 수학적 탐구하기 > 기초적인 자료수집과 결과 나타내기 > 그림, 사진, 기호나 숫자를 사용해 그래프로 나타내 본다.
- 의사소통 > 말하기 > 느낌, 생각, 경험 말하기 > 주제를 정하여 함께 이야기를 나눈다.

활동자료 및 준비

[준비물]

벤다이어그램 활동판, 사막여우 및 북극여우 사진, 낱말카드, 색연필, 크레파스, 벤다이어그램 활동지

활동방법

도입 이전 경험 나누기

1. 동물 이전 경험에 대해 이야기를 나누고, 사전 지식을 파악한다.

- 유치원에 있는 동물 백과사전을 읽어본 친구 있나요?

- 동물 백과사전에는 무슨 동물이 있었나요?
- 백과사전에서 여우를 본 적이 있나요?
- 여우는 어떻게 생겼나요?
- 여우의 특징은 무엇인가요?

전개 사막여우와 북극여우 비교하기

2. 사막여우와 북극여우의 사진을 제시하고 이야기 나눈다.

- 사진 속 여우는 어떤 모습인가요?
- 사막여우는 어떻게 생겼나요?
- 북극여우는 어떻게 생겼나요?

3. 사막여우와 북극여우의 특징을 알아보고 비교해 본다.

- 사막여우와 북극여우는 어떤 점이 비슷한가요?
- 사막여우와 북극여우는 어떤 점이 다른가요?

벤다이어그램

4. 제시된 벤다이어그램을 보고 이해를 한 뒤, 친구들과 다 함께 협 완성하기 동하여 벤다이어그램을 완성한다.

- 어떤 것들이 보이나요?
- 겹쳐진 부분은 무엇을 적어야 할까요?
- 양쪽 동그라미 안에는 무엇을 적어야 할까요?
- 이제 친구들과 함께 벤다이어그램을 완성해볼까요?

마무리 해석 및 활동평가

5. 벤다이어그램 작품을 친구들 앞에서 발표하는 시간을 가지고, 벤다이어그램 활동을 평가한다.

- 완성한 작품을 친구들에게 발표해 볼까요?
- 이번 활동을 통해 새롭게 알게 된 점이 있나요?
- 벤다이어그램에서 사막여우와 북극여우의 같은 점은 무엇인가요?
- 친구들과 협동하여 활동해보니 어땠나요?

지도 시 유의점

- 유아들의 수준에 맞추어 벤다이어그램을 설명한다.
- 협동활동에 소극적인 유아는 적극적으로 참여할 수 있도록 지원한다.

연관활동

- 동물들의 먹이 정보 수집 및 먹이사슬로 나타내 본다.

참고문헌

- 교육과학기술부(2013). 4세 누리과정 교사용 지도서.

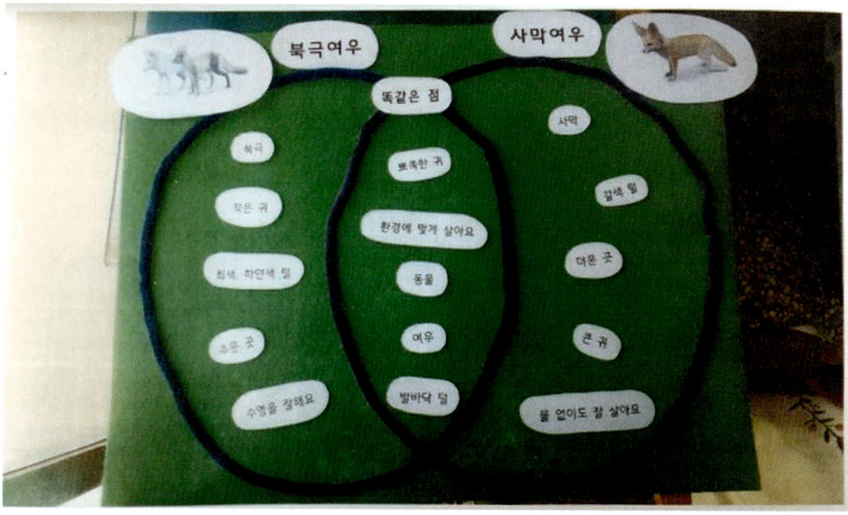

활동명 꽃씨 채우기

생활주제 동·식물과 자연 **추정시기** 4월 4주차

활동형태 자유선택활동 – 수·조작활동 **대상연령** 만 4세

기대되는 효과

- 꽃씨를 세면서 수와 양의 개념을 이해한다.
- 규칙을 지키며 게임을 즐긴다.

교육과정 관련 요소

- 자연탐구 > 수학적 탐구하기 > 수와 연산의 기초개념 알아보기 > 열 개 가량의 구체물을 세어보고 수량을 알아본다.

활동자료 및 준비

[준비물]

게임판(페트병 뚜껑을 하드보드지에 12씩 붙인다) 24개, 꽃씨 그림(출력하여 코팅) 50개, 주사위(숫자와 씨앗을 함께 제시), 꽃씨를 담을 바구니, 게임방법 PPT

활동방법

도입 게임자료 살펴보기

1. 게임 자료들을 살펴보며 이야기 나눈다.

- 이것은 무엇일까요?
- 어떻게 놀이할까요?

전개 게임방법 알아보기

2. 게임방법을 보며 게임방법을 알아본다.

- 어떻게 하는 활동인지 알아보기로 해요.

[게임방법 PPT]

① 순서를 정하고 게임판을 2개씩 나누어 갖는다.

② 주사위를 던져 나온 꽃씨 수만큼 게임판에 꽃씨를 채운다.

③ 뚜껑 한 개에 꽃씨 한 개씩 담는다.

④ 먼저 뚜껑에 꽃씨를 다 채운 유아가 이긴다.

게임하기

3. 게임규칙에 대해 이야기를 나누고 게임을 한다.

- 게임을 할 때 어떤 규칙이 필요할까요?
- 순서를 정하고 차례대로 게임을 해 볼까요?
- 누가 먼저 꽃씨를 다 채웠나요?

마무리 게임활동 회상하기

4. 활동을 마무리 하고 활동 평가를 한다.

- 게임을 하며 어떤 규칙을 지켰나요?
- 주사위 수에 맞게 꽃씨를 게임판에 채웠나요?
- 게임을 한 후 기분이 어떤가요?
- 게임을 하면서 재미있었던 것은 무엇인가요?

지도 시 유의점

- 페트병 뚜껑에 꽃씨가 들어가도록 크기를 조절한다.
- 꽃씨를 잘못 세었을 때 직접 수정해주기보다 놀이자로 참여하여 제대로 세는 모습을 시범 보인다.
- 게임에 진 유아의 마음을 위로해주고 교사 자신도 질 때 속상했음을 이야기 해 준다.

연관활동

- 뚜껑에 씨앗을 넣은 후 주사위 수만큼 씨앗을 뺀다.

참고문헌

- 교육과학기술부(2013). 4세 누리과정 교사용 지도서.

활동명 고구마가 자라요

생활주제 동·식물과 자연

추정시기 4월 4주차

활동형태 자유선택활동 – 과학영역

대상연령 만 3세

기대되는 효과

- 고구마의 성장과정에 관심을 갖고 관찰할 수 있다.
- 길이 측정표를 활용해 색의 칸수에 따른 고구마의 길이를 어림 측정하고 변화를 비교할 수 있다.

교육과정 관련 요소

- 자연탐구 > 수학적 탐구하기 > 기초적인 측정하기 > 두 물체의 길이, 크기를 비교해 본다.

활동자료 및 준비

[준비물]

- 페트병
- **색의 칸 수에 따른 길이 측정표**: 1~7숫자를 같은 간격과 다른 색깔로 구분한 판에 고구마 주변에 고정
- 관찰일지
- 사진과 관찰일지가 함께 제시된 기록표
- **달력식 변화 기록표**: 관찰 중인 고구마의 실제 모습을 사진으로 찍어 나열한 표)
- 색연필

활동방법

도입 이전경험 나누기

1. **고구마를 제시하고 먹어 본 경험에 대해 이야기 나눈다.**
   - 고구마를 먹어 본 적이 있나요?
   - 언제 먹어 보았나요?
   - 고구마의 색깔과 모양은 어땠나요?
2. **고구마의 성장과정을 예측해 본다.**
   - 고구마는 어디에서 자랄까요?
   - 고구마는 어떻게 자랄까요?

전개 자료제시

3. **활동자료를 제시하고 활동방법을 알아본다.**
   - 고구마를 키우려고 준비한 자료예요. 어떤 것들이 있나요?
   - 페트병과 고구마로 어떻게 키울까요?
   - 고구마를 키우는 방법을 알아보기로 해요.

   [고구마 키우는 방법]

   ① 페트병에 고구마를 넣는다. (페트병 바닥에 닿지 않도록 한다)

   ② 고구마의 1/2가량이 잠길 정도의 물을 페트병에 붓는다.

   ③ 고구마가 자라면서 변화되는 모습을 관찰해 본다.
4. **고구마에 줄기가 자라면 길이 측정표로 줄기의 길이를 칸 수에 따른 색깔로 어림측정 해본다.**
   - 고구마 줄기가 측정표의 몇 번째 칸까지 자랐나요?
   - 고구마 줄기가 측정표의 어느 색 칸까지 자랐나요?
5. **고구마 줄기의 변화모습을 지속적으로 관찰하며 이전에 측정해 본 칸 수에 따른 색깔과 비교해 본다.**
   - 지난 번에 측정한 칸보다 얼마나 더 올라갔나요?
6. **관찰한 고구마의 모습은 측정한 길이를 고려하여 색깔 띠에 맞춰 줄기의 길이 및 특징을 그림으로 표현해보고 유아의 관찰내용을 글로 적어 준다.**
   - 관찰일지에 고구마 줄기를 그리면 선생님이 글로 적어 줄거예요.

7. 고구마의 성장과정을 달력식 기록표를 보며 줄기, 잎, 뿌리 등 고구마 전체의 모습을 세부적으로 관찰한다.

- 고구마 싹은 언제 나왔나요?

마무리 활동 평가하기

8. 고구마의 성장과정을 회상하여 평가한다.

- 고구마는 어떻게 자랐나요?
- 고구마의 줄기는 얼마나 자랐나요? 몇 칸까지 올라갔나요?
- 뿌리는 얼마나 자랐나요?

지도 시 유의점

- 고구마가 썩을 수 있으므로 교사가 미리 고구마를 키워 함께 제시한다.
- 사전에 고구마 줄기와 뿌리, 잎이 자라는 과정을 사진으로 찍어 준비하여 고구마 키우기 활동 실패시 대체한다.

연관활동

- 고구마 이외의 뿌리 채소를 키워 성장광정을 비교해 본다.

참고문헌

- 근로복지공단(2013). 직장어린이집 우수 보육프로그램 자료집.

생활주제: 건강과 안전

활동명	수학교육 내용
요구르트 비교하기	측정
우리들이 좋아하는 운동경기	자료수집과 결과
깨끗한 나의 손	수와 연산
요리도구 패턴 찾기	규칙성
낯선 사람을 따라가지 않아요	공간과 도형

활동명 요구르트 비교하기

생활주제 건강과 안전 **추정시기** 7월 2주차

활동형태 자유선택활동 – 수·조작 영역 **대상연령** 만 5세

기대되는 효과

- 크기에 따라 다른 요구르트의 양을 비교할 수 있다.
- 양을 측정하는 방법을 안다.

교육과정 관련 요소

- 자연탐구 > 수학적 탐구하기 > 기초적인 측정하기 > 일상생활에서 길이, 크기, 무게, 들이 등의 속성을 비교하고, 순서를 지어 본다.
- 자연탐구 > 탐구하는 태도 기르기 > 호기심을 유지하고 확장하기 > 주변사물과 자연세계에 대해 지속적으로 호기심을 갖고 알고자 한다.
- 의사소통 > 말하기 > 느낌, 생각, 경험 말하기 > 자신의 느낌, 생각, 경험을 적절한 낱말과 문장으로 말한다.

활동자료 및 준비

요구르트 65mL(1개), 요구르트 280mL(1개), 계량 컵 550mL(2개), 찍찍이, 숫자, 코팅지

활동방법

도입 관련 경험에 대해 이야기하기

1. **요구르트와 관련된 경험에 대해 이야기한다.**
   - 친구들 요구르트 좋아해요?

- 요구르트는 언제 먹어봤어요?
- 요구르트는 무슨 맛이에요?
- 요구르트는 무슨 색이지요?

전개 활동에 대해 소개하기

2. 활동에 사용될 계량컵에 대해 알아본다.

- 친구들 계량컵 본 적 있어요?
- 계량컵은 언제 사용하는 걸까요?
- 계량컵에 그려진 눈금은 어떤 역할을 할까요?
- 눈금은 어떻게 읽는 걸까요?

3. 요구르트 양을 비교하는 활동에 대해 소개한다.

① 작은 요구르트와 큰 요구르트를 각각의 계량컵에 붓는다.

② 계량컵 2개를 비교해 본다.

③ 눈금을 읽어본다.

④ 눈금에 적힌 숫자를 계량컵에 붙인다.

⑤ 계량컵에 적힌 숫자를 비교하여 양을 비교한다.

4. 계량컵으로 요구르트 양을 비교해 본다.

① 작은 계량컵 2개를 사용하여 양을 비교한다.

② 계량컵 2개를 비교해 본다.

③ 눈금을 읽어본다.

④ 눈금에 적힌 숫자를 계량컵에 붙인다.

⑤ 계량컵에 써진 숫자를 비교하여 양을 비교한다.

- 큰 계량컵 2개를 사용하여 위와 같은 방법으로 비교한다.
- 크다와 작다, 많다와 적다의 측정 용어를 사용해서 활동한 결과를 비교해 본다.

마무리 활동에 대한 평가하기

5. 활동에 대한 이야기를 한다.

- 오늘 활동은 어떤 것이었나요?
- 오늘은 선생님이랑 같이 요구르트 양을 측정해 봤는데, 이제 친구

들이 직접 측정해 볼 수 있을까요?

- 그러면 요구르트 말고 다른 음료수로도 측정해 볼 수 있을까요?
- 선생님이 자유선택활동에 놔둘 테니까 해 보고 싶은 친구들은 직접 해 봐요.~

지도 시 유의점

- 활동이나 발표에 있어서 유아들에게 기회를 골고루 제공한다.
- 활동에 어려움을 느끼는 유아를 도와준다.

연관활동

- 요구르트 외에 다른 액체를 사용하여 양을 측정해 볼 수 있도록 한다.

참고문헌

- 정연희(2014). 유아수학교육. 창지사.

[교구 및 준비물]

활동명 우리들이 좋아하는 운동경기

생활주제 건강과 안전　　**추정시기** 7월 1주차

활동형태 이야기 나누기　　**대상연령** 만 5세

기대되는 효과

- 운동경기의 종류와 특징을 안다.
- 좋아하는 운동경기를 친구들과 비교해 본다.
- 여러 가지 운동경기에 관심을 갖는다.

교육과정 관련 요소

- 자연탐구 > 수학적 탐구하기 > 기초적인 자료 수집과 결과 나타내기 > 한 가지 기준으로 분류한 자료를 다른 기준으로 재분류해 본다.
- 의사소통 > 말하기 > 느낌, 생각, 경험 말하기 > 자신의 느낌, 생각, 경험을 적절한 낱말과 문장으로 말한다.

활동자료 및 준비

[준비물] 하드보드지 4절 1장, 검은색 색지 1장, 유성매직, 자, 운동(축구, 농구, 야구, 수영, 피겨 스케이트) 사진 자료, 코팅지, 연필, 찍찍이 (15cm)

[교구] 운동 종목이 적혀 있는 그래프

활동방법

도입 운동 경기에 대한 경험과 사전지식 나누기

1. **유아들이 좋아하는 운동경기에 대하여 이야기 나눈다.**
   - 지난 시간에 여러 가지 운동경기에 대해서 알아봤는데 친구들은

어떤 운동경기를 좋아하나요?
- 우리 반 친구들이 좋아하는 운동경기는 어떤 것들이 있을까요?
- 우리 반 친구들이 좋아하는 경기가 다르군요.
- 가장 좋아하는 운동 경기를 알아보려면 어떻게 하는 것이 좋을까요?

전개 활동소개 및 조사하기

2. 유아들에게 활동을 소개해 준다.
- 준비된 교구(그래프 자료)를 보여주고 좋아하는 운동경기에 자신의 이름을 붙인다.

3. 그래프를 보면서 함께 세어보고 비교해 본다.
- 우리 반 친구들이 좋아하는 운동경기에는 어떤 것이 있나요?
- ○○운동보다 □□ 운동을 좋아하는 친구들이 얼마나 더 많나요/적나요?
- 우리 반 친구들이 가장 좋아하는 경기는 어떤 것일까요?
- 그 다음으로 좋아하는 운동경기는 무엇인가요?

마무리 활동 마무리 및 평가

4. 활동을 마무리하고 평가한다.
- 우리 반 친구들이 좋아하는 운동경기에 대해서 알아보았는데 어땠나요?
- 그래프를 이용하여 알아볼 수 있는 활동은 무엇이 더 있을까요?

지도 시 유의점

- 유아들이 그래프를 분석할 충분한 시간을 준다.

연관활동

- 유아들이 좋아하는 운동경기를 실외에서 해 본다.
- 우리 가족이 좋아하는 운동을 조사한 후 가족별 좋아하는 운동 그래프를 만들어본다.

참고문헌

- 교육과학기술부(2013). 5세 누리과정 교사용 지도서.

활동명 깨끗한 나의 손

생활주제 건강과 안전 **추정시기** 7월 2주차

활동형태 자유선택활동 – 수 · 조작 영역 **대상연령** 만 3세

기대되는 효과

- 1~5까지의 숫자를 세어보고 수량에 관심을 가진다.
- 질병을 예방하기 위한 생활습관을 가진다.

교육과정 관련 요소

- 자연탐구 > 수학적 탐구하기 > 수와 연산의 기초개념 알아보기 > 다섯 개 가량의 구체물을 세어보고 수량에 관심을 갖는다.
- 신체운동 > 건강 > 건강하게 생활하기 > 질병 예방하기 > 질병의 위험을 알고 주의한다.

활동자료 및 준비

- 손 기본판 2장(더러운 손과 깨끗한 손), 손을 씻어야 하는 상황 그림 10장(같은 상황 그림 2장씩: 밖에 나갔다가 들어왔을 때, 밥 먹기 전, 화장실 사용 후, 동물을 만진 후, 기침을 한 후), 동그라미 양면 카드

활동방법

도입 손씻는 상황 알아보기

1. **유아들과 손을 씻어야 하는 상황 그림을 보며 이야기 나눈다.**
   - 어떤 그림들이 있나요?
   - (상황 그림을 보며) 우리가 밥 먹기 전에는 무엇을 해야 할까요?

- 휴지로 코를 닦은 후에 우리 손은 어떻게 하면 좋을까요?
- 우리 손에는 눈에 보이지 않는 세균들이 많이 있어요.
- 이 세균들 때문에 우리 몸이 아플 수도 있어요.
- 이 세균들을 없애려면 어떻게 하면 좋을까요?

전개 활동방법 알아보기

2. 손 기본판과 양면 카드를 보며 활동방법에 대해 이야기 나눈다.

- 손 기본판과 양면 카드로 어떤 활동을 할 수 있을까요?

[활동방법]

① 두 명의 유아가 상황 그림이 붙여 있는 더러운 손 기본판을 하나씩 나눠 가진다.

② 가위 바위 보를 하여 순서를 정한다.

③ 이긴 유아가 먼저 동그라미 양면 카드를 던진다.

④ 손 씻는 유아 그림이 나오면 더러운 손에서 상황 카드를 한 장씩 떼어 가져간다.

⑤ 다섯 장을 먼저 떼어낸 유아가 더러운 손 기본판을 뒤집어 깨끗한 손이 나오면 게임이 끝난다.

3. 두 명의 유아가 손 기본판을 나눠 가진 후 게임을 하며 다섯 손가락에 상황 그림을 떼어 가져가는 활동으로 진행한다.

- 양면 카드를 던지니 손 씻는 그림이 나왔군요.
- 손 씻는 그림이 나오면 어떻게 해야 할까요?
- 더러운 손에서 그림을 하나 떼어서 가져올까요?

마무리 활동 평가하기

4. 게임이 끝나면 손을 씻어야 하는 상황과 방법에 대해 이야기 나눈다.

- 모두 몇 개의 그림 카드를 가져 왔나요?
- 또 언제 손을 씻어야 할까요?
- 손을 깨끗이 씻으려면 어떻게 해야 할까요?

지도 시 유의점

- 두 명의 유아가 함께 하는 활동이므로 규칙을 인식하고 놀이할 수 있도록 격려한다.
- 양면 카드를 던질 때 멀리 던지지 않고 게임을 하는 책상 위로 던질 수 있도록 격려한다.
- 활동에 어려움을 느끼는 유아는 다른 유아들의 활동을 지켜본 후 활동하도록 격려한다.

연관활동

- 일상생활에서 손을 깨끗이 씻는 방법을 알고 실천해 본다.

참고문헌

- 교육과학기술부(2013). 3세 누리과정 교사용 지도서.

활동명 요리도구 패턴 찾기

생활주제 건강과 안전 **추정시기** 7월 1주차

활동형태 자유선택활동 – 수·조작 영역 **대상연령** 만 5세

기대되는 효과

- 패턴의 규칙에 관심을 갖는다.
- 음식을 만드는데 쓰이는 도구를 안다.

교육과정 관련 요소

- 자연탐구 > 수학적 탐구하기 > 규칙성 이해하기 > 생활주변에 반복되는 규칙성을 알고 다음에 올 것을 예측해 본다.
- 신체운동 > 건강 > 건강하게 생활하기 > 바른 식생활하기 > 음식을 소중히 여기고 바른 식사예절을 지킨다.

활동자료 및 준비

- 요리도구 패턴판 1장, 패턴 그림 카드 8장

활동방법

도입 패턴카드 제시하기

1. 패턴 그림 카드를 보고 유아와 함께 이야기를 나눈다.

- 집에서 요리하는 모습을 본 적 있나요?
- 요리할 때 쓰는 도구에는 어떤 것들이 있을까요?
- 여기 있는 그림 카드들을 볼까요?
- 어떤 모양의 그림들이 있나요?

- 무엇을 할 때 사용하는 것일까요?
- 젓가락, 숟가락, 국자, 주전자, 냄비, 컵 등의 사용은 어떻게 할까요?
- 뒤집기는 언제 사용하는 요리 도구일까요?
- 국자를 사용해 본 경험이 있나요?

전개 패턴판에 그림 카드 붙이기

2. 패턴 카드의 그림 순서에 따라 패턴판에 그림 카드를 붙여 본다.
- 이 카드를 보면 그림이 어떤 순서대로 나오나요?
- 이 자리에 어떤 그림이 오면 될까요?
- 그림 카드를 찾아서 빈 곳에 올려 볼까요?

3. 패턴에 익숙해지면, 스스로 패턴을 만들어 보도록 빈 패턴판을 제공한다.
- 빈 패턴판에 그림의 순서를 정해 규칙적으로 놓아볼까요?
- 옆 친구와 함께 서로 같은 순서를 정해 놓아 볼까요?

4. 2명이 패턴판을 나누어 가지고 한 유아가 패턴을 만들면 다른 유아가 패턴에 따라 그림을 놓는 게임으로 진행한다.
- 친구가 만든 패턴대로 그림을 놓아 볼까요?
- 또 다른 규칙의 패턴을 만들어서 그대로 놓아 볼까요?

마무리 활동 평가하기

5. 완성한 패턴을 보며 이야기 나눈다.
- ㅇㅇ이는 어떻게 패턴을 만들었나요?
- △△이는 어떻게 패턴을 만들었나요?
- 친구의 패턴과 나의 패턴은 어떻게 다른가요?
- 음식을 만드는데 쓰이는 도구는 무엇이 있었나요?

지도 시 유의점

- 패턴 그림 카드를 충분하게 준비한다.
- 유아 스스로 다양한 패턴을 만들어 보는 경험을 갖도록 한다.

연관활동

- 요리 도구 찾아오기 게임을 한다.

참고문헌

- 교육과학기술부(2013). 5세 누리과정 교사용 지도서.

활동명 낯선 사람을 따라가지 않아요

생활주제 건강과 안전 **추정시기** 7월 2주차

활동형태 자유선택활동 – 수·조작 영역 **대상연령** 만 4세

기대되는 효과

- 같은 그림의 위치를 기억해 본다.
- 낯선 사람들로부터 나의 몸을 보호하는 방법을 알아본다.

교육과정 관련 요소

- 자연탐구 > 수학적 탐구하기 > 공간과 도형의 기초개념 알아보기 > 여러 방향에서 물체를 보고 그 차이점을 비교해 본다.
- 신체운동 > 건강 > 안전하게 생활하기 > 비상시 적절히 대처하기 > 학대, 성폭력, 실종, 유괴상황 시 도움을 요청하는 방법을 알고 활동한다.

활동자료 및 준비

- 유괴상황 그림 12장(같은 상황그림 2장씩: 모르는 사람이 나를 억지로 차에 태우려고 해요, 아는 이모가 억지로 나를 데려가려고 해요, 엄마 전화번호를 알려달라고 해요, 아는 삼촌이 아빠가 부른다며 같이 가자고 해요, 모르는 사람이 길을 모른다고 같이 가 달라고 해요, 모르는 사람이 다쳤다며 병원에 데려다 달라고 해요), 말풍선 그림

활동방법

도입 그림 카드 살펴보기

1. 그림 카드를 자세히 보며 유괴상황과 도움을 청하는 방법에 대해 이야기 나

눈다.

- (유괴상황 그림 카드를 한 장씩 보여주며) 이 카드에는 어떤 그림이 있나요?
- 그림 속의 아저씨/아줌마는 어떤 표정인가요?
- 어떤 사람으로 보이나요?
- 만약 그림 속에 있는 사람이 유괴범이라면 친구들은 어떻게 될까요?
- 그림 속에 있는 아이들은 어떻게 하고 있나요?

전개 활동방법 알아보기

2. 활동방법에 대해 이야기 나눈다.

- 책상에 그림 카드를 어떻게 올려놓을까요?
- 게임 순서는 어떤 방법으로 정할까요?

[활동방법]

① 책상 위에 그림 카드를 올려놓는다.
② 그림의 위치를 기억한 뒤, 그림을 뒤집는다.
③ 순서를 정한다.
④ 2개의 그림을 한꺼번에 뒤집는다.
⑤ 같은 그림이 나오는 경우 그림 카드를 가져간다. 다른 그림이 나오는 경우 그림 카드를 제자리에 놓는다.
⑥ 모든 카드를 가져가면 게임이 끝난다.

마무리 활동 평가하기

3. 활동에 대해 이야기 나눈다.

- 각자 모은 카드에 어떤 그림이 그려져 있나요?
- 만약에 나에게 이런 일이 생긴다면 어떻게 해야 할까요?
- 낯선 사람이 나에게 도움을 요청하면서 함께 가자고 하면 어떻게 해야 할까요?
- 이모나 삼촌 등 내가 알고 있는 어른이 함께 가자고 하면 어떻게 해야 할까요?

- 이런 상황에서 우리는 어떻게 말할 수 있을까요?
- 함께 이야기 해 볼까요? 안돼요, 싫어요, 도와주세요!

지도 시 유의점

- 유아들과 함께 '게임 순서 정하기', '그림 카드 배열하기' 등의 방법을 충분히 나누고 활동을 시작하도록 한다.
- 유아들의 수준에 따라 그림 카드의 수를 줄이거나 늘릴 수 있다.
- 유괴상황에 잘 대처하여 표현할 수 있도록 격려한다.

연관활동

- 그림 카드를 연결하여 이야기 짓기 활동을 할 수 있다.
- 낯선 사람이 말을 걸거나 도움을 요청하는 상황극 활동을 할 수 있다.

참고문헌

- 교육과학기술부(2013). 4세 누리과정 교사용 지도서.

생활주제 : 여름

활동명	수학교육 내용
여름 과일	측정
여름용품 패턴 놀이	규칙성
물로 그린 도형나라	공간과 도형
주렁주렁 포도 따기	수와 연산
패턴 목걸이 만들기	규칙성

활동명 여름 과일

생활주제 여름

추정시기 8월 1주차

활동형태 이야기 나누기

대상연령 만 5세

기대되는 효과

- 여름과일과 다른 계절의 과일을 분류할 수 있다.
- 과일을 크기 순서대로 배열할 수 있다.
- 과일 안과 과일 밖 겉모습을 짝지을 수 있다.

교육과정 관련 요소

- 자연탐구 > 수학적 탐구하기 > 기초적인 측정하기 > 일상생활에서 길이, 크기, 무게, 들이 등의 속성을 비교하고, 순서를 지어본다.

활동자료 및 준비

〈준비물〉

- 통계판

① 함석판 위에 색지를 붙인다.

② 가로에는 숫자 1~8까지, 세로에는 여름과일(참외, 수박, 복숭아, 포도, 토마토) 그림을 붙인다.

- 스티커: 색지를 동그랗게 잘라 코팅한 후 뒷면에 자석을 붙인다.

활동방법

도입 주의집중 및 흥미유발

1. 손유희로 집중을 시킨다.

여름! 여름! 여름이 왔어요.~ 수박 먹고 물똥싸는 여름이 왔어요. 이쪽에서 뿡~ 저쪽에서 뿡~ 야~아. 냄새난다야!!

여름과일의 종류와 특징 알아보기

2. 과일에 대해 이야기 나눈다.

- 과일에는 어떤 것들이 있죠? 그중에서 친구들이 좋아하는 과일은 뭐예요?
- 여름과일에는 어떤 것들이 있나요?

전개 여름과일을 세는 단위 분류하기

3. 여름과일 분류하기

- 여름과일과 아닌 것을 찾아볼까요?

  –힌트: 이 여름 과일은 속이 빨갛고 검은 씨가 아주 많이 들어있어요(수박이요).

  이렇게 힌트를 주어 여름과일을 다 맞춰서 판에 붙인다.

과일 크기대로 배열하기

4. 여름과일의 크기 순서대로 배열하기

- 제일 작은 과일은 어떤 과일이에요? 토마토요.

  –크기 순서대로 여름과일을 붙여 놓는다.

  (과일은 크기가 다를 때도 있다는 것을 가르쳐 준다. ex 수박이 참외보다 작음)

과일의 겉과 속 알아보기 (1:1대응)

5. 여름과일의 겉과 속을 찾아본다.

- 이 과일은 속이 노랗고 길쭉하네요. 겉모양은 어떻게 생겼을까요? 누가 붙여 볼까요? (과일 속과 과일 밖의 그림을 짝지어볼 수 있다.)

게임 활동

[게임방법]

① 가위바위보로 순서를 정해서 이긴 사람이 먼저 암호카드를 뒤집어 수박이 나왔다. 그럼 과일 주사위를 던졌을 때 수박 그림

이 나오면 수박 그림을 자기 접시에 붙인다.

② 많이 가져간 유아가 이기는 게임이다.

마무리 활동 평가하기

6. 활동 후 이야기 나눈다.

- 게임을 해 보니 어땠나요?
- 누가 더 많은 여름 과일을 가져갔나요?
- 여름 과일 중 가장 큰 과일은 무엇이었나요?

지도 시 유의점

- 과일의 종류가 너무 많으면 유아들이 활동을 하는 데 어려움이 있을 수 있으므로 유의한다.

연관활동

- 언어활동: 과일과 과일 이름을 연결할 수 있다.
- 미술활동: 자신이 좋아하는 과일을 그려보거나 만들어 볼 수 있다.

활동명 여름용품 패턴 놀이

생활주제 여름 **추정시기** 7월 4주차

활동형태 자유선택활동 – 수·조작 영역 **대상연령** 만 3세

기대되는 효과

- 패턴의 의미를 안다.
- 여름 용품을 이용해 패턴놀이를 할 수 있다.
- 여름에 사용하는 용품에 관심을 가진다.

교육과정 관련 요소

- 자연탐구 > 수학적 탐구하기 > 규칙성 이해하기 > 생활 주변에서 반복되는 규칙성에 관심을 갖는다.
- 자연탐구 > 탐구하는 태도 기르기 > 호기심을 유지하고 확장하기 > 주변 사물과 자연세계에 대해 호기심을 갖는다.

활동자료 및 준비

여름 용품 패턴 놀이 활동지–A4 사이즈(출력 후 코팅한다. 하드보드지 위에 붙인다. 빈 칸에 까슬이를 붙인다.), 용품 그림 카드–사이즈(출력 후 코팅한다. 뒷면에 보슬이를 붙인다.), 여름 용품 그림 자료–A4 사이즈 (출력 후 코팅한다.)

활동방법

도입 이야기 나누기

1. **여름에 필요한 다양한 물건에 대해서 이야기 나눈다.**
   - 지금은 어떤 계절인가요?
   - 여름이 온 것을 어떻게 알았나요?
   - 여름의 날씨는 어떤가요?
   - 여름의 더운 날씨를 견디기 위해 사람에게 필요한 물건이 있을까요?
   - 어떤 물건이 있을까요?
   - 우리 몸에 착용하는 물건에는 무엇이 있을까요?
   - 집에서 여름을 나기 위해 사용하는 물건에는 무엇이 있을까요?
2. **오늘의 활동과 준비된 재료들을 알아본다.**
   - 오늘 우리가 여름에 필요한 물건에 대한 활동을 해 보는 건 어떨까요?
   - '여름 용품 패턴 놀이' 활동을 해 보는 건 어떨까요?
   - (패턴판을 제시하며) 패턴판을 잘 살펴보도록 할까요?
   - 어떤 그림이 그려져 있나요?
   - 언제, 어떻게 사용하는 물건들일까요?

전개 활동하기

3. **활동방법을 알아본다.**
   - '패턴'이라는 말을 들어본 적이 있나요?
   - '여름 용품 패턴 놀이' 활동은 어떻게 하는 것일까요 ?
   - 이 카드를 살펴볼까요?
   - 어떤 그림들이 그려져 있나요?
   - 그림들이 어떤 순서로 되어 있는 것 같나요?
   - 이 패턴 카드를 보며 같은 그림을 차례대로 놓아볼 수 있을까요?

   [활동방법]

   ① 활동지에 있는 여러 가지 그림을 관찰한다.

② 패턴 지시 카드를 살펴본다.

③ 패턴 카드를 보며 같은 그림을 차례대로 놓아본다.

4. '여름 용품 패턴 놀이' 활동을 한다.

- 지금부터 '여름 용품 패턴 놀이' 활동을 해 보도록 할까요?
- 가장 먼저 무엇을 해야 할까요?
- 가위·바위·보로 순서를 정하는 건 어떨까요?

마무리 평가하기

5. '여름 용품 패턴 놀이' 활동이 끝난 후 평가한다.

- 패턴 활동을 해 보니 어땠나요?
- '여름 용품 패턴 놀이' 활동이 재미있었나요?
- 활동을 하며 힘든 점도 있었나요?
- 여름에 필요한 물건에는 무엇이 있었나요?
- 다시 활동을 해 본다면, 패턴판을 가지고 어떤 게임 활동을 해 보고 싶은가요?

지도 시 유의점

- 유아들의 안전을 위해 패턴판의 모서리를 뾰족하게 제시하지 않는다.
- 유아들이 활동을 하며 사용하는 패턴 그림 조각을 함부로 다루지 않고 소중히 사용할 수 있도록 활동 전 안내한다.
- 활동에 사용하는 패턴 그림 조각은 실물 사진도 좋지만, 물건의 특징을 유아들이 그린 후 그 작품을 사용할 수 있다.

연관활동

- 자유선택활동 시, 미술 영역에서 유아들이 활동에 사용하는 패턴판을 직접 그려보는 활동을 진행해 볼 수 있다.
- 언어 영역에서 '여름 용품 이름 카드' 활동을 하며 각 여름 용품의 이름을 나타내는 글자를 알아볼 수 있다.
- 과학 영역에서 여름에 필요한 물건을 유아들이 직접 관찰하며 특징을 알아보는 시간을 가질 수 있다.

활동명 물로 그린 도형나라

생활주제 여름

추정시기 7월 4주차

활동형태 대·소집단활동 - 신체

대상연령 만 4세

기대되는 효과

- 여름에 할 수 있는 물놀이를 즐긴다.
- 물을 이용하여 여러 가지 도형을 표현한다.

교육과정 관련 요소

- 자연탐구 > 수학적 탐구하기 > 공간과 도형의 기초개념 알아보기 > 기본 도형의 특성을 인식한다.
- 예술경험 > 예술적 표현하기 > 미술활동으로 표현하기 > 미술활동에 필요한 재료와 도구를 다양하게 사용한다.

활동자료 및 준비

- 뚜껑에 구멍을 뚫은 페트병, 물

활동방법

도입 여름 날씨 이야기 나누기

1. 여름 날씨에 대해 이야기 나눈다.

- 여름 날씨는 어떤가요?
- 더운 여름에 할 수 있는 놀이는 무엇이 있나요?
- 어떤 물놀이를 하면 재미있을까요?

활동소개하기

2. 자료를 보며 활동에 대해 이야기 나눈다.

- 이게 무엇인가요?
- 페트병 뚜껑에 구멍이 뚫려있고 페트병에 물이 들어 있어요. 이것으로 어떤 물놀이를 할 수 있을까요?
- 무슨 그림을 그리고 싶나요?
- 운동장으로 나가서 물그림을 그려 볼까요?

전개 물로 도형 그리기

3. 페트병에 물을 담아 운동장으로 이동한다.

4. 페트병으로 도형 그림을 그리는 방법에 대해 이야기 나눈다.

- 페트병으로 그림을 그리려면 어떻게 해야 할까요?
- 어떤 그림을 그려볼까요?
- 여러가지 도형을 그려 볼까요?
- 큰 도형과 작은 도형을 그려볼까요?

5. 물 그림을 그린 후 서로의 그림을 감상한다.

- 친구는 어떤 그림을 그렸는지 볼까요?
- 세모(네모, 동그라미, 별, 하트 등)를 그린 친구는 누구인가요?
- 물로 그린 그림이 마르고 있어요. 왜 그럴까요?

마무리 평가하기

6. 활동을 마무리하고 이야기 나눈다.

- 물 그림을 그려보니 어땠나요?
- 어떤 도형을 그렸나요?
- 그리기 쉬운 도형은 어떤 도형이었나요?

지도 시 유의점

- 유아들이 물 그림을 재미있게 그릴 수 있는 다양한 방법을 준비한다.
- 도형을 그리기 전에 자유롭게 물 그림을 그려보도록 한다.

연관활동

- 색깔 물로 그림 그려보기
- 도형을 이용하여 사물 그리기

활동명 주렁주렁 포도 따기

생활주제	여름	추정시기	8월 4주차
활동형태	자유선택활동 - 수 · 조작 영역	대상연령	만 5세
집단형태	소집단		

기대되는 효과

- 여름에 나는 과일의 이름과 특징에 대해 안다.
- 통계의 기초 개념에 대해 안다.
- 과일을 세는 단위에 대해 안다.

교육과정 관련 요소

- 자연탐구 > 수학적 탐구하기 > 수와 연산의 기초개념 알아보기 > 생활 속에서 사용되는 수의 여러 가지 의미를 안다.
- 자연탐구 > 수학적 탐구하기 > 수와 연산의 기초개념 알아보기 > 스무 개 가량의 구체물을 세어보고 수량을 알아본다.
- 자연탐구 > 수학적 탐구하기 > 수와 연산의 기초개념 형성하기 > 구체물을 가지고 더하고 빼는 경험을 해 본다.
- 의사소통 > 말하기 > 느낌, 생각, 경험 말하기 > 자신의 느낌, 생각, 경험을 적절한 낱말과 문장으로 말한다.

활동자료 및 준비

[포도나무판]

- 포도나무 배경: 하늘색펠트지4절(394 × 545) 1장
- 나무: 갈색펠트지8절(234 × 318) 1장, 초록펠트지8절(234×318) 1장

- 포도: 보라펠트지8절(234 × 318) 1장, 연보라펠트지8절(234×318) 1장, 보슬이까슬이 각 20개, 갈색펠트지 8절(234 × 318) 1장
- 꽃: 분홍색펠트지 A4(197 × 272) 1장, 빨간색펠트지 A4(197 × 272) 1장, 단추 1개

[포도 더하기 빼기 판]

- 배경: 우드락 4절(394 × 545) 1장, 연두색부직포 4절(394 × 545) 2장, A4 용지지(197 × 272) 2장
(1~20까지 컬러프린트), 코팅지 8절(234 × 318) 2장, 단추 1장

[게임판] 직사각형 통 1개, 탁구공 1개, 장구핀 10개,

[나머지 준비물] 글루건, 글루건심 4개, 바늘, 실, 가위, 칼

활동방법

도입 이전활동 회상하기

1. 지난 시간에 다루었던 주제를 회상한다.

- 우리 지난 시간에 흰 천에 포도 물들여 봤었죠~?
- 우리 어떤 방법으로 천을 물들였죠?~
- 주무를 때 어떤 소리가 났나요?
- 주무르고 나니까 천이 어떻게 되었나요~?
- 천을 물들여 보니 어땠나요?

전개 게임 소개하기

2. 교사가 오늘 할 게임에 대해 소개한다.

- 게임 제목은 주렁주렁 포도 따기 예요.
- 제목을 들으니 어떻게 하는 게임일 것 같나요~?
- 이게임은 어떻게 하는 걸까요?

3. 게임에 사용되는 교구(그림넣기)

탁구공 게임 판, 포도나무판, 더하기 빼기 판.

[게임방법]

① 2명이 가위바위보로 차례를 정한다.

② 이긴 사람이 먼저 게임 판 윗부분에 있는 구멍에 탁구공을 넣는다.

③ 탁구공이 게임판 밑으로 흘러가 1, 2, 3 세 개 숫자중 하나에 도착하면 자신의 나무에 있는 포도를 숫자 수 만큼 떼어서 더하기 빼기 판에 붙인다.

④ 이를 두 명이 돌아가며 반복한다.

⑤ 자기나무의 포도송이를 먼저 다 떼는 사람이 이긴다.

마무리 활동 평가하기

4. 오늘 한 활동에 대해 이야기 나눈다.

- 친구들 오늘 주렁주렁 포도 따기 게임해 보았는데 어땠나요?
- 게임하는데 어렵진 않았나요?
- 다음에는 어떤 활동을 하고 싶나요?
- 다음 시간에는 포도농장 견학을 가보도록 할 거예요~
  친구들 준비물 잘 챙겨오도록 해요~

지도 시 유의점

- 게임방법을 하나씩 끊어서 말하여 유아가 쉽게 이해할 수 있도록 한다.
- 수와 연산 경험이 적은 유아에게 수준 별 질문을 한다.

연관활동

- 숫자를 30, 40, 50까지 세어본다.
- 게임에서 다루는 숫자를 30까지 늘려서 게임 해본다.

참고문헌

- 정영혜(2013). 유아수학교육. 창지사.
- 한유미(2013). 유아수학교육. 창지사.

활동명 패턴 목걸이 만들기

생활주제 여름

추정시기 7월 2주차

활동형태 미술

대상연령 만 4세

기대되는 효과

- 여러 가지 패턴을 만들 수 있다.
- 규칙적인 패턴을 이해하며 만들기를 한다.

교육과정 관련 요소

- 자연탐구 > 수학적 탐구하기 > 규칙성 이해하기 > 반복되는 규칙성을 인식하고 모방한다.
- 신체운동·건강 > 신체 조절과 기본운동하기 > 신체 조절하기 > 눈과 손을 협응하여 소근육을 조절해 본다.

활동자료 및 준비

[패턴판] 하드보드지 1장, 부직포(파란색)

[생물카드판] 마분지(파랑, 보라, 분홍, 노랑색), 하드보드지 2장, 부직포(핑크, 보라색)

[패턴카드] 까슬이, 색지(파랑, 남색, 하늘색), 코팅지 5장

[목걸이] 부직포(분홍), 원형 까슬이

활동방법

도입 과거 회상 및 흥미 유발

1. 교사가 유아에게 과거 경험을 질문한다.

- 어제 바다를 갔는데 어떤 생물체가 있었지?

- 그 이외에 바다에는 어떠한 생물체들이 있을까?

2. 자료를 보며 활동에 대해 이야기 나눈다.

- 이게 무엇인거 같니? 어떤 것 일까?
- 패턴이 어떤 건지 아니?
- 어떤 것들이 있니? 어떤 순서로 놓아져 있니?
- 상어, 복어, 오징어, 꽃게 다음은 어떤 생물이 나오면 좋을까?

전개 패턴 활동

3. 패턴 활동하기

(교사가 시범을 보이며 유아에게 설명한다.)

- 상어 다음엔 고래가 나오네? 이제 또 어떤 생물이 나와야 하지?
- 우리만의 패턴을 만들어보면 어떨까?
- 패턴을 완성 시켜볼 친구가 있니?

(활동방법 설명)

4. 패턴 목걸이 만들기를 한다.

- 이런 패턴을 만들었니?
- 다음엔 이게 나왔구나.

(교사는 유아들의 활동을 지켜보며 상호작용 한다.)

마무리 활동 평가

5. 활동 후 평가한다.

- 패턴 목걸이를 만들어 보니 어땠니?

지도 시 유의점

- 유아들이 패턴에 대한 규칙성을 헷갈려 할 시에 교사가 도와주어 규칙성을 이해시켜 준다.

연관활동

- 바다 속 생물체 왕관 만들기

참고문헌

정연희(2009). 유아수학교육. 창지사.

생활주제 : 생활도구

활동명	수학교육 내용
위치를 알아보자	공간과 도형
무게를 재어 보세요	측정
클립으로 도구그림 길이 재기	측정
옛날과 오늘날의 생활도구	자료수집과 결과
누가 사용할까요?	자료수집과 결과

활동명 위치를 알아보자

생활주제 생활도구 **추정시기** 11월 1주차

활동형태 이야기 나누기 **대상연령** 만 4세

기대되는 효과

- 사물의 앞, 뒤, 옆, 위, 아래 위치를 안다.
- 사물의 위치를 글자로 표현해 본다.
- 공간에 관심을 가진다.

교육과정 관련 요소

- 자연탐구 > 수학적 탐구하기 > 공간과 도형의 기초개념 알아보기 > 위치와 방향을 여러 가지 방법으로 나타내본다.
- 의사소통 > 읽기 > 읽기에 흥미 가지기 > 읽어 주는 글의 내용에 관심을 가진다.
- 의사소통 > 말하기 > 낱말과 문장으로 말하기 > 다양한 낱말을 사용하여 말한다.

활동자료 및 준비

- 배경: 하드보드지(4절) 2장, 도화지(4절) 2장
- 생활도구: 그림(책상, 의자, 장난감, 크레파스, 가위, 모자, 가방, 시계, 냄비, 칼, 조리도구, 냉장고, 쓰레기통)
- 글자: 생활도구이름, 은/는, 의, 위치(앞, 뒤, 옆, 사이에, 위, 아래, 안, 걸려)에 있어요.
- 찍찍이(동그라미, 일자), 코팅지(4장), 시트지 1½마, 링 6개
- 글자판: 하드보드지(4절) 2장, 부직포(파란색) 1마, 부직포(초록색) 1마

활동방법

도입 자료 및 수학적 요소 탐색

1. 생활도구에 대해 설명한다.

- 생활도구가 무엇인지 알 것 같은 친구 있나요?
- 생활도구란 우리 생활에 쓰이는 모든 도구들을 말해요.

2. 교구 설명을 한다.

- 여기는 어디 같아요?
- 부엌(유치원)에는 어떤 생활도구가 있는지 한 번 같이 보고 말해봐요.

전개 수학적 문제 해결

3. 각 장소에 있는 생활도구를 보고, 생활도구의 위치를 설명해 본다. 먼저 교사가 예시를 든 뒤, 유아가 따라한다.

- 부엌에서는 시계가 벽에 걸려 있어요.
- 유치원에서는 장난감이 장난감상자 안에 있어요.
- 다른 생활도구의 위치를 설명해 볼 친구 있나요?

4. 생활도구의 위치를 글자 카드를 이용하여 문장으로 만든다.

5. 한 생활도구의 위치를 글자 카드를 이용하여 여러 가지 문장으로 만들어보고, 다른 생활도구의 위치도 마찬가지로 다양한 문장으로 표현해 본다.

마무리 평가

6. 문장을 표현해 본 후 이야기 나눈다.

- 오늘 활동 어땠어요?
- 다음에는 더 재미있는 교구 가져 올게요.

지도 시 유의점

- 어려워하지 않도록 쉽게 안내한다.

연관활동

- 입체공간에서의 사물의 위치를 알아본다.

참고문헌

- 정연희(2014). 유아수학교육. 창지사.

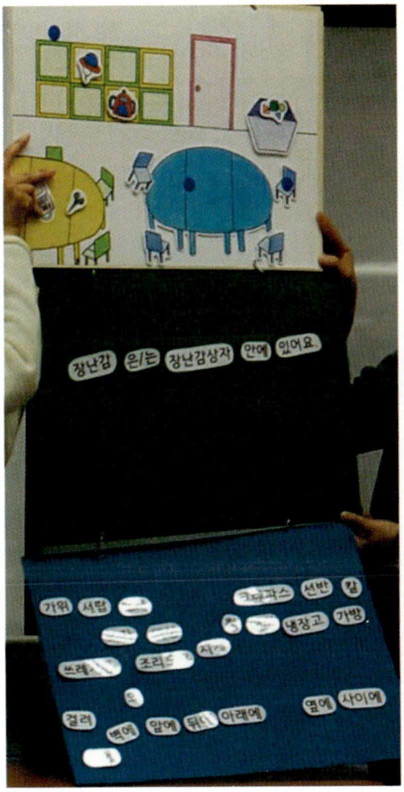

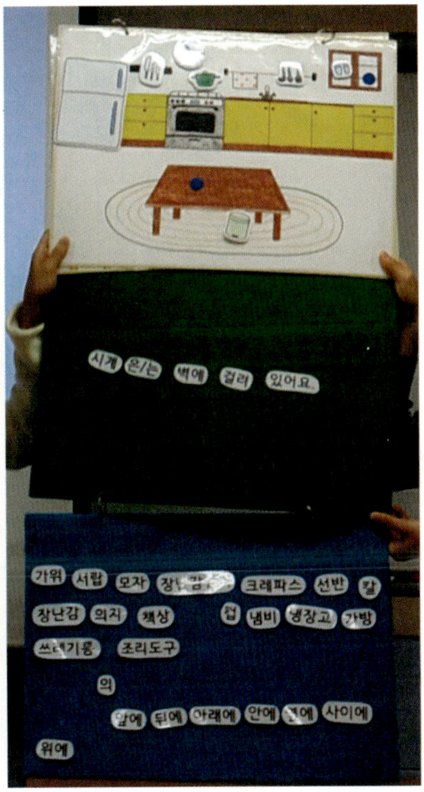

활동명 무게를 재어 보세요

생활주제 생활도구

추정시기 1월 3주차

활동형태 자유선택활동 – 수·조작 영역

대상연령 만 5세

기대되는 효과

- 비표준 단위를 사용하여 여러 가지 사물의 무게를 측정해 보는 경험을 가진다.
- 사물의 무게를 비교하여 그래프로 나타낸다.
- 무게와 측정에 관련된 낱말과 문장을 듣고 그 뜻을 이해하고 말한다.

교육과정 관련 요소

- 자연탐구 > 수학적 탐구하기 > 기초적인 측정하기 > 임의 측정 단위를 사용하여 길이, 면적, 들이, 무게 등을 재 본다.
- 자연탐구 > 수학적 탐구하기 > 기초적인 자료 수집과 결과 나타내기 > 그림, 사진, 기호나 숫자를 사용해 그래프로 나타내 본다.

활동자료 및 준비

평형저울, 비교표, 그림 카드, 구슬

[평형저울]

① 옷걸이를 준비하고, 실을 묶는다.

② 묶은 실에다 은박지 쟁반을 매단다.

[비교표]

① 색 하드보드지에 그래프가 그려진 색지를 붙인다.

[그림 카드]

① 그림을 준비하고, 색지를 붙이고, 코팅을 한다.

② 뒷면에 찍찍이를 붙인다.

활동방법

도입 평형저울 탐색하기

1. **평형저울을 보여주면서 무엇에 쓰는 것인지, 어디서 본 적이 있는지를 물어 본다.**
   - 이 저울은 무엇을 할 때 쓰지요? 어디서 본 적이 있나요?
2. **무게 차이가 뚜렷한 물건(장난감, 자동차, 인형)의 무게를 손으로 재어 어느 것이 더 무거운지 비교해 본다.**
   - 어느 것이 더 무겁나요?

전개 물건의 무게 재기

3. **평형저울의 그릇에 넣었을 때 어떻게 될지 예측해 보고, 장난감 자동차, 인형을 양쪽 그릇에 넣어본다.**
4. **저울의 어느 쪽이 기울어졌는지 관찰하고 왜 그렇게 되었는지 이야기한다.**
   - 어느 쪽으로 기울었나요? 왜 그 쪽으로 기울었나요?
5. **동일한 물건을 올려놓았을 때 어떻게 될지 예측하고 물건을 올려놓은 후 평형이 됨을 주의 깊게 관찰한다.**

단위 소개하기

6. **유아들이 물체를 재어보고 경험을 충분히 한 후, 여러 가지 물건의 무게를 알아보려면 어떻게 해야 할지를 생각해 보게 하고, 임의 측정 단위의 사용을 소개해 준다.**
   - 장난감 자동차는 인형보다 구슬 몇 개만큼 더 무거울까요?
   - 이 구슬 몇 개를 올려놓으면 인형의 무게와 같아질까요?

측정 결과 기록하기

7. **비교표를 주어서 측정한 물건의 그림을 그리거나 이름을 적고, 비표준 단위의 수를 세어서 기록한다.**

마무리 활동 마무리

8. 측정이 모두 끝난 후 측정 결과를 비교한다.

- 어느 것이 가장 무거웠나요? 그것을 어떻게 알 수 있었나요?
- 가장 무거운 것은 무엇이 있었나요? 가장 가벼운 것은 무엇이 있었나요?
- 장난감 자동차는 인형보다 얼마나 더 무거운가요?

9. 유아들과 이야기를 더 나누고 교구를 정리하고 다음 할 활동을 준비한다.

지도 시 유의점

- 구슬은 친구에게 던지거나 장난치지 않도록 주의한다.
- 비표준 단위를 유아들에게 충분히 알려준다.

연관활동

- 실외놀이 영역: 구슬을 이용하여 구슬치기를 할 수 있다.

참고문헌

- 교육부(2008). 유치원 교육 활동자료 8 도구와 기계.

활동명 클립으로 도구그림 길이 재기

생활주제 생활도구 **측정시기** 1월 2주차

활동형태 자유선택활동 – 수·조작 영역 **대상연령** 만 4세

기대되는 효과

- 우리 주변의 생활도구에 관심을 갖는다.
- 생활도구에 길이가 있음을 안다.
- 임의 측정도구를 알 수 있다.

교육과정 관련 요소

- 자연탐구 > 수학적 탐구하기 > 공간과 도형의 기초개념 알아보기 > 위치와 방향을 여러 가지 방법으로 나타내본다.
- 의사소통 > 읽기 > 읽기에 흥미 가지기 > 읽어 주는 글의 내용에 관심을 가진다.
- 의사소통 > 말하기 > 낱말과 문장으로 말하기 > 다양한 낱말을 사용하여 말한다.

활동자료 및 준비

활동판(하드보드지, 펠트지), 그림 카드(그림, 코팅지), 길이 재는 도구(클립)

활동방법

도입 생활도구에 대한 이야기 나누기

1. 생활도구에 대한 이야기를 나눈다.

- 우리 친구들은 생활도구에 대해 아는 친구 있나요?
- 생활도구에는 유치원에서 쓰는 도구들 그리고 집에서 볼 수 있는 도구들 등 여러 가지 도구들이 있어요.
- 그런데 선생님이 오늘은 우리 친구들이 주방에서 볼 수 있는 도구들을 가지고 왔어요.
- 이 그림은 어떤 도구일까요 ?
- 그럼 이 그림은 어떤 도구일까요?

전개 활동을 하기 위한 이야기 나누기

2. 활동을 하기 위해 이야기 나눈다.

- 그런데 도구들에 길이가 있어요.
- 우리 친구들은 가로와 세로에 대해서 아나요?
- (그림의 가로 방향으로 만지며) 이 길이는 '가로'라고 해요.
- (그림의 세로 방향으로 만지며) 이 길이는 '세로'라고 해요.
- 그럼 우리 친구들 가로와 세로에 대해 알아봤죠? 이제 선생님이 가져온 클립으로 이 도구들의 가로와 세로의 길이를 알아볼 거예요.

3. 활동을 한다.

- 밥솥의 길이를 재고 싶은 친구 있나요?
- 믹서기 길이를 재고 싶은 친구 있나요?

마무리 평가

4. 활동 후 평가를 한다.

- 가로세로와 길이에 대한 활동을 해보니 어땠나요?
- 주방도구는 무엇이 있었나요?
- 다음 시간에는 주방도구 말고 유치원에서 볼 수 있는 도구들로 해 봐요(차시예고).

지도 시 유의점

- 유아들이 그림 카드에 다치지 않게 지도한다.

연관활동

- 주방도구 빙고게임

활동판

그림 카드

클립

활동명 옛날과 오늘날의 생활도구

생활주제 생활도구 **추정시기** 1월 4주차

활동형태 자유선택활동 – 수·조작 영역 **대상연령** 만 4세

기대되는 효과

- 우리주변의 생활도구에 관심을 갖는다.
- 생활도구에 길이가 있음을 안다.
- 임의 측정의 도구를 알 수 있다.

교육과정 관련 요소

- 자연탐구 > 수학적 탐구하기 > 기초적인 자료수집과 결과 나타내기 >한 가지 기준으로 자료를 분류해 본다.
- 자연탐구 > 과학적 탐구하기 > 간단한 도구와 기계 활용하기 > 도구와 기계의 편리함에 관심을 갖는다.
- 의사소통 > 듣기 > 동요, 동시, 동화 듣고 이해하기 > 동요, 동시, 동화를 다양한 방법으로 듣고 이해한다.

활동자료 및 준비

PPT자료(동시 '옛날옛날 옛적에', 과거와 오늘날의 생활도구 사진, 게임 활동방법)

[과거와 오늘날의 생활도구 카드] 생활도구 그림자료, 코팅지, 자석 스티커

[생활도구의 쓰임새] 생활도구의 쓰임새 출력, 코팅지, 자석 스티커

[생활도구 영역판 2개] 폼보드 4개, 접착 자석판 8개, 색 포장지 3개

활동방법

도입 이전 경험 회상하기

1. 지난 시간에 배웠던 옛날과 오늘날의 생활도구 동시에 대해 이야기를 나눈다.

- 친구들 우리 지난 시간에 '옛날 옛날 옛적에' 동시 다 함께 읽어봤죠?
- 어떤 생활도구들을 배웠는지 기억이 나는 친구들이 있나요?
- 기억이 안 나는 친구들을 위해 선생님이 다시 보여 주도록 할게요.

2. 동시를 읽어본다.

- 다 함께 한 번 읽어봅시다.
- 선생님이 '옛날 옛날 옛적에' 생활도구들을 읽으면 우리 친구들이 '오늘 오늘 오늘날' 생활도구를 읽어봐요.

전개 활동하기

3. 다양한 옛날과 오늘 날의 생활도구에 대해 이야기 나눈다.

- 동시에 나온 생활도구들 말고 또 어떤 것들이 있을까요?

4. PPT자료를 보고 이야기를 나눈다.

- 친구들 어떤 옛날 생활도구와 오늘날의 생활도구가 나왔어요?
- ○○ 대신 옛날에는 무엇을 사용했어요?

5. 유아들에게 활동자료를 소개한다.

- (활동판) 이것은 무엇일까요?
- (생활도구 카드) 이것은 무엇일까요?
- 이 게임은 짝 찾기 게임이라고 해요.
- 게임방법에 대해 알아볼까요?

6. 게임방법에 대해 설명을 한다.

[게임방법]

① 생활도구 카드를 섞어서 배열한다.

② 유아 2명이 가위바위보를 한다.

③ 이긴 유아가 쓰임새가 같은 카드끼리 2장을 골라 짝지어 활동판에 붙인다.

④ 카드가 모두 없어진 후, 유아들이 함께 수를 세고 더 많은 카드를 알맞게 짝지은 유아가 승리한다.

- 우리 게임을 해 볼까요?

7. 친구들과 게임을 하면서 지켜야 할 약속에 대해 이야기 나눈다.

- 게임을 하기 전에 지켜야 할 약속을 알아볼까요?

8. 친구들과 정한 약속을 지키며 게임을 한다.

마무리 평가

9. 활동을 평가한다.

- ○○이가 짝을 잘 찾았는지 볼까요?
- 규칙을 잘 지키면서 게임을 했나요?
- 짝 맞추기 게임을 해 보니 어땠어요?
- 무엇이 가장 기억에 남아요?

10. 다음 활동에 대해 예고한다.

지도 시 유의점

- 유아들이 생활도구의 쓰임새에 대해 이해할 수 있도록 반복적으로 이야기하며 회상시킨다.

연관활동

- 옛날과 오늘 날의 생활도구를 이용한 역할 놀이를 할 수 있다.

참고문헌

- 교육과학기술부(2013). 5세 누리과정 교사용 지도서.

생활도구 카드

생활도구 영역판 2개

생활도구의 쓰임새

활동명 누가 사용할까요?

생활주제 생활도구

추정시기 1월 3주차

활동형태 자유선택활동 – 수 · 조작 영역

대상연령 만 4세

기대되는 효과

- 여러 가지 직업에 대해 관심을 가진다.
- 직업에 따라 필요한 여러 가지 도구를 분류할 수 있다.

교육과정 관련 요소

- 자연탐구 > 수학적 탐구하기 > 기초적인 자료 수집과 결과 나타내기 > 한 가지 기준으로 자료를 분류해 본다.

활동자료 및 준비

[준비물]

우유갑 3개, 색지, 찍찍이, 직업인 그림 도안(미용사, 요리사, 과학자), 글자 카드(미용사, 요리사, 과학자), 여러 가지 도구 그림 도안(빗, 드라이어기, 가위, 거울, 칼, 국자, 계량컵, 프라이팬, 실험도구, 현미경, 지구본, 저울)

[제작방법]

① 우유갑 3개를 각각 다른 색지로 입힌 후 앞쪽에 보슬이를 붙인다.
② 직업인 그림 도안을 색칠하고, 색지로 직업인 카드를 만든다.
③ "미용사", "요리사", "과학자"로 글자 카드를 만든다.
④ 직업인 카드와 글자 카드 뒷면에 까슬이를 붙인다.
⑤ 도구 그림 도안을 색칠하고 색지로 도구 그림 카드를 만든다.

[주의점]

- 직업인 카드에 해당되는 도구 그림 카드의 배경 색깔은 각각 맡게 만든다.
- 도구 그림 카드의 뒷면에는 모두 같은 색깔로 만든다.

활동방법

도입 직업에 대하여 이야기 나누기

1. 유아들의 장래희망에 대해 이야기해 본다.

- 커서 무엇이 되고 싶어요?

2. 직업에 대하여 이야기 나누어 본다.

- 친구들이 알고 있는 직업은 어떤 것들이 있나요?
- 그 직업을 가진 사람들은 무엇을 하는 사람인가요?

전개 직업인 탐색하기

3. 준비한 우유갑에 직업인 카드를 붙이면서 어떤 일을 하는 사람인지 알아 본다.

- 이 사람은 무엇을 하는 사람일까요?
- 누구라고 부르지요?

도구 탐색하기

4. 도구 그림 카드를 살펴본다.

- 이것은 무엇일까요? (예: 빗)
- 빗으로 무엇을 할까요?
- 빗은 여기 있는 사람 중에 누가 사용할까요?

도구 직업별 분류하기 게임하기

5. 유아가 직접 우유갑으로 만든 직업인 상자 안에 분류하여 넣게 한다.

- 프라이팬은 누구에게 필요할까요?
- 현미경은 누구에게 필요할까요?

6. 3명의 유아가 원하는 직업인 상자를 한 개씩 나누어 가지고 그림이 보이지

않게 카드를 책상 위에 엎어 놓은 후, 순서를 정하여 카드를 집어 자신이 갖고 있는 상자에 해당하는 카드가 나오면 상자 안에 집어넣는다.

마무리 평가하기

7. **활동 후 직업인 상자를 확인한다.**
   - ○ ○이는 어떤 직업을 가진 사람인가요?
   - 어떤 도구를 사용하나요?

지도 시 유의점

- 직업에 대하여 충분히 이야기 나누기를 한 후 활동을 한다.
- 유아가 다양한 직업과 도구를 탐색하고 분류할 수 있도록 다양한 카드를 준비한다.

연관활동

- 역할놀이 영역: 직업인에 대하여 역할 놀이나 극놀이를 할 수 있다.
- 언어 영역: 도구의 이름을 카드에 붙임으로써 글자에 관심을 가질 수 있다.

참고문헌

- 교육부(2009). 유치원 교육활동 지도 자료 8.

생활주제 : 교통기관

활동명	수학교육 내용
별섬에 다녀와요!	수와 연산
교통기관 만들기	공간과 도형
트럭을 꾸며주세요	수와 연산
육상 교통기관 빙고게임	자료 수집과 결과
몇 대의 차를 주차할 수 있을까요?	측정, 수와 연산

활동명 별섬에 다녀와요!

생활주제 교통기관

추정시기 8월 1주차

활동형태 자유선택활동 – 수 · 조작영역

대상연령 만 4세

기대되는 효과

- 다양한 교통기관을 안다.
- 수의 크기를 인식하고 그 수만큼 이동할 수 있다.
- 게임에 즐겁게 참여한다.

교육과정 관련 요소

- 자연탐구 > 탐구하는 태도 기르기 > 호기심을 유지하고 확장하기 > 주변 사물과 자연세계에 대해 지속적으로 호기심을 갖는다.
- 자연탐구 > 수학적 탐구하기 > 수와 연산의 기초개념 알아보기 > 열 개 가량의 구체물을 세어보고 수량을 알아본다.

활동자료 및 준비

[게임판] 하드보드지, 색지(갈색, 분홍색, 흰색), 색종이, 사인펜, 색연필

[말] 그림(자동차, 비행기, 배, 기차), 색지(파란색, 초록색, 노란색, 빨간색), 코팅지

[순서뽑기] 미니언 통, 젓가락, 리본 끈, 별 스티커

[주사위] 펠트지(빨간색, 주황색, 노란색, 초록색, 파란색, 보라색, 검은색), 스펀지, 실, 바늘

활동방법

도입 등원하기 이전활동 회상해 보기

1. 유치원 등원 방법에 대해 이야기 나눈다.

- 오늘 유치원 올 때 어떤 방법으로 왔나요?
- 멀리 있는 곳에 여행 갈 때는 어떤 교통기관을 이용해 보았나요?

활동소개

2. 활동을 소개해 준다.

- 게임판에는 어떤 그림이 있나요?
- 이 그림 속에 어울리는 교통기관은 무엇일까요?
- (말을 보여주며) 이 교통기관과 어울리는 곳을 찾아봅시다.

전개 활동방법 알아보기 게임하기

3. 게임방법을 함께 알아본다.

[게임방법]

① 4명의 유아가 젓가락을 하나씩 뽑는다.

② 젓가락에 붙어 있는 별 개수가 제일 많은 친구부터 게임을 시작한다.

③ 정해진 순서대로 말을 정해 게임판에 있는 그림에 맞게 말을 놓는다.

④ 주사위를 던져 나온 숫자만큼 말을 이동한다.

⑤ 별섬(도착지점)에 도착을 하고 다시 "자기 자리"로 도착하면 게임이 끝난다.

마무리 평가하기

4. 활동 후 평가를 한다.

- 게임을 해 보니 어땠나요?
- 다음 시간에는 교통표지판에 대해 알아보기로 해요. (차시예고)
  –유아가 선정해서 게임을 하도록 지도한다.

마무리

- 떠올리며 회상하기
  –친구들 오늘 우리가 알아본 것이 무엇이죠?
- 정리정돈 및 교구가 배치된 영역을 소개한다.
  –이 교구는 수·조작 영역에 선생님이 넣어 둘게요. 활동하고 싶은 친구는 자유선택활동 시간에 활동하도록 해요.

지도 시 유의점

- 유아들이 규칙을 지키며 활동할 수 있도록 지도한다.

연관활동

- 훌라후프 기차놀이

참고문헌

- 교육과학기술부(2013). 4세 누리과정 교사용 지도서.

주사위

말

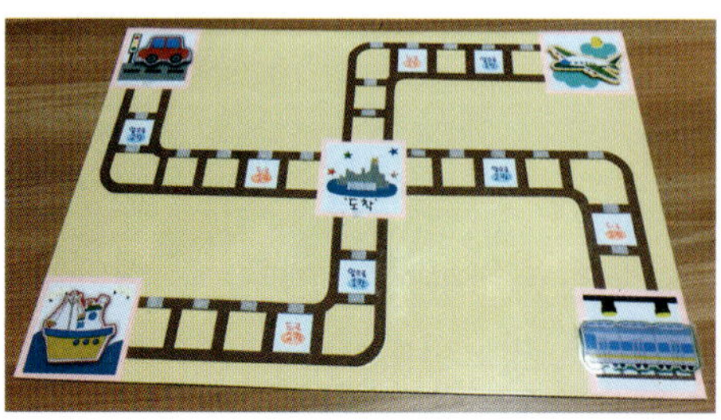
게임판

순서통

활동명 교통기관 만들기

생활주제 교통기관 **추정시기** 8월 2주차

활동형태 자유선택활동 – 조형·미술 영역 **대상연령** 만 5세

기대되는 효과

- 다양한 교통기관을 안다.
- 수의 크기를 인식하고 그 수만큼 이동할 수 있다.
- 재미있게 게임에 참여한다.

교육과정 관련 요소

- 자연탐구 > 수학적 탐구하기 > 공간과 도형의 기초개념 알아보기 > 기본도형을 사용하여 여러 가지 모양을 구성해 본다.
- 예술경험 영역 > 아름다움 찾아보기 > 미술적 요소 탐색하기 > 자연과 사물의 색, 모양, 질감, 공간 등을 탐색한다.

활동자료 및 준비

우드락 8절(세모 16개, 네모 16개), 하드보드지 16절(동그라미 12개), 부직포(분홍색), 하드보드지 4절(학습판), 색지 4절(노란색, 분홍색), 벨크로 테잎, 양면테이프, 글루건, 코팅지 5장, 뽕뽕이, 교통기관 그림 자료

활동방법

도입 교통질서 경험나누기

1. 지난 시간에 배웠던 것을 회상하고 떠올리면서 시작한다.

- 우리반 지난 시간에는 교통질서에 대해 배웠죠?

- 교통질서에 관해 유아들의 경험을 발표하도록 한다.

전개 여러 가지 교통기관의 모양 알아보기

2. 오늘 활동할 것들에 대해 설명한다.

- 오늘은 우리가 아는 교통기관을 꾸며볼 거예요.
- 교통기관은 하늘, 땅, 바다에도 있지요.
- 하늘에 다니는 교통기관은 무엇일까요? 어떻게 생겼나요?
- 땅에 다니는 교통기관은 무엇일까요? 어떻게 생겼나요?
- 바다에 다니는 교통기관은 무엇일까요? 어떻게 생겼나요?
- 여기에 단단한 종이로 만든 여러 가지 모양이 있는지 자세히 살펴볼까요? 이 도형은 무슨 모양일까요?
- 여러 가지 도형을 이용해서 교통기관을 만들어 볼까요?
- 활동하는 동안 유아들을 살피고 다양하게 구성하도록 돕는다.

마무리 활동평가하기

3. 활동 후 평가를 한다.

- △△은 ○○이랑 □□을 이용해서 만들었구나.
- 여러 개의 도형으로 하나의 교통기관을 만들었구나.
- 오늘 활동 어땠나요?
- 교통기관 말고 또 어떤 것들을 만들어보고 싶나요?

지도 시 유의점

- 각 도형의 이름이 헷갈리지 않도록 인식해 준다.
- 도형으로 교통기관 만들기를 어려워하는 유아를 격려해 끝까지 활동을 마칠 수 있도록 한다.

연관활동

- 여러 가지 도형으로 다양한 사물을 만들 수 있다.
- 평소에 보지 못했던 교통기관에 관심을 둘 수 있다.

참고문헌

- 임미혜, 장미아, 신혜영, 김영애, 심은희(2014). 영유아 교육과정. 양서원.

활동명 트럭을 꾸며주세요

생활주제 교통기관

추정시기 8월 3주차

활동형태 자유선택활동

대상연령 만 4세

기대되는 효과

- 1:1 대응 능력을 기른다.
- 시각적 변별 능력을 기른다.

교육과정 관련 요소

- 자연탐구 > 수학적 탐구하기 > 수와 연산의 기초개념 알아보기 > 열 개 가량의 구체물을 세어보고 수량을 알아본다.

활동자료 및 준비

[준비물]

- 숫자 주사위: 하드보드지, 색테이프, 색지, 투명시트지, 방울
- 색깔 주사위: 6가지 색깔의 색지, 하드보드지, 투명시트지, 색테이프, 방울
- 원형 조각: 투명시트지, 자석, 6가지 색깔의 색지, 찍찍이
- 기본판: 색지, 하드보드지, 투명시트지, 색시트지, 색테이프, 찍찍이

[제작 방법]

① 숫자 주사위

㉠ 지름 8cm의 하드보드지 6개를 자른다.

㉡ 색지를 붙이고 1, 1, 2, 2, 3, 꽝 이라고 써 붙인다.

㉢ 투명시트지를 붙이고 주사위 안에 방울을 넣고 색테이프로 모서리를 마무리한다.

② 색깔 주사위

㉠ 지름 8cm의 하드보드지 6개를 자른다.

㉡ 하드보드지 6개에 6가지의 색지를 각각 붙이고 투명시트지를 붙인다.

㉢ 주사위 안에 방울을 넣고 색테이프로 모서리를 처리한다.

③ 원형 조각

㉠ 주사위와 같은 6가지의 색지를 각각 붙이고 투명시트지를 붙인다.

㉡ 주사위 안에 방울을 넣고 색테이프로 모서리를 처리한다.

④ 기본판

㉠ 색이 다른 트럭 그림을 색지로 꾸며 주고 하드보드지에 각각 붙인다.

㉡ 투명시트지를 붙이고 색테이프로 모서리를 처리해 준다.

㉢ 트럭의 화물칸에 찍찍이를 붙인다.

활동방법

도입 교통기관에 대해 알아보기

1. 교통기관에 대해서 알아본다.

- 오늘은 교통기관에 대해서 알아볼 거예요.
- 우리가 타고 다닐 수 있는 교통기관에는 무엇이 있나요?
- 땅에서 타고 다닐 수 있는 교통기관에는 어떤 것들이 있나요?
- 그 중에서 어떤 것을 제일 타고 싶어요?
- 왜 ○○을(를) 타고 싶어요?

전개 트럭에 대해 알아보기

2. 교통기관 중 트럭에 대해 알아본다.

- 우리가 타고 다닐 수 있는 교통기관에는 여러 가지가 있어요. 오늘은 그중에서도 트럭에 대해서 알아볼 거예요.
- 트럭을 본 적이 있나요?

- 트럭은 어떻게 생겼어요?
- 트럭을 타 본 적이 있나요?
- 트럭은 어떨 때 사용할까요?

전개 게임판 보며 이야기 나누기

3. 게임판을 보며 이야기를 나눈다.

- 여기 있는 그림은 무엇일까요?
- (화물칸을 가리키며) 이 안에는 무엇이 들어 있을까요?

4. 숫자 주사위를 보며 이야기를 나눈다.

- 이 숫자 주사위에서 2가 나오면 동그라미를 몇 개 붙일까요?
- 주사위에서 '꽝'이 나오면 다음 사람에게로 넘어가는 거예요.

5. 색깔 주사위를 보며 이야기를 나눈다.

- 색깔 주사위에서 빨간색이 나오면 무슨 색 동그라미를 몇 개 붙여야 할까요?

6. 숫자 주사위와 색깔 주사위를 같이 보여주며 이야기를 나눈다.

- 숫자 주사위에서 1과 색깔 주사위에서 노란색이 나오면 무슨 색 동그라미를 몇 개 붙여야 할까요?

게임방법 알아보기, 게임하기

[게임방법]

① 가위바위보를 해서 이긴 사람이 갖고 싶은 색깔의 기본판을 갖는다.

② 색깔 주사위와 숫자 주사위를 같이 굴려 나온 대로 트럭의 그림에 원형 조각을 붙인다.

③ 트럭에 붙어 있는 찍찍이에 원형조각을 먼저 다 채운 유아가 이긴다.

게임결과 알아보기

7. 게임결과를 알아본다.

- 누구 트럭에 있는 동그라미가 많아요?
- ㅇㅇ가 먼저 트럭을 가득 채웠네.

마무리 평가하기

8. **게임이 끝난 뒤 이야기를 나눈다.**
   - 활동이 재미있었나요?
   - 이 게임판은 자유 선택 활동 영역에 놔둘테니까 해 보고 싶은 친구들은 해 보세요.

지도 시 유의점

- 게임의 규칙을 알기 위해서 게임을 하기 전에 유아들과 선생님이 충분히 게임에 대해 이야기를 나눈 후 시작하도록 한다.
- 게임이 끝난 뒤 게임에서 진 유아에게도 격려를 해 주어야 한다.
- 동그라미 원형 자석은 작아서 잃어버리기 쉬우므로 상자에 담아서 활동하도록 지도한다.
- 게임을 할 때 주사위가 크므로 유아가 한꺼번에 두 개를 다 던질 수 없을 경우에는 2인 1조로 팀을 나누어 같은 팀의 두 명이 주사위를 각각 던지게 할 수도 있다.

연관활동

- 과자 트럭을 채워 주세요: 여러 가지 과자의 그림을 가지고 패턴에 따라 붙여보는 활동

참고문헌

- 월간유아. 2006년 6월 교육계획안.

활동명 육상 교통기관 빙고게임

생활주제 교통기관 **추정시기** 8월 4주차

활동형태 자유선택활동 – 수·조작 영역 **대상연령** 만 3세

기대되는 효과

- 다양한 육상 교통기관의 종류에 관심을 가진다.
- 육상 교통기관을 같은 그림끼리 짝지을 수 있다.

교육과정 관련 요소

- 자연탐구 > 탐구하는 태도 기르기 > 호기심을 유지하고 확장하기 > 주변 사물과 자연세계에 대해 호기심을 갖는다.
- 자연탐구 > 수학적 탐구하기 > 기초적인 자료수집과 결과 나타내기 > 같은 것끼리 짝을 짓는다.
- 의사소통 > 읽기 > 읽기에 흥미 가지기 > 주변에서 친숙한 글자를 찾아본다.

활동자료 및 준비

[그림 카드]

마분지 8절(빨간색, 주황색, 노란색, 초록색, 파란색, 하늘색), 육상교통기관 단어 & 그림 출력

- 2장씩 만드는 카드: 트럭, 버스, 기차, 지하철, 택시, 자동차
- 1장씩 만드는 카드: 소방차, 구급차, 청소차, 오토바이, 우편배달차, 경찰차
  - 12cm × 8cm 크기로 마분지를 잘라 앞은 그림, 뒤는 그 그림에 해당하는 교통기관 단어를 오려 붙인다.

[빙고판]

하드보드지 8절 × 2장, 융(연두색) ½마, 마스킹테이프(검정), 육상교통기관 단어 & 그림 출력, 코팅필름

- 하드보드지에 연두색 융을 붙인 후 마스킹테이프로 빙고판의 경계를 만들어준다.
- 카드보다 작은 그림과 단어를 출력해 코팅한다.

활동방법

도입 주의집중 하기

1. **기억하기 카드로 주의집중을 하도록 한다.**
   - 무엇을 보았는지 기억해 볼까요?

이전경험 회상하기

2. **이전 경험을 회상하며 육상 교통기관에 대해 이야기 나눈다.**
   - 사람을 태우는 교통기관에는 무엇이 있었지요?
   - 소방차와 경찰차의 공통점은 무엇이었지요?

전개 활동소개

3. **게임자료를 보여 주며 어떻게 하는 게임일지 예상해 본다.**
   - (빙고판을 보여주며) 이 판은 무엇을 하는 걸까요?
   - 이 그림 카드를 가지고 어떻게 하는 걸까요?

게임하기

4. **게임방법을 소개한다.**
   - 처음에는 선생님이 준비해온 방법으로 해 보고 그 다음에 친구들이 이야기한 방법으로 해보기로 해요.

   [게임방법]

   ① 두 명이 빙고 게임판을 나누어 가진다.

   ② 순서를 정한다.

   ③ 카드를 뒤집어 놓는다.

   ④ 카드를 뒤집어 그림을 확인하고 빙고판에 놓는다.

⑤ 빙고 게임판에 4줄이 채워지면 '빙고'를 외치고 게임을 끝낸다.

5. 게임을 한다.

마무리 평가하기

6. 활동에 대하여 평가한다.

- 오늘 활동한 빙고게임에는 어떤 교통기관들이 있었지요?
- 활동한 자료는 어디에 보관하는 것이 좋을까요?

7. 다음활동에 대한 예고를 한다.

지도 시 유의점

- 대부분의 유아가 글자를 모르므로 카드의 그림과 빙고판의 교통기관 이름 옆 작은 그림을 보고 짝지을 수 있도록 한다.

연관활동

- 언어 영역에서 육상 교통기관 그림 사전을 만들어본다.

참고문헌

- 교육과학기술부(2013). 3세 누리과정 교사용 지도서.

활동명 몇 대의 차를 주차할 수 있을까요?

생활주제 교통기관

추정시기 8월 4주차

활동형태 자유선택활동 – 역할영역

대상연령 만 5세

기대되는 효과

- 비표준화도구와 측정도구를 사용해본다.
- 공간과 길이에 대한 기초 개념과 속성을 이용해 문제를 해결한다.

교육과정 관련 요소

- 자연탐구 > 수학적 탐구하기 > 기초적인 측정하기 > 임의 측정 단위를 사용하여 길이, 면적, 들이, 무게 등을 재본다.
- 자연탐구 > 수학적 탐구하기 > 수와 연산의 기초개념 알아보기 > 구체물을 가지고 더하고 빼는 경험을 해 본다.

활동자료 및 준비

- 크기가 다른 상자(주차장), 블록, 모형자동차, 막대자(비표준화도구), 자(측정도구), 네임펜

활동방법

도입 공간과 길이 개념 알아보기

1. **블록을 이용해 공간과 길이의 개념을 알아본다.**
   - 이 책상위에는 블록 몇 개를 놓을 수 있을까요?
   - 그럼 책상을 반으로 나누면 블록 몇 개를 놓을 수 있을까요?
   - 책상 두 개를 붙이면 블록을 모두 몇 개 놓을 수 있을까요?

- 블록으로 교실에 있는 물건들을 재어보고 몇 개의 블록이 필요한지 알아보도록 할까요?.

전개 자료 소개하기

2. 모형 자동차와 크기가 다른 모형 주차장을 소개한다.

- 여기에 모형 자동차와 크기가 다른 상자가 준비되어 있죠.
  이것들로 어떤 활동을 해 볼 수 있을까요?
- 크기가 다른 상자에 몇 대의 차를 주차할 수 있을까요?

활동하기

3. 모형 자동차와 주차장을 이용해 활동을 시작한다.

- 이 주차장에는 모형 자동차를 몇 개 놓을 수 있을까요?
- 이 주차장에 지금 자동차 2대가 주차되어 있어요. 그럼 몇 대를 더 주차할 수 있을까요?
- 이 주차장을 서로 연결하면 모두 몇 대의 차를 주차할 수 있을까요?

막대기로 측정하기

4. 막대기 등의 비표준화 도구를 사용해 활동해 본다.

- 직접 모형 자동차를 놓아보지 않고 주차장에 몇 대의 자동차를 댈 수 있는지를 알아보려면 어떤 방법이 있을까요?
- 이것은 눈금 표시가 되어 있지 않은 막대기예요. 막대기를 이용해서 몇 대의 차를 주차할 수 있는지 알아보도록 할까요?
- 자동차 한 대의 길이는 막대기의 어느 부분까지 해당되나요? 그곳에 네임펜으로 표시를 해볼까요?
- 주차장의 길이는 막대기에 표시된 길이만큼을 몇 번 잰 것과 같나요?

자로 측정하기

5. 측정도구를 사용해 활동해본다.

- 이번에는 눈금 표시가 되어 있는 자를 이용해 활동해보도록 할까요?

- 자동차 한 대의 길이는 몇 cm인가요? 적혀 있는 숫자를 보도록 할까요?
- 그럼 이번에는 주차장의 길이를 재어 보도록 해요. 몇 cm인가요?
- 주차장에 몇 대의 자동차를 주차할 수 있을까요?

마무리 활동 평가하기

6. 활동 후에 이야기 나누며 평가한다.

- 눈금이 없는 막대기로 자동차와 주차장을 재보니 어땠나요?
- 우리가 만든 눈금이 있는 막대기로 재보니 어땠나요?
- 정확한 눈금 표시가 되어 있는 자로 재보니 어땠나요?
- 막대기와 자로 재는 것은 어떻게 다른가요?

지도 시 유의점

- 유아가 막대기와 자를 사용할 때 위험함을 알려주고 안전지도를 한다.
- 유아가 자를 이용하여 길이를 재기 전 단위와 재는 방법에 대해 이야기 나눈다.
- 유아가 자로 잰 길이를 표현해 볼 수 있도록 한다.

연관활동

- 실제 주차장에 나가 여러 가지 자동차 및 주차장의 길이를 재어본다.
- 측정해 온 자료를 이용해 주차장에 댈 수 있는 차가 몇 대인지 알아본다.

참고문헌

- 근로복지공단(2014). 직장어린이집 우수 보육프로그램 자료집.

생활주제 : 우리나라

활동명	수학교육 내용
알록달록 칠교놀이	공간과 도형
한복을 입혀보아요	규칙성
덧셈박사	수와 연산
우리나라를 알아보아요	공간과 도형, 자료수집과 결과
떡 하나 주면 안 잡아먹지	수와 연산

활동명 알록달록 칠교놀이

생활주제 우리나라 | 추정시기 9월 4주차

활동형태 실내놀이 | 대상연령 만 4세

기대되는 효과

- 우리나라의 전통놀이를 안다.
- 우리나라의 전통놀이인 칠교놀이에 흥미를 느낀다.
- 다양한 모양을 이용하여 형태로 구성할 수 있다.

교육과정 관련 요소

- 자연탐구 > 수학적 탐구하기 > 공간과 도형의 기초개념 알아보기 > 위치와 방향을 여러 가지 방법으로 나타내 본다.
- 자연탐구 > 수학적 탐구하기 > 공간과 도형의 기초개념 알아보기 > 기본 도형을 사용하여 여러 가지 모양을 구성해 본다.
- 사회관계 > 사회에 관심 갖기 > 우리나라에 관심 갖고 이해하기 > 우리나라의 전통놀이와 풍습에 관심을 갖는다.

활동자료 및 준비

[전통놀이 그림 카드판]

- 그림 카드: 그림 7장, 코팅지 7장, 벨크로
- 달력 형태판: 하드보드지 4절, 검은색 전기테이프, 고리링 2개

[교사용 칠교놀이판]

- 칠교: 색지(빨간색, 주황색, 노란색, 아이보리색, 하늘색, 남색, 초록색), 시트지, 자석판
- 칠교놀이판: 자석판 1장

[칠교놀이 도안]

[유아용 칠교놀이판 4장]

- 칠교: 색지(빨간색, 주황색, 노란색, 아이보리색, 하늘색, 남색, 초록색), 시트지, 자석판, 벨크로
- 칠교놀이판: 하드보드지, 부직포(살색, 연두색)

활동방법

도입 사전지식 알아보기

1. **우리나라 전통놀이판을 보고 이야기 나눈다.**
   - 우리가 알고 있는 우리나라 전통놀이에는 무엇이 있을까요?
   - 이 전통놀이의 이름은 무엇인가요?
   - 이 전통놀이는 어떤 방법으로 놀이할까요?

전개 칠교놀이 알아보기

2. **칠교판을 완성시켜 본다. (간단한 퀴즈를 통해)**
   - 동그란 돌을 가지고 노는 놀이예요. 이 전통놀이의 이름은 무엇일까요?
   - 윷가락을 던져서 말을 옮겨 노는 놀이예요. 이 전통놀이의 이름은?
   - 작은 돌을 발로 차거나 던져서 상대의 비석을 넘어뜨리는 놀이예요. 이 전통놀이의 이름은 무엇일까요?
   - 맞춘 유아에게 칠교 한 조각을 나누어준다.

   (유아들이 직접 나와 칠교를 완성시킨다.)

3. **활동방법에 대해 설명을 듣는다.**

   ① 나무, 고래, 로켓, 강아지, 백조 중 자신의 수준에 맞는 모양을 선택한다.

   ② 자신이 선택한 모형의 도안을 보고 칠교를 맞추어 본다.

   ③ 어렵다고 생각이 들 경우 색이 있는 도안을 보고 맞추어 본다.

   ④ 모양을 만드는 데 성공한 유아는 짝과 바꾸어 다른 모형도 만들어 본다.

4. 칠교놀이를 한다.

마무리 평가하기

5. 활동 후 평가 및 마무리

- 우리나라 전통놀이 중 하나인 칠교놀이를 체험해 봤는 데 어땠나요?
- 가장 어려웠던 모양은 무엇이었나요?

지도 시 유의점

- 활동에 어려움을 느끼는 아이에게 수준을 낮춰 쉽게 풀 수 있도록 돕는다.

연관활동

- 나만의 칠교놀이 만들어 본다.

활동명 한복을 입혀보아요

생활주제 우리나라 **추정시기** 9월 2주차

활동형태 자유선택활동 – 수·조작 영역 **대상연령** 만 3세

기대되는 효과

- 게임을 통해서 덧셈을 할 수 있다.
- 수와 양을 대응할 수 있다.

교육과정 관련 요소

- 자연탐구 > 수학적 탐구하기 > 규칙성 이해하기 > 생활 주변에서 반복되는 규칙성에 관심을 갖는다.
- 사회관계 > 사회에 관심 갖기 > 우리나라에 관심 갖고 이해하기 > 우리나라를 상징하는 것에 관심을 가진다.

활동자료 및 준비

한복 입는 순서도 그림(남자/여자), 남자와 여자 그림, 한복 그림(예: 저고리, 치마 등), 하드보드지 4절 2개, 찍찍이, 코팅지

활동방법

도입 사전학습에 대한 이야기 나누기

1. **지난 시간에 배운 한복에 대해 얘기한다.**
   - {한복그림(예: 저고리, 치마, 버선 등) 보여주며} 이건 무엇인가요?
   - 여자 한복과 남자 한복의 차이점은 뭐가 있었나요?

활동소개

2. 오늘 할 활동을 소개한다.

- 오늘은 한복 입는 순서에 대해서 알아볼 거예요.

전개 한복 입는 순서 알아보기

3. 활동판 제시하며 활동을 시작한다.

- 여자 한복에서는 어떤 것부터 입을까요?
- 여자 한복에서는 속치마, 치마, 저고리, 버선, 신발 순으로 한복을 입어요.
- 남자 한복에서 마지막으로 하는 건 뭘까요?
- 남자 한복에서는 바지, 저고리, 조끼, 버선, 신발 순으로 입어요.
- 활동을 해 볼게요.

[활동방법]

① 유아 2명이 나와 여자/남자 한복을 각자 정한다.

② 비어 있는 칸에 한복 입는 순서에 맞게 그림을 붙인다.

③ 다 붙이면 여자/남자 아이 그림에 한복을 규칙에 맞게 입혀본다.

마무리 평가하기

4. 활동이 끝나고 유아와 함께 평가한다.

- 오늘 활동 어땠어요?
- 어려운 점은 없었어요?
- 여자 한복 입는 순서 얘기 해 볼까요?

다음활동 소개

5. 다음에 할 활동을 얘기한다.

- 우리 다음에는 진짜 한복을 가져와서 순서대로 입어보는 활동을 해 봐요.

지도 시 유의점

- 활동할 때 유아 2명이 여자/남자 그림을 선택할 때 싸우지 않도록 유의한다.

- 한복 그림이 쉽게 찢어지지 않게 코팅을 꼭 한다.

연관활동

- 실제 한복을 준비하여 순서대로 직접 입어볼 수 있다.

참고문헌

- 정연희(2009). 유아수학교육. 창지사.
- 키드키즈(http://www.kidkids.net/)

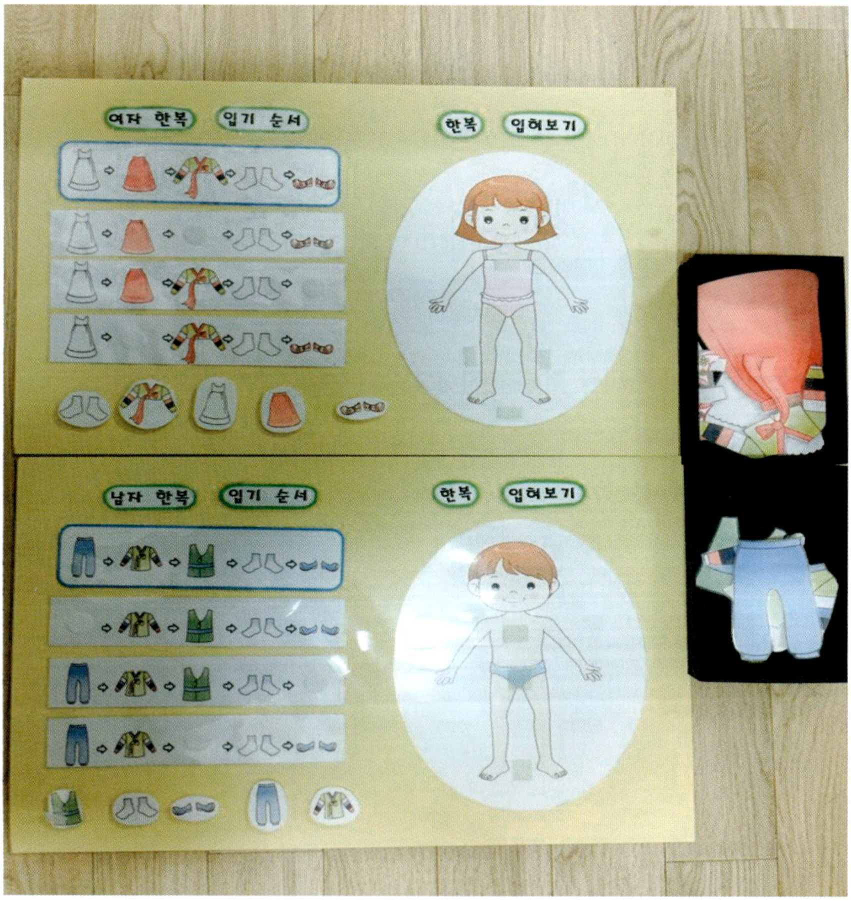

활동명 덧셈박사

생활주제 우리나라 **추정시기** 9월 3주차

활동형태 자유선택활동 – 수·조작 영역 **대상연령** 만 5세

기대되는 효과

- 게임을 통해서 더하기를 할 수 있다.
- 수와 양을 대응할 수 있다.

교육과정 관련 요소

- 자연탐구 > 수학적 탐구하기 > 수와 연산의 기초개념 알아보기 > 스무 개 가량의 구체물을 세어보고 수량을 알아본다.
- 자연탐구 > 수학적 탐구하기 > 수와 연산의 기초개념 알아보기 > 구체물을 가지고 더하고 빼는 경험을 해 본다.

활동자료 및 준비

[준비물] 투명시트지, 하드보드지, 펠트지(갈색, 노란색, 연두색, 초록색, 보라색, 주황색), 숫자 카드, 원형자석, 싱크대 호스, 까슬이, 함석판, 글루건, 본드, 스티로폼 공, 모루, 고무자석, 풀뚜껑

[제작방법]

빙고판

① 지붕: 하드보드지로 가로 42cm, 세로 15cm, 높이 16cm의 지붕을 만든다.
② 지붕의 양쪽을 싱크대 호스가 들어가도록 하드보드지를 오려낸다.
③ 싱크대 호스를 끼운 뒤 지붕의 바닥부분을 지붕과 연결한다.
④ 밑의 사각 틀은 높이 18cm, 가로 26cm, 세로 13cm로 만들어서 글루

건으로 지붕과 연결한다.

⑤ 사각틀의 앞쪽부분 하단에 가로 8.4cm, 세로 5.5cm의 입구를 낸다.

⑥ 경첩을 이용하여 사각틀의 오른쪽 부분에 글루건으로 연결시켜 준다.

⑦ 0~5까지의 숫자 카드는 2장씩, 0~10까지의 숫자 카드를 만든 후 뒷면에 고무자석을 붙인다.

⑧ 사각통: 가로 8.4cm, 세로 13cm, 높이 4cm의 크기로 만든 뒤 손잡이를 만든다.

풀뚜껑

⑨ 태극무늬 원형자석: 원형자석에 태극무늬를 붙인 뒤, 투명 시트지를 씌운다.

활동방법

도입 주의집중

1. 손유희 '호빵맨'을 한다.

주먹 가위 보~(계이름: 도도 레레 미~) 주먹 가위 보~(도도 레레 미~) 무얼 만들까~(미미 파파 솔~)무얼 만들까~(미미 파파 솔~)
오른 손은 여기(솔라 솔파 미도)왼 손은 여기(솔라 솔파 미도)
호빵맨~(도솔도~) 호빵맨(도솔도~)

자료제시

2. 준비한 교구를 보여준다.

- 이것은 무엇일까요?
- 어떻게 활동하는 것일까요?

전개 본 활동

3. 우리나라를 상징하는 것에는 무엇이 있는지 이야기 나누어 본다.

- 우리나라를 상징하는 것은 무엇이 있을까요?

4. 활동하는 방법에 대해 설명하기 전 유아에게 더하기의 개념에 대해 이야기

한다.

5. **숫자 카드를 제시하고 유아가 직접 태극무늬 자석을 넣어 보도록 한다.**
   - ○○친구, 3개를 넣어 보겠어요? ○○친구는 5개를 넣어보세요.
   - 그러면 이제 상자를 꺼내 볼까요?

마무리 숫자 세어보기

6. **상자를 꺼내서 숫자를 세어 보도록 한다.**
   - 오른쪽에 준비된 판에 상자에서 꺼낸 것을 붙여넣고, 숫자 카드도 붙이게 한다.
   - 순서를 정한 후 주사위 2개를 동시에 던져 나온 수를 숫자 카드에서 찾아 준비된 판에 붙인다.

     ex) 주사위를 굴려서 3과 2가 나왔을 경우

     $3 + 2 = 5$
   - 나온 숫자만큼 집의 굴뚝에 태극무늬 원형자석을 넣는다.
   - 원형자석이 다 없이 지면 게임이 끝난다.
   - 누구의 태극무늬 원형자석이 많은지 세어본다.
7. **평가 및 마무리한다.**
   - 정리 정돈 및 교구가 배치될 영역을 소개한다.
   - 이 교구는 선생님이 수·조작 영역에 배치해 둘게요. 활동하고 싶은 친구는 자유선택활동시간에 해 보도록 해요.

지도 시 유의점

- 더하기 활동을 어려워하는 유아는 사전에 더하기 활동을 충분히 한다.

연관활동

- 더하기가 익숙해지면 빼기 활동을 해 본다.

참고문헌

- 유아교육 키드키즈(http://www.kidkids.net)

활동명 우리나라를 알아보아요

생활주제 우리나라 **추정시기** 9월 1주차

활동형태 자유선택활동 - 수·조작 영역 **대상연령** 만 4세

기대되는 효과

- 우리나라를 상징하는 것과 다른 나라 것을 분류할 수 있다.
- 우리나라를 상징하는 것을 안다.

교육과정 관련 요소

- 자연탐구 > 수학적 탐구하기 > 공간과 도형의 기초개념 알아보기 > 기본 도형의 특성을 인식한다.
- 자연탐구 > 수학적 탐구하기 > 기초적인 자료 수집과 결과 나타내기 > 한 가지 기준으로 자료를 분류해 본다.

활동자료 및 준비

[준비물]

- 그림 자료: 하드보드지, 색지, 가위, 본드, 까슬이, 투명시트지, 분류카드(한복, 다른 나라 옷, 장미, 무궁화, 북, 피아노, 한글, 영어, 태극기, 일본기)
- 게임판: 원판–하드보드지, 다른 색의 색지 2장, 우드락, 가위, 칼, 본드, 까슬이, 투명시트지, 할핀
- 태극기: 태극기 그림자료, 코팅지, 가위, 빨대
- 지도편: 우드락, 투명시트지, 가위, 칼, 송곳

[제작방법]

- 그림 카드

① 분류카드 만들 자료를 가위로 오려 하드보드지에 붙인다.

② 투명시트지를 입히고 테두리 처리를 한다.

- 게임판-원판

① 하드보드지(지름 30cm)를 둥글게 자른다.

② 둥글게 자른 하드보드지를 8조각으로 그린 후 색지를 번갈아 다른 색으로 붙인다.

③ 우드락을 네모 모양으로 자른 후(가로 36cm, 세로 40cm) 위쪽에 우드락으로 만든 화살표 붙인다.

④ 투명시트지를 붙인 후 중간에 송곳으로 구멍을 뚫어 할핀으로 고정시킨다.

- 우리나라 지도판

① 하드보드지에 세로 20cm 가로 10cm 정도로 지도를 그린 후 자른 뒤 깃발 꽂을 구멍을 10개 뚫는다.

② 지도를 붙일 밑에 네모 판을 우드락 가로 18cm, 세로 30cm 정도로 자른 후 지도를 붙인다.

- 태극기

① 빨대를 10cm로 20개 자른다.

② 태극기의 크기는 가로 5cm 세로 3.5cm

③ 코팅지를 펴고 태극기를 하나 붙이고 중간에 빨대 하나 또 옆에 태극기를 붙인다.

④ 코팅지를 반으로 접어 서로 붙도록 한 후 가위로 자른다.

활동방법

도입 주의집중

1. 활동을 하기 전에 주의집중을 시킨다.

- "예쁜 ○○반", "멋진 선생님"

자료 제시 및 동기유발

2. 자료를 제시하면서 동기유발을 시킨다.

- 우리나라를 상징하는 것에는 무엇이 있을까요?
- 그림 자료를 제시하며 이름과 각 특성에 대해 알아본다.

전개 우리나라 상징물 분류하기

3. 우리나라 것의 특성을 말해 주며 우리나라 것을 분류해 본다.

- 두 개의 카드를 제시하여 특징을 설명하면 카드를 찾아본다.
  - –태극기: 우리나라 국기에는 빨간색과 파란색으로 중간에 동그란 그림이 그려져 있어요. 어떤 것일까요?
  - –무궁화: 분홍과 보라 여러 색깔을 가지고 있고 5개의 꽃잎을 가지고 있어요. 어떤 것일까요?
  - –북: 국악기 중의 하나로 크고 소리 나는 곳은 둥글고 채로 쳐서 소리가나요 어떤 것일까요?
  - –한복: 설이나 추석 명절에 주로 입는 옷이에요. 어떤 것일까요?
- 다시 카드를 섞어놓고 유아에게 직접 분류하여 붙여보도록 한다.

게임활동 소개

4. 누가 빨리 태극기를 꽂는가? (게임활동)

- 게임을 위한 자료들을 살펴보며 이야기 나눈다.
  - –어떤 것들이 있나요?
  - –이 게임은 어떻게 하는 것일까요?
  - –원판에는 무엇이 그려져 있나요?
  - –우리나라의 것들만 골라 보세요.

게임규칙 설명

5. 게임의 규칙을 알아본다.

① 우리나라 지도판을 나누어 갖고 순서를 정한다.

② 원판을 돌려 화살표의 방향을 본다.

③ 화살표가 태극기 한복, 무궁화, 한글을 가리키면 태극기를 1개 꽂는다.

④ 우리나라 지도판에 먼저 태극기를 꽂으면 게임이 끝난다.

6. 규칙에 따라 게임을 한다.

- 오늘 알아본 우리나라를 상징하는 것을 한 번 더 말해 보면서 기억을 떠올려본다.

전개 활동 평가하기

7. 활동을 회상하며 이야기 나눈다.

- 오늘 알아본 우리나라를 상징하는 것은 무엇이 있었나요?
- 게임판은 자유선택 활동 수·조작 영역에 놓아둘테니 친구들 게임하면서 우리나라 상징하는 것 알아보도록 해요.

지도 시 유의점

- 그림을 보고 그 그림이 우리나라를 상징하는 것과 다른 나라를 상징하는 것이 혼동되지 않게 특징을 잘 설명해 주고 유아들이 직접 카드를 분류해서 붙여볼 수 있도록 한다.

연관활동

- 우리나라 전통 음식을 알아보고 분류해 본다.
- 한복을 가져와 입어보고 전통놀이를 해 볼 수 있다.

참고문헌

- 명지전문대학 부속유치원 편(2012). 3~4세 주제중심 통합교육과정. 양서원.

활동명 떡 하나 주면 안 잡아먹지

생활주제 우리나라

추정시기 9월 4주차

활동형태 대·소집단활동 – 게임

대상연령 만 3세

기대되는 효과

- 호랑이가 제시하는 떡의 수만큼 바구니에 담는다.
- 해님달님 동화를 듣고 게임에 즐겁게 참여한다.

교육과정 관련 요소

- 자연탐구 > 수학적 탐구하기 > 수와 연산의 기초개념 알아보기 > 다섯 개 가량의 구체물을 세어보고 수량에 관심을 갖는다.

활동자료 및 준비

- 바구니 4개, 영상자료(해님달님 동화), 송편 모양 40개(흰색 펠트를 송편 모양으로 오린다), 호랑이 모자 2개

활동방법

도입 동화 보고 이야기 나누기

1. 활동을 하기 전 주의집중을 시킨다.

- 떡 하나 주면 안 잡아먹지~
- 이런 말을 들어본 적이 있나요?
- 어디에서 들어보았나요?

2. 해님달님 동화 영상자료를 보여준 후 이야기 나눈다.

- 우리나라 옛 이야기를 들어볼까요?

- 동화의 제목은 무엇이었나요?
- 동화 속에서 호랑이가 엄마에게 어떤 말을 했나요?
- 호랑이는 왜 엄마를 잡아먹은 걸까요?
- 호랑이는 떡을 몇 개나 먹었을까요?

전개 게임방법 알아보기

3. 유아들과 함께 게임방법을 알아본다.

- (호랑이 모자를 제시하며) 이 호랑이는 자기가 말하는 수의 떡을 주면 잡아먹지 않는다고 해요.
- 우리가 호랑이에게 잡아먹히지 않으려면 어떻게 해야 할까요?
- 호랑이가 우리를 잡아먹지 못하도록 게임을 하려고 해요.

바구니, 송편모양, 호랑이 모자로 어떤 게임을 할 수 있을까요?

[게임방법]

① 두 팀(해님, 달님)으로 나누고 출발선에 선다.

② 교사가 호랑이 모자를 양손에 들고 "떡 세 개(5이내의 수) 주면 안 잡아먹지?"라고 말하면 바구니를 머리위에 올리고 출발한다.

③ 반환점에 도착하여 송편바구니에서 호랑이가 말한 수 만큼의 송편을 담아 출발선으로 돌아온다.

④ 먼저 돌아온 유아의 송편은 호랑이 모자에 담고 뒤에 들어온 유아의 송편은 교사의 앞치마 주머니에 담기로 한다.

⑤ 호랑이 모자에 송편이 많이 담긴 팀이 이긴다.

게임 규칙 정하기

4. 게임의 규칙에 대해 이야기 나눈다.

- 게임을 할 때 어떤 규칙을 지켜야 할까요?
- 게임에서 이기거나 지면 어떻게 해야 할까요?

게임하기

5. 떡 하나 주면 안 잡아먹지~ 게임을 한다.

- 이제 게임을 시작해 볼까요?
- 유아들이 게임규칙을 잘 지키는지 살펴본다.
- 송편의 수를 정확하게 세도록 격려한다.

- 기다리는 유아들은 응원을 한다.
- 활동을 마치고 호랑이 모자에 든 송편의 수를 세어 본다.
- 송편이 많이 든 호랑이 모자의 팀이 박수를 세 번 치고 진 팀은 박수를 두 번 치며 정리한다.

마무리 활동 평가하기

6. 게임활동 후에 이야기 나눈다.

- 게임을 해보니 어땠나요?
- 어떤 점이 즐거웠나요?
- 게임의 규칙은 잘 지켰나요?
- 호랑이가 말한 수만큼 떡을 세어 바구니에 담았나요?
- 호랑이에게 떡을 주어서 우리가 엄마를 구했나요?

지도 시 유의점

- 동화를 사전에 여러 번 들려주어 유아들이 동화의 내용을 알도록 한다.
- 게임방법과 규칙을 알고 참여할 수 있도록 지도한다.

연관활동

- 송편을 만들어 먹는다.
- 클레이로 떡을 만들어 소꿉놀이를 한다.

참고문헌

- 핑크퐁 동화 해님달님. 유튜브.

생활주제 : 가을

활동명	수학교육 내용
우리들의 별자리	수와 연산
나뭇잎 가족의 길이 재어보기	수와 연산
다람쥐가 알밤을 주워요	수와 연산, 자료수집과 결과
가을의 식물	자료수집과 결과
도형으로 놀아보자	공간과 도형

활동명 우리들의 별자리

생활주제 가을　　**추정시기** 10월 1주차

활동형태 자유선택활동 – 수·조작 영역　　**대상연령** 만 5세

기대되는 효과

- 별자리에 관심을 가진다.
- 수 세기를 할 수 있다.
- 사물의 모양에 관심을 가진다.

교육과정 관련 요소

- 자연탐구 > 수학적 탐구하기 > 수와 연산의 기초개념 알아보기 > 스무 개 가량의 구체물을 세어보고 수량을 알아본다.

활동자료 및 준비

- **준비물:** 별자리 카드(12자리), 통계판, 별자리 붙이는 판, 별, 별자리 이름 카드
- **별자리 카드:** 하드보드지에 검은색 색지를 붙인 뒤 크기로 카드 12개를 만든다. 카드에 야광별로 별자리를 붙이고 뒷면에는 별자리 이름과 전설을 간단히 뽑아 붙인 후, 시트지를 씌운다.
- **통계판:** 함석판에 색지를 입히고 칸을 만든 후 시트지를 씌운다.
- **별:** 별모양을 오려 코팅 후, 뒤에 고무자석을 붙인다.

활동방법

도입 활동에 관심가지기

1. 별에 대해 이야기 나눈다.

- 우리 친구들은 하늘에 별을 본 적이 있나요?
- 별자리라는 것이 있는지 알고 있나요?

2. 별자리 카드를 보여주며 별자리에 대해 이야기 나눈다. (별자리 종류 알기)

- 선생님이 별자리 카드를 준비했는데, 어떤 별자리들이 있는지 우리 함께 알아보아요.
- 별자리에는 어떤 별자리가 있는지 알고 있나요?
- 어떤 별자리가 있죠?
- 우리 친구들이 각자 어떤 별자리인지 알고 있나요?
- 선생님이 친구들 별자리를 가지고 활동을 해 볼게요.

전개 별자리 카드 제시

3-1. 통계판의 별자리에 유아의 별자리를 찾아 별을 붙인다.

- 그럼 우리 반 친구들은 어느 별자리가 가장 많은가요?

3-2. 통계판 별자리에 붙은 별의 개수를 세어본다.

- 우리 반 친구들은 어느 별자리가 가장 많나요?
- 그럼 우리 몇 명인지 한 번 세어볼까요?
- 그럼 어느 별자리가 가장 적나요?
- 몇 명인지 한 번 세어 볼까요?

마무리 별자리 붙여보기

4. 별자리 카드를 보고 별자리 판에 별을 직접 붙여본다.

- 우리 반 친구들이 가장 많은 별자리를 카드를 보고 이 판에 한번 붙여볼까요?
- 그럼 가장 적은 별자리도 카드를 보고 한 번 붙여볼까요?

정리하기

5. 별자리 판에 붙은 별을 떼어 내서 정리한다.

- 교구는 선생님이 수·조작 영역에 넣어 둘 테니까 자유선택시간에 해 봐요. 그리고 사용한 뒤에는 다른 친구들이 사용하기 쉽게 별이 섞이지 않도록 색깔별로 잘 담아서 정리해야 해요.

지도 시 유의점

- 정리 시 별의 색깔을 잘 분류해서 정리하도록 지도한다.
- 별자리 붙여보기 활동 시에 어려운 별자리는 교사가 도와주도록 한다.

연관활동

- 조형 영역: 나만의 별자리 만들기
- 미술 영역: 나만의 별자리 그려보기
- 게임판 만들어서 활동하기

활동명 나뭇잎 가족의 길이 재어보기

생활주제 가을 **추정시기** 10월 2주차

활동형태 자유선택활동 – 수·조작 **대상연령** 만 4세

기대되는 효과

- 비표준화 도구인 막대를 사용하여 길이를 측정해 볼 수 있다.
- 1~10까지의 숫자를 셀 수 있다.

교육과정 관련 요소

- 자연탐구 > 수학적 탐구하기 > 수와 연산의 기초개념 알아보기 > 열 개 가량의 구체물을 세어보고 수량을 알아본다.

활동자료 및 준비

- **환경구성**: 가을배경(단풍나무, 허수아비, 들녘 등)을 색지와 파스텔 작업으로 꾸며준다.

[동화 배경판과 등장인물]

① 하드보드지(40cm × 30cm)를 잘라 부직포와 펠트지를 사용하여 배경을 꾸며준다.

② 등장인물(나무, 햇님, 바람, 단풍나뭇잎)은 펠트지로 꾸미고 솜을 넣어 바느질을 한다.

③ 등장인물(참새, 다람쥐)는 그림자료로 출력하여 코팅한 뒤, 잘라서 까끌이를 붙인다.

[나뭇잎 길이 비교하기판과 나뭇잎 가족과 막대]

① 함석판(40cm × 30cm)에 색지를 붙이고 투명시트지를 붙인 뒤, 뒷면에는 폼보드를 붙인다.

② 폼보드 뒷면에는 펠트지를 붙이고, 함석판 주위에는 백업을 둘러 정리한다.

③ 나뭇잎 가족은 펠트지로 꾸미고 솜을 넣어 바느질 한 뒤, 뒷면에는 고무자석을 붙인다.

④ 막대에는 양면테이프를 붙이고 고무자석을 붙인다.

[게임판과 주사위]

① 함석판(20cm × 30cm)에 색지를 붙이고 검은색 색지로 칸을 만들고 투명시트지를 입힌다.

② 함석판 뒷면에는 펠트지를 붙이고, 주위는 백업으로 정리한다.

③ 주사위는 하드보드지로 만들고, 펠트지를 사용하여 꾸민다.

④ 펠트지로 적당한 크기의 ○모양으로 자른 다음, 숫자를 붙이고 고무자석을 붙인다.

활동방법

도입 동기유발 "동화 들려주기"

1. **'단풍잎의 가을밤' 동화 들려주기**
   - 지난 시간에 '가을'이라는 계절에 대해 알아보았죠. 오늘은 선생님께서 '단풍잎'이 나오는 동화를 들려줄게요.
2. **동화내용에 대해 이야기를 나눈다.**
   - 어떤 내용의 동화였나요?
   - 동화 속에 어떤 친구들이 나왔나요?
   - 단풍잎은 왜 떨어질까요?
3. **동화 속의 '나뭇잎 가족'의 길이 재어보기 활동을 소개한다.**

전개 막대를 이용한 길이 비교하기

4. **막대를 소개하며, 큰 막대, 중간 막대, 작은 막대를 비교하며 나뭇잎의 길이를 찾아준다.**
   - 오늘은 선생님께서 큰 막대, 중간 막대, 작은 막대의 다양한 막대를 준비했어요. 친구들 막대라는 도구 본 적 있나요?

- 막대의 길이가 어떤 것 같나요?
- 어떤 막대가 나뭇잎 가족의 길이가 되는지 한번 찾아요.
- 먼저 아빠나뭇잎의 길이부터 찾아보아요. (중간 막대를 붙이며) 이 막대가 아빠나뭇잎의 길이에 맞을까요? 어떤 막대가 아빠나뭇잎의 길이에 맞을까요?
- 누구의 길이가 가장 긴 것 같나요? 짧은 것 같나요?
- 엄마나뭇잎은 아빠나뭇잎보다 길이가 짧아요.

임의의 측정도구로 측정해 보기

5. '작은 막대'를 소개하며 나뭇잎의 길이 재어보기

- 아빠막대, 엄마막대, 아기막대의 길이는 무엇으로 잴 수 있을까요?
- 다양한 도구로 잴 수 있지만 오늘은 아기막대의 길이보다 작은 막대로 나뭇잎의 가족의 길이를 재어볼까요?
- (작은 막대 하나를 아빠막대에 붙이며) 이 막대를 붙이니까 어때요?
- 작은 막대 몇 개를 붙이면 아빠막대 길이가 될까요?

6. 길이 재어보기에 대해 이야기 나눈다.

- 누가 제일 작은 막대수가 많나요?
- 가장 긴 막대는 몇 개인가요?
- 나뭇잎 가족 중에 아빠 나뭇잎의 길이가 가장 길다는 것을 알 수 있어요.

게임활동 "10개의 네모칸 채우기"

7. 교구소개 [10개의 네모칸 채우기]

- 방금 전에 나뭇잎 길이를 재어 보았던 '작은 막 대'로 선생님께서 교구를 준비했어요.
- 활동방법은 토끼와 호랑이 편으로 나누어 점수판에 토끼 얼굴과 호랑이 얼굴을 붙여요.
- 그 다음엔 각자의 게임판을 가지고 와서 순서를 정하여 주사위를 돌려요.
- 주사위에 나오는 숫자만큼 작은 막대를 가지고 와서 게임판의 검

은 선에 친구들이 붙이고 싶은 위치에 올려놓는 거예요.
- 한 칸이 완성되면 점수판에 ①이라는 숫자를 붙이고 두 칸이 완성되면 ②라는 숫자를 붙여요.
- 10칸이 먼저 완성되어 점수판에 ⑩이라는 숫자까지 먼저 붙이는 친구가 이기는 게임이에요.
- 수·조작 영역에 놔둘 테니 친구와 사이좋게 해 보도록 해요.

8. 두 명의 유아가 나와 게임을 해 본다.

마무리 평가하기

9. 활동내용을 정리한다.
- 오늘 활동은 어땠나요?
- 어려운 점은 없었나요?
- 어떤 도구를 사용하여 나뭇잎 가족의 길이를 재어보았나요?

지도 시 유의점

- '나뭇잎 길이' 재어보기를 유아들이 한 번씩 경험하도록 한다.
- '10개의 네모 칸 채우기' 게임에서 막대 붙이기가 잘 되지 않는 유아에게는 '아기 나뭇잎 막대'의 길이 정도되는 막대를 제공한다.
- 작은 막대로 장난을 하면 위험한다는 것을 이야기한다.

연관활동

- 조형활동: 나뭇잎 가족 그려보기, 색칠하기
- 음률활동: 가을관련 노래부르기
- 조작활동: 막대로 다양한 모양 꾸며보기

참고문헌

- 정문자 외(1995). 유아를 위한 수학활동 자료집. 교문사.
- 임수양(2002). 5~6세 유아를 위한 이야기책 속에서 찾아낸 재미있는

수학활동. 창지사.
- 한유미(2005). 유아수학교육. 창지사.

활동명 다람쥐가 알밤을 주워요

생활주제 가을

추정시기 10월 2주차

활동형태 자유선택 - 수·조작 영역

대상연령 만 5세

기대되는 효과

- 수를 세어보고 더해 보는 경험을 통해 일상생활에서 수를 활용할 수 있다.
- 가을에 나는 과일을 모양대로 분류할 수 있다.

교육과정 관련 요소

- 자연탐구 > 수학적 탐구하기 > 수와 연산의 기초개념 알아보기 > 구체물 수량의 부분과 전체 관계를 알아본다.
- 자연탐구 > 수학적 탐구하기 > 수와 연산의 기초개념 알아보기 > 스무 개 가량의 구체물을 세어보고 수량을 알아본다.

활동자료 및 준비

[준비물]

하드보드지, 색지, 밤 그림, 여우 그림, 찍찍이, 보들이, 할핀, 가위, 풀, 칼

[제작방법]

① 기본판-하드보드지로 밤 모양의 기본판을 만든다.

② 말 4개-다람쥐 말 (2가지 색 or 2가지 모양)을 4개 만든다.

③ 말판 4개-다람쥐 그림 말에 밤을 붙일 수 있도록 찍찍이를 붙인다.

④ 밤 뒤에 찍찍이를 붙인다.

⑤ 숫자 1~5까지 밤과 여우 그림이 있는 원판을 만든다.

활동방법

도입 주의집중

[박수] **1. 활동을 통해 주의를 집중시킨다.**

좋아요 좋아요 짝짝, 멋져요 멋져요 짝짝, 좋아요 짝, 멋져요 짝, 좋아요 멋져요 (좋아요: 두 손을 비비는 동작, 멋져요: 오른손 엄지를 앞으로 내미는 동작)

가을에 나는 과일 알아보기

2. 가을에 나는 과일에 대해 이야기 나눈다.

- 우리 친구들 가을에 나는 과일에 대해 알고 있나요?

3. 가을에 나는 과일에는 어떤 종류가 있는지 그림 카드를 보여준다.

- 가을에 나는 과일에는 사과, 배, 감, 밤, 땅콩이 있어요.
- 여기서 밤, 땅콩은 견과류라고 하는데, 견과류는 딱딱한 과일이라고 하는 거에요.

전개 과일의 모양대로 분류하기

4. 과일의 모양, 크기를 관찰하여 분류하고 수를 세어본다.

- 땅콩은 어떻게 생겼나요? (사과, 밤, 배 감)
- 길쭉한 과일은 어떤 것이 있었죠?
- 모두 몇 개인지 함께 세어 볼까요?
- 친구들 동그란 과일은 어떤 것이 있었죠?
- 그럼 우리 동화 내용을 순서대로 놓아 볼 수 있을까요?

게임활동하기

5. 게임활동 교구를 보여준다.

6. 활동방법에 대해 설명한다.

① 두 팀으로 나눈다.

ex) A팀: a유아, b유아 B팀: c유아, d유아

② 기본판에 밤을 개수에 상관없이 마음대로 붙인다.

③ 한 팀당 말판과 말을 2개씩 같은 모양 또는 색이 같은 것으로 나

누어 갖는다.

④ 원판을 돌려 나온 수만큼 말을 움직인다.

- 여우가 나오면 갈 수 없다.

⑤ 도착한 곳에 밤이 있으면 가져다 각자의 말판에 붙인다.

⑥ 기본판에 밤이 없어질 때까지 한다.

7. 밤의 수를 더해 본 후 어느 팀이 많이 붙였는지 알아본다.

- A팀의 a유아와 b유아의 개수를 세어보고 더해 본다.
- B팀의 c유아와 d유아의 개수를 세어보고 더해 본다.

마무리 평가하기

8. 활동을 평가하고 교구 배치에 대해 이야기 나눈다.

- 가을에 나는 과일이 무엇이었나요?
- 어느 팀이 밤을 더 많이 가져갔나요?
- 몇 개 더 가져갔나요?

지도 시 유의점

- 유아의 발달 정도를 고려한다.

연관활동

- 다른 계절 과일도 교사가 준비해서 각 계절별로 과일을 분류하고 수 세기를 하는 활동을 한다.

활동명 가을의 식물

생활주제 가을

추정시기 10월 2주차

활동형태 자유선택활동 – 수·조작 영역

대상연령 만 5세

기대되는 효과

- 가을에 있는 동·식물에 대해 알 수 있다.
- 가을과 여름의 동·식물을 분류할 수 있다.
- 가을에 대하여 관심을 가진다.

교육과정 관련 요소

- 자연탐구 > 탐구하는 태도 기르기 > 호기심을 유지하고 확장하기 > 주변 사물과 자연세계에 대해 지속적으로 호기심을 갖고 알고자 한다.
- 자연탐구 > 수학적 탐구하기 > 기초적인 자료수집과 결과 나타내기 > 한 가지 기준으로 분류한 자료를 다른 기준으로 재분류 해 본다.
- 의사소통 > 말하기 > 느낌 생각 경험 말하기 > 자신의 느낌, 생각, 경험을 적절한 낱말과 문장으로 말한다.

활동자료 및 준비

[그림사진 및 글자]

- 실물사진을 각각 확대한 사진과 축소한 사진을 출력하여 축소한 사진을 코팅하고 게임판에 붙인다.

[게임판]

- 4절 하드보드지 1개, 머메이드지 4절 1장(노란색), 색지 8절(갈색, 파란색), 투명시트지 1마, 축소한 사진 실물자료
  –하드보드지 4절 위에 머메이드지를 붙이고 그 위에 실물자료와 실물

자료모양으로 자른 색지를 덧대서 붙인 뒤 시트지를 붙인다.

[동 · 식물 카드]

- 가을과 여름의 동·식물 실물사진
  –가을과 여름의 실물사진을 오려 코팅한다.

[주사위]

- 우유갑, 숫자 출력, 색지(주황색)
  –우유갑 밑부분을 일정한 크기로 자르고 빈 면은 다른 우유갑 밑면을 잘라 붙인 뒤 그 위에 색지와 숫자를 붙인다.

[말]

- 뽁뽁이, 글루건

활동방법

도입 가을날씨 알아보기

1. **계절별 날씨에 대해 이야기 나눈다.**
   - 요즘 날씨는 어때요?
   - 계절에는 어떤 계절들이 있을까요?
2. **가을의 날씨에 대해 이야기 나눈다.**
   - 가을 날씨는 어때요?
   - 가을이 되면 어떤 동물과 식물들이 살까요?

전개 흥미 유발하기

3. **가을의 동· 식물 실물자료를 제시하며 흥미를 유발한다.**
   - 이 식물/동물의 이름은 뭘까?
   - 이 식물/동물은 언제 볼 수 있을까요?

과거 경험 회상하기

4. **가을의 동· 식물 실물 자료 속에 있는 동· 식물들을 본 경험에 대해 이야기 나눈다.**
   - 이 동물/식물은 본 적이 있나요?
   - 이 동물/식물은 어떻게 생겼나요?

게임활동하기

5. 게임방법에 대해 설명한다.

- 오늘은 가을의 동·식물에 관한 게임을 할 거에요.

[게임방법]

① 두 명의 유아가 가위바위보로 순서를 정한다.

② 이긴 사람이 먼저 주사위를 굴린다.

③ 주사위에서 나온 수만큼 말을 이동시킨다.

④ 말이 놓인 칸이 가을의 동·식물이면 바구니에서 가을의 동·식물 카드를 하나 집어 자신의 바구니에 넣는다.

⑤ 두 명 중 한 명의 말이 마지막 지점에 도착했을 때 가을의 동·식물 카드를 많이 가진 사람이 이긴다.

마무리 평가하기

6. 활동에 대해 평가한다.

- 이 게임활동을 해 보니 어땠나요?
- 가을의 동·식물에 대해 새롭게 알게 된 것이 있었나요?
- 다음 시간에는 가을에 가보았던 장소들을 그려보는 활동을 해요.

차시예고하기

7. 다음 활동에 대해 예고한다.

지도 시 유의점

- 가을의 동·식물과 여름의 동·식물과 헷갈리지 않게 지도한다.

연관활동

- 가을에 본 풍경 그리기

참고문헌

- 정연희(2014). 유아수학교육. 창지사.

게임판

동·식물 카드

활동명 도형으로 놀아보자

생활주제 가을 **추정시기** 10월 2주차

활동형태 자유선택활동 - 수·조작 영역 **대상연령** 만 5세

기대되는 효과

- 별자리에 관심을 가진다.
- 수 세기를 할 수 있다.
- 사물의 모양에 관심을 가진다.

교육과정 관련 요소

- 자연탐구 > 수학적 탐구하기 > 수와 연산의 기초개념 알아보기 > 스무 개 가량의 구체물을 세이보고 수량을 알아본다.

활동자료 및 준비

주사위(상자, 색테이프), 도형(하드보드지, 다양한 색깔 색지), 사진(출력 후 코팅)

활동방법

도입 사진으로 흥미유발

1. **가을에 생각나는 것을 이야기한다.**
   - 가을하면 생각나는 것이 뭐가 있을까요?
   - 가을에 나타나는 풍경을 사진을 보며 이야기한다.
   - 사진에 어떤 나무, 꽃, 동물이 있죠?
   - 무슨 색이 있었죠?

2. 자료를 보며 활동에 대해 이야기한다.

- 무슨 모양이 있죠?
- 어떻게 활동하는 것 같아요?

전개 활동방법 설명하기

[활동 알아보기]

① 두 명씩 나와서 주사위를 굴린다.

② 주사위에 나타난 그림을 보고 판에 그림과 같이 도형을 만든다.

③ 그럼 어느 별자리가 가장 적니?

④ 몇 명인지 한 번 세어 볼까?

활동하기

3. 활동 시작하기

마무리 활동발표하고 평가하기

4. 발표하기

- 어떤 그림이 나와서 도형을 만들었나요?
- 도형을 만드는 데 어렵지는 않았나요?

5. 다음 활동을 예시한다.

- 다음 시간에는 자기가 그리고 싶은 자신만의 가을 풍경을 그려보도록 해요.

지도 시 유의점

- 주사위에 나온 그림으로 도형을 만든다.

연관활동

- 도형으로 자신만의 가을 풍경 만들기

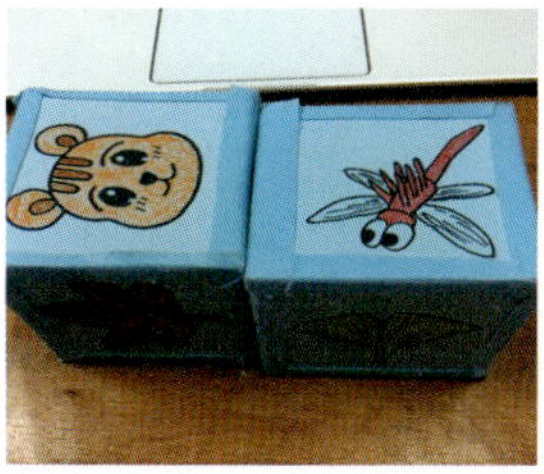
주사위

도형

사진

생활주제 : 세계 여러 나라

활동명	수학교육 내용
국기를 맞춰보아요	공간과 도형
다른 나라 사람들의 옷	규칙성
먹어보고 싶은 다른 나라 음식	자료수집과 결과
같은 비밀을 찾아요	자료수집과 결과
몇 명이 있을까요?	수와 연산

활동명 국기를 맞춰보아요

생활주제	세계 여러 나라	추정시기	11월 1주차
활동형태	자유선택활동 – 수·조작 영역	대상연령	만 5세

기대되는 효과

- 세계 여러 나라의 국기에 관심을 가진다.
- 부분을 보고 전체 퍼즐을 완성한다.
- 친구들과 함께 협력하여 퍼즐 게임에 즐겁게 참여한다.

교육과정 관련 요소

- 자연탐구 > 수학적 탐구하기 > 공간과 도형의 기초개념 알아보기 > 기본 도형을 사용하여 여러 가지 모양을 구성해 본다.
- 사회관계 > 사회에 관심 갖기 > 세계와 여러 문화에 관심 가지기 > 세계 여러 나라에 대해 관심을 갖고 서로 협력해야 함을 안다.

활동자료 및 준비

[제시카드] 그림(세계 여러 나라 국기), 코팅지

[퍼즐] 그림(세계 여러 나라 국기), 코팅지, 자, 가위, 풀, 찍찍이, 글루건

[퍼즐판] 하드보드지, 부직포(노란색), 양면테이프, 글루건

[퍼즐 정리통] 마분지(빨간색, 주황색, 노란색, 연두색, 파란색, 분홍색), 색지(빨간색, 주황색, 노란색, 연두색, 파란색, 갈색), 자, 칼, 가위, 풀, 양면테이프, 찍찍이, 글루건

활동방법

도입 지구본 탐색하기

1. **지구본을 보며 이야기 나눈다.**
   - 지구본은 어떤 모양일까요?
   - 지구본에는 어떤 색깔이 있을까요?
   - 우리가 살고 있는 이 지구에는 어떤 나라들이 있을까요?
   - 우리나라는 어디에 있을까요?
   - 세계 여러 나라의 국기를 본 적이 있나요?
2. **세계 여러 나라 국기 카드를 보며 나라명과 국기의 특징에 대해 이야기를 나눈다.**
   - 이런 국기를 본 적이 있나요?
   - 이 국기에는 어떤 색깔이 있나요?
   - 어느 나라의 국기일까요?

전개 활동방법 알아보기

3. **오늘의 활동방법과 준비된 재료들을 알아본다.**
   - 오늘 '세계 여러 나라의 국기 퍼즐' 활동을 해볼 거예요.
   - '세계 여러 나라의 국기 퍼즐' 활동은 어떻게 하는 것인지 활동방법을 알아보도록 할까요?

     [활동방법]

     ① 자신이 하고 싶은 퍼즐을 고른다.

     ② 퍼즐의 조각을 탐색한다.

     ③ 준비된 퍼즐판에 퍼즐의 조각을 맞춘다.

     ④ 완성된 퍼즐 조각을 보며 이야기 나눈다.

     ⑤ 활동이 끝나면 자리를 정리한다.
4. **활동을 하며 지켜야 할 약속을 알아본다.**
   - 즐겁게 활동을 하기 위해 지켜야 할 약속은 무엇일까요?
   - 활동을 하다가 어려운 점이 있으면 누구에게 도움을 청하면 좋을까요?

활동하기

5. '세계 여러 나라의 국기 퍼즐' 활동을 한다.

- 지금부터 '세계 여러 나라의 국기 퍼즐' 활동을 해 보도록 할까요?

마무리 활동 평가하기

6. '세계 여러 나라의 국기 퍼즐' 활동이 끝난 후 평가한다.

- 세계 여러 나라의 국기에 대해 활동을 해 보니 어떤 느낌이 들었어요?
- 우리가 함께 이야기 나눈 세계 여러 나라의 국기 중 가장 기억에 남는 국기가 있었어요? 어떤 나라의 국기였어요?
- 그 나라의 국기가 가장 기억에 남는 이유는 무엇인가요?
- 퍼즐을 맞추는 데 어려움은 없었어요?

7. 차시예고를 한다.

지도 시 유의점

- 교사가 제시한 활동방법 이외의 방법을 유아들이 정하여 진행할 수 있다.
- 유아들이 활동을 하며 세계 여러 나라 국기의 정확한 이름과 특징을 알고 사용할 수 있도록 격려한다.

연관활동

- 자유선택활동 시, 미술 영역에서 '내가 좋아하는 세계 여러 나라 국기 그리기' 활동을 통해 유아들이 활동에 필요한 퍼즐 카드를 직접 만들고 꾸며보는 활동을 진행할 수 있다.
- 언어 영역에서 '세계 여러 나라 국기 수수께끼' 활동을 진행해 볼 수 있다.

참고문헌

- 교육과학기술부(2013). 만 5세 누리과정 교사용 지도서.

제시 카드

퍼즐

퍼즐 정리통

퍼즐판

활동명 다른 나라 사람들의 옷

생활주제 세계 여러 나라　**추정시기** 11월 2주차

활동형태 자유선택활동 – 수·조작 영역　**대상연령** 만 4세

기대되는 효과

- 세계 여러 나라 전통의상의 모습과 종류를 안다.
- 패턴의 규칙성을 이해하고 순서대로 그림을 찾을 수 있다.
- 세계 여러 나라의 다양한 의상에 관심을 가진다.

교육과정 관련 요소

- 자연탐구 > 수학적 탐구하기 > 규칙성 이해하기 > 생활 주변에서 반복되는 규칙성을 알아본다.
- 자연탐구 > 수학적 탐구하기 > 규칙성 이해하기 > 반복되는 규칙성을 인식하고 모방한다.
- 사회관계 > 사회에 관심 갖기 > 세계와 여러 문화에 관심 가지기 > 세계 여러 나라에 대해 관심을 갖는다.

활동자료 및 준비

여러 나라 의상 사진 자료(우리나라–한복, 중국–치파오, 일본–기모노, 필리핀–바롱, 베트남–아오자이), 보드롱(290mm × 440mm), 벨크로(7개) 코팅지(8절–4장, 4절–2장)

활동방법

도입 한복에 대한 경험 나누기

1. 한복을 보며 이야기 나눈다.

- 이 옷의 이름은 무엇일까요?
- 한복은 어느 나라의 전통의상일까요?
- 우리나라의 한복처럼 다른 나라에도 전통의상이 있을까요?
- 오늘은 세계 여러 나라의 전통의상에 대해 알아보기로 해요.

전개 여러 나라의 전통의상 알아보기

2. 다른 나라 전통의상에 대해 알아본다.

- 일본, 중국, 필리핀, 베트남 등

3. 패턴 표를 보며 활동에 대해 이야기한다.

- 패턴 표를 살펴볼까요?
- 어떤 옷들이 그려져 있나요?
- 옷들이 어떤 순서로 있는지 볼까요?
- 나라 이름으로 순서를 알아보자.
- 의상 이름으로 순서를 알아보자.

[활동방법]

① 그림의 순서를 보고 패턴을 찾는다.

② 그림 카드를 알맞은 곳에 붙인다.

–하고 싶은 친구 나와서 해 볼까요?

4. 패턴의 규칙성을 알아보고 패턴을 구성한다.

- 그 다음에는 어떤 그림이 와야 할까요?

마무리 활동 평가하기

5. 활동을 마무리하고, 평가한다.

- 세계의 전통의상에 대해 알아보았는데 무엇을 알게 되었나요?
- 활동을 하면서 힘든 점이 있었나요?
- 수·조작 영역에서 할 수 있음을 알려준다.

지도 시 유의점

- 유아에게 충분한 활동시간을 제공한다.
- 모든 유아에게 기회를 제공한다.

연관활동

- 세계 여러 나라의 전통의상을 꾸미는 미술활동을 통해 직접 꾸며보는 시간을 가진다.

참고문헌

- 정연희(2009). 유아수학교육. 창지사.

활동명 먹어보고 싶은 다른 나라 음식

생활주제 세계 여러 나라 음식

추정시기 11월 4주차

활동형태 이야기 나누기

대상연령 만 5세

기대되는 효과

- 여러 나라의 다양한 음식에 관심을 갖는다.
- 그래프의 편리함을 이해하고 활용한다.
- 여러 사람이 좋아하는 여러 나라의 음식이 무엇이 있는지 통계를 통해 알아볼 수 있다.

교육과정 관련 요소

- 자연탐구 > 수학적 탐구하기 > 기초적인 자료 수집과 결과 나타내기 > 필요한 정보나 자료를 수집한다.
- 자연탐구 > 수학적 탐구하기 > 기초적인 자료 수집과 결과 나타내기 > 그림, 사진, 기호나 숫자를 사용해 그래프로 나타내 본다.

활동자료 및 준비

[그래프 판]

- 융판: 하드보드지 4절 1장, 분홍색 펠트지 ½마, 화살표-파란색 색지, 설명사진 뒤에 붙일 노란색 부직포
- 칸: 노란색 색지, 숫자-흰색A4용지, 갈색 색지
- 간판: 하드보드지 8절, 빨간색 펠트지, 갈색 색지

[교구 상자]

- 종이 상자, 칸막이-하드보드지 8절-1개, 나무젓가락-3개, 테이프, 솜

[세계 여러 나라의 음식 실물 사진과 스티커]

- 스시, 딤섬, 에스카르고, 피시 앤 칩스, 쿠사리, 케밥
- (10 × 16)–1개씩, (3.5 × 5)–7개씩, (5 × 8)–1개씩

[세계 여러 나라의 국기 사진]

- 일본, 중국, 프랑스, 영국, 이집트, 터키–(7 × 5)

[그 외 준비물]

- 까슬이, 글루건, 글루건심–3개, 코팅지–8절–5장, 4절– 3장

활동방법

도입 이전경험 나누기

1. **지난 시간에 배운 여러 나라에 대해서 이야기 나누고 오늘의 활동을 알아본다.**
   - 지난 시간에 세계 여러 나라의 국기와 문화생활에 대해 활동한 것 기억나나요?
   - 세계 여러 나라의 음식이 어떤 것이 있는지 보고, 국기와 음식 이름에 맞게 친구들이 가장 먹어보고 싶은 음식 스티커를 붙여보아요.
2. **세계 여러 나라의 음식에 대해 이야기 나눈다.**
   - 우리 친구들이 알고 있는 여러 나라의 음식은 무엇이 있나요?
   - 그 음식들을 먹어본 적이 있나요?

전개 먹고 싶은 다른 나라 음식

3. **유아가 먹고 싶은 여러 나라의 음식에 대해 이야기 나눈다.**
   - 어떤 음식을 먹고 싶은가요?
   - 왜 그 음식을 먹고 싶은가요?
4. **세계 여러 나라 음식에 대해 소개한다.**
   - (일본–스시, 중국–딤섬, 영국–피시 앤 칩스, 이집트–쿠사리, 터키–케밥, 프랑스–에스카르고)

그래프 분석하기

- 활동을 한다.
  - ① 그래프 아래쪽에 여러 나라 음식 이름과 위에 붙여진 국기를 본다.
  - ② 유아 모두 음식 이름이 적힌 그래프의 해당 칸에 먹고 싶은 음식 사진을 알맞게 붙인다.
  - ③ 완성한 그래프를 비교, 분석하며 이야기 나눈다.
    - –우리 친구들이 가장 먹고 싶어 하는 음식은 무엇인가요?
    - –가장 많이 선택한 음식에 몇 명의 친구가 먹고 싶어 하는지 세어볼까요?
    - –가장 스티커가 적게 붙여진 음식은 무엇인가요?

마무리 평가하기

5. 활동 후에 이야기 나눈다.

- 그래프로 알아보니 무엇이 편리한가요?
- 그래프로 더 알아보고 싶은 것이 있나요?

지도 시 유의점

- 나라 이름과 국기를 기억할 수 있도록 사전활동으로 충분히 한다.

연관활동

- 세계 여러 나라 음식을 아이 클레이로 만들어 본다.
- 세계 여러 나라 음식을 실제로 만들어 보는 요리 수업을 가진다.

참고문헌

- 정연희(2009). 유아수학교육. 창지사.

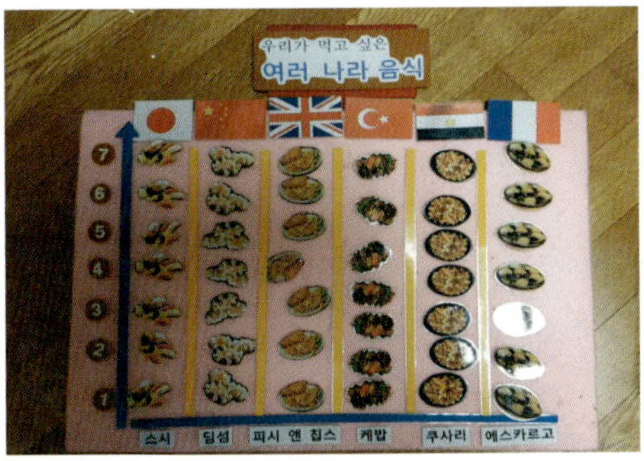

음식 카드

교구 상자

음식 사진

활동명 같은 비밀을 찾아요

생활주제 세계 여러 나라 **추정시기** 11월 1주차

활동형태 자유선택활동 – 수 · 조작 영역 **대상연령** 만 5세

기대되는 효과

- 나라를 상징하는 국기가 있음을 알고 관심을 가진다.
- 세계 여러 나라 국기를 구성하는 모양과 색을 찾아본다.
- 활동에 즐겁게 참여할 수 있다.

교육과정 관련 요소

- 자연탐구 > 수학적 탐구하기 > 기초적인 자료 수집과 결과 나타내기 > 한 가지 기준으로 분류한 자료를 다른 기준으로 재분류해 본다.

활동자료 및 준비

[모양 · 색 카드] → 모양·색그림 코팅지

① 모양·색 그림을 출력한다.

② 출력한 그림을 크기에 맞게 자른 후 열코팅을 하고 자른다.

[국기 카드판] → 하드보드지, 시트지, 까끌이, 보슬이, 국기그림, 코팅지

① 국기그림을 출력한 후 열코팅을 하고 크기에 맞게 자른다.

② 하드보드지를 국기가 들어갈 크기에 알맞게 자른다.

③ 자른 하드보드지를 시트지로 감싸준다.

④ 시트지로 감싼 하드보드지에 까끌이를 붙이고 국기 카드에는 보슬이를 붙여 글자를 적어준다.

활동방법

도입 과거경험 회상하기

1. 지난 시간에 여러 나라 전통음식에 대해 배운 것을 이야기한다.

- 어떤 음식들이 있었죠?
- 어느 나라 음식인가요?

전개 여러 나라 국기의 특징 알아보기

2. 세계 여러 나라 국기 카드를 보며 국기 이름과 특징에 대해 이야기를 나눈다.

- 국기가 무엇인지 알고 있나요?
- 이 국기는 어떤 나라의 국기인가요?
- 국기에 어떤 색·모양이 있나요?

활동소개

3. 자료를 보며 활동방법을 추측해 본다.

- 어떤 자료가 있나요?
- 모양 카드와 색깔 카드는 어떻게 사용하는 것일까요?

4. 게임방법을 알아본다.

[활동방법]

① 한 명의 유아가 뒤집어져 있는 색·모양 카드 하나씩 골라 확인한다.

② 색·모양 카드를 보고 거기에 맞는 국기를 찾아 가져간다.

③ 모든 국기가 사라지면 게임이 끝난다.

- 선생님이 먼저 시범을 보여줄게요.

활동하기

5. 국기 그림 맞추기 게임을 한다.

- 같은 색이 사용된 국기를 알아본다.
- 같은 모양이 사용된 국기를 알아본다.

마무리 평가하기

6. 활동에 대해 평가한다.

- 활동하면서 어려운 점은 없었나요?

차시예고

7. 다음 활동에 대해 예고한다.

- 다음 시간에는 세계 여러 나라의 전통문화에 대해 알아보도록 해요.

지도 시 유의점

- 유아들이 국기의 모양과 색에 익숙해질 수 있도록 이야기를 먼저 나누고 활동할 수 있도록 한다.

연관활동

- 활동에서 다루지 않은 다른 나라의 국기의 모양과 색을 찾아볼 수 있다.
- 미술 영역에서 여러 나라 국기를 직접 그려볼 수 있다.

모양·색 카드

국기 카드판

활동명 몇 명이 있을까요?

생활주제 세계 여러 나라 **추정시기** 11월 3주차

활동형태 자유선택활동 – 수·조작 영역 **대상연령** 만 4세

기대되는 효과

- 세계 여러 나라의 미술작품에 관심을 가진다.
- 그림 속 인물을 세어보고 그래프로 나타낸다.

교육과정 관련 요소

- 자연탐구 > 수학적 탐구하기 > 수와 연산의 기초개념 알아보기 > 열 개 가량의 구체물을 세어보고 수량을 알아본다.
- 자연탐구 > 수학적 탐구히기 > 기초적인 자료 수집과 결과 나타내기 > 한 가지 기준으로 자료를 분류해 본다.

활동자료 및 준비

- 세계 여러 나라의 그림 병풍: 화가의 작업실, 타작도, 밀 터는 여인들, 모나리자, 네바 문의 정원, 나니와야 오키타, 결정적 순간 카드로 만든 집 등
  ① 하드보드지를 15cm × 20cm 크기로 자른 뒤 병풍처럼 연결하여 붙인다.
  ② 그림을 병풍 크기에 맞게 인쇄하여 코팅한 후 병풍에 붙인다.
  ③ 그래프 하단에 명기된 그림 제목 순서대로 붙인다.
- 그래프용지
  ① 그래프 양식을 A4용지에 인쇄한 뒤 코팅한 후 함석판에 양면테이프를 이용하여 붙인다.

② 함석판의 모서리 부분이 위험하지 않도록 둥글게 자른 뒤 테이프 나 융본딩을 붙인다.

- 그 외 준비물: 색자석

활동방법

도입 경험나누기

1. 세계 여러 나라의 미술 작품을 감상한 경험을 이야기 나눈다.

- 세계 여러 나라의 미술 작품을 본 적이 있나요?
- 어디에서 보았나요?
- 어떤 그림이었나요?

자료 소개하기

2. 세계 여러 나라의 그림 병풍과 그래프 용지, 색자석을 소개한다.

- 여기에 어떤 그림이 있나요?
- 우리 그림을 감상해 볼까요?
- 그림에서 무엇이 보이나요?
- (자료를 제시하며) 이 자료들로 어떤 활동을 할 수 있을까요?

전개 그림에서 세어보기

3. 세계 여러 나라의 그림 병풍을 보면서 그림 속에 있는 사람의 숫자를 사람 수 센다.

- 이 그림의 제목은 무엇일까요?
- 사람들이 어디 어디에 있나요?
- 이 그림에는 사람들이 모두 몇 명인가요?

그래프 완성하기

4. 그림에 있는 사람의 숫자만큼 그래프에 자석을 붙여 그래프를 완성한다.

- 그래프에 사람 수 만큼 색자석을 붙여볼까요?

마무리 그래프 해석하기

5. 유아가 완성한 그래프를 보며 이야기 나눈다.

- 사람이 가장 많은(적은) 그림은 무엇인가요?
- 사람이 두 명 있는 그림은 모두 몇 작품인가요?
- 그래프를 완성해 보니 어떤가요?

지도 시 유의점

- 세계 여러 나라의 미술 작품을 자세히 감상해보는 기회를 갖도록 지도한다.
- 숫자를 차례대로 세는 것을 힘들어하는 유아들은 교사가 차례대로 짚으면서 같이 세어 주거나 짝과 함께 세어보도록 할 수 있다.

연관활동

- 세계 여러 나라 미술 작품을 따라 그려 본다.
- 세계 여러 나라 미술 작품에 그려진 사람들을 흉내내어 본다.

참고문헌

- 교육과학기술부(2013). 4세 누리과정 교사용 지도서.

생활주제 : 환경과 생활

활동명	수학교육 내용
쓰레기 빙고	수와 연산, 자료수집과 결과
맑은 공기가 좋아요	측정, 수와 연산
물을 깨끗하게 하려면 이만큼이 필요해요	수와 연산
그림자를 따라가요	공간과 도형
같은 소리를 찾아요	자료수집과 결과

활동명 쓰레기 빙고

생활주제 환경과 생활

추정시기 10월 3주차

활동형태 자유선택활동 – 수·조작 영역

대상연령 만 4세

기대되는 효과

- 쓰레기 분리수거 방법에 대해 알 수 있다.

교육과정 관련 요소

- 자연탐구 > 수학적 탐구하기 > 수와 연산의 기초개념 알아보기 > 열 개 가량의 구체물을 세어보고 수량을 알아본다.
- 자연탐구 > 수학적 탐구하기 > 기초적인 자료 수집과 결과 나타내기 > 한 가지 기준으로 자료를 분류해 본다.

활동자료 및 준비

[준비물] 빙고판, 빙고 카드

[제작방법]

- 빙고판

① 하드보드지를 같은 사이즈로 3개로 자른다. [가로 15cm, 세로 15cm]

② 자른 하드보드지에 각각 다른 색지를 입힌다.

③ 색지를 입힌 하드보드지에 흰색 띠테이프로 9개의 빙고판을 만든다. [가로 5cm, 세로 5cm]

④ 빙고판 위에 투명시트지를 입힌다.

⑤ 9개의 빙고 칸에 각각 찍찍이(보슬이)를 붙인다.

- 빙고 카드

① 여러 가지 재활용품 재료를 준비한다(깡통, 플라스틱, 병).

② 자료를 9개 빙고 칸에 맞도록 자른다.

③ 하드보드지 위에 자료를 붙인다.

④ 붙인 자료에 시트지를 입힌다.

⑤ 자료 뒷면에 찍찍이(까슬이)를 붙인다.

활동방법

도입 주의집중

1. 활동을 하기 전에 손유희로 주의를 집중시킨다.

- 오른손이 올라갑니다. ♬반짝☆ 왼손이 올라갑니다. ♬ 반짝☆
- 반짝반짝 빛나는 별이 만나서 내려옵니다. ☆

동기유발

2. 재활용품에 대해 이야기를 나누어 본다.

- (카드를 보여주며) 친구들, 이게 무엇일까요?
- 이것을 본 적 있나요?
- 이것은 어떻게 버렸나요?
- 이것은 다시 쓸 수 있나요? 없나요?
- 선생님이 오늘 재활용품을 이용해서 하는 게임을 하나 가져왔어요. 여러분 볼까요?

전개 자료제시 및 게임활동

3. 준비한 게임 자료를 유아들에게 소개한다.

- (빙고판을 보여주며) 이것은 무엇일까요?
- 이 빙고판에 아까 본 재활용품들을 붙이는 게임을 할 거에요.
- 먼저 3명의 친구들이 나와서 이 빙고판을 하나씩 잡아요. (빙고 카드를 보여주며) 이 빙고 카드를 섞어서 뒤집어 놓아요.
- 게임을 하려면 누가먼저 해야 할지 정해야겠죠?
- 우리 친구들 3명에서 가위바위보를 해서 누가 먼저 할지 정해요.

- 가위바위보를 해서 이긴 친구가 카드를 하나 뒤집어요.
- 분홍색 빙고판을 가진 친구가 분홍색 빙고 카드를 뒤집으면 붙일 수 있고, 분홍색 빙고판을 가진 친구가 하늘색 빙고 카드를 뒤집으면 붙이지 못하는 게임이에요.
- 이 아홉 개의 빙고판을 다 채운 친구가 "빙고"라고 하면 게임이 끝나는 거예요.

4. 준비한 게임을 한다.

- (게임이 끝나고) 우리 친구 재활용품 9개를 모두 모았는지 세어 볼까요?
- (세 친구의 빙고판을 모두 세어보고) 우리 ○○친구는 모두 9개를 붙였네요.

마무리 활동 평가하기

5. 마무리를 한다.

- 우리친구들 오늘 활동 어땠나요?
- 내일은 더 많은 자료를 가지고 활동해 보도록 해요.

지도 시 유의점

- 재활용품을 정확하게 알고 분리수거 방법을 알 수 있도록 사전활동을 한다.

연관활동

- 재활용품을 직접 가지고 와서 분리수거를 해 본다.

참고문헌

- 유아교육 키드키즈(http://www.kidkids.net)

활동명 맑은 공기가 좋아요

생활주제 환경과 생활 **추정시기** 10월 4주차

활동형태 자유선택활동 – 수 · 조작 영역 **대상연령** 만 4세

기대되는 효과

- 게임의 규칙을 알고 지킨다.
- 공기 오염의 원인과 예방하는 방법을 안다.

교육과정 관련 요소

- 자연탐구 > 수학적 탐구하기 > 기초적인 측정하기 > 일상생활에서 길이, 크기, 무게 등을 비교해 본다.
- 자연탐구 > 수학적 탐구하기 > 수와 연산의 기초개념 알아보기 > 열 개 가량의 구체물을 세어보고 수량을 알아본다.
- 의사소통 > 말하기 > 느낌, 생각 경험 말하기 > 주제를 정하여 함께 이야기를 나눈다.

활동자료 및 준비

[게임판]

하드보드지 4절, 부직포(초록색), 펠트지(갈색, 검은색, 초록색, 연두색, 하늘색), 벨크로지

[점수판]

하드보드지4절, 부직포(하늘색), 색지(흰색, 하늘색, 파란색, 초록색, 연두색), 펠트(검은색, 빨간색, 흰색), 벨크로지, 코팅지

[그림 자료]

인쇄물, 색지(갈색), 펠트지(검은색), 코팅지

활동방법

도입 흥미유발

1. **그림 자료를 보여준다.(공기가 오염되는 그림을 먼저 보여준다)**
   - 그림에 뭐가 보여요?/뭘 하고 있어요?
   - 구름의 표정이 어때요?
   - 이 그림을 보고 어떤 기분이 들어요?
   - 공기가 왜 이렇게 더러워졌을까요?
2. **그림 자료를 보여준다.(공기가 깨끗해지는 그림을 보여준다)**
   - 그림에 뭐가 보여요?
   - 뭘 하고 있어요?/사람들의 표정이 어때요?
   - 맑고 깨끗한 공기는 누가 좋아할까요?
   - 어떻게 하면 맑고 깨끗한 공기를 만들 수 있을까요?

전개 활동소개

3. **게임 소개 및 활동방법 알아보기**
   - 오늘은 공기를 깨끗하게 하기 게임을 할 거예요.

   [활동방법]

   ① 가위바위보로 게임 말을 선택한다.

   ② 점수판의 빨간 출발 지점에 나뭇잎을 두고 입으로 분다(나뭇잎이 점수판을 나가면 다시 출발지점으로 돌아와 분다).

   ③ 간 거리를 구름으로 측정한다.

   ④ 측정한 거리만큼 게임판의 말을 움직여 이동한다(게임판에서 ?가 나오면 카드를 선택하여 공기를 깨끗하게 하는 그림이 나오면 한 칸 더 이동하고 오염시키는 그림이 나오면 말을 움직이지 않는다).

   ⑤ 먼저 도착 지점에 도착하는 유아가 이긴다(다른 친구가 도착할 때까지 기다려 준다).

   - 게임을 한다.

마무리 평가 및 차시예고

4. **활동에 대해 평가한다.**

- 게임을 하니 어땠나요?/어려운 점은 없었나요?
- 공기 오염을 막는 방법에는 뭐가 있었나요?

5. **차시예고를 한다.**

- 다음 시간에는 우리가 지켜야 할 공기오염을 막는 약속을 정해 보아요.

지도 시 유의점

- 사전활동으로 환경오염에 대한 내용을 충분히 알아본다.
- 게임을 미리 시범을 보여 유아들이 잘 이해할 수 있도록 한다.

연관활동

- 깨끗한 공기를 위해 지켜야 할 약속을 정하고 실천약속에 관한 포스터를 만들어 홍보한다.

참고문헌

- 교육과학기술부(2013). 4세 누리과정 교사용 지도서.
- 정연희(2014). 유아수학교육. 창지사.

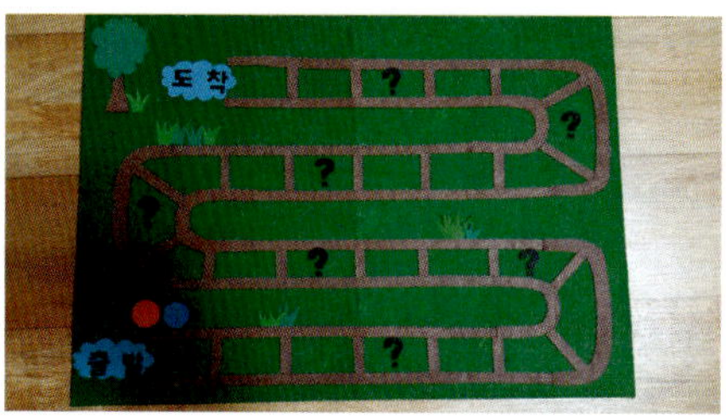

게임판

그림자료

점수판

활동명 물을 깨끗하게 하려면 이만큼이 필요해요

생활주제 환경과 생활 | 추정시기 10월 4주차

활동형태 자유선택활동 – 과학영역 | 대상연령 만 4세

기대되는 효과

- 오염된 물이 깨끗해지려면 얼마나 많은 양의 물이 필요한지 알아본다.
- 음식물 쓰레기로 인해 발생하는 환경오염에 관심을 가진다.

교육과정 관련 요소

- 자연탐구 > 수학적 탐구하기 > 수와 연산의 기초개념 알아보기 > 생활 속에서 사용되는 수의 여러 가지 의미를 안다.
- 자연탐구 > 과학적 탐구하기 > 생명체와 자연환경 알아보기 > 생명체가 살기 좋은 환경에 대해 관심을 갖는다.

활동자료 및 준비

- 간장, 물, 티스푼, 성인용 숟가락 컵, 큰 용기, 많은 물을 이용하는 사진(수력발전소, 수영장, 수돗물), 변화 결과 제시 관찰일지(예측하고 실험한 결과를 숫자로 쓰거나 그려진 숟가락에 물의 양만큼 동그라미할 수 있도록 한다)

활동방법

도입 간장 살펴보기

1. **간장을 제시하며 이야기 나눈다.**
    - (간장을 보여주며) 이것은 무엇일까요?

- 어떤 색깔인가요?
- 만약 이 간장이 물이라면 어떨까요?
- 간장처럼 물이 오염된다면 우리는 어떻게 될까요?

물 이용 사진 제시하기

2. 많은 물을 이용하는 사진을 제시하며 이야기 나눈다.

- 이곳은 어디일까요?
- 물을 이용해 무엇을 하나요?
- 이렇게 많은 물을 사용하려면 우리는 어떻게 해야 할까요?

전개 예측하기

3. 활동자료들을 제시하며 활동방법에 대해 이야기 나눈다.

- (컵에 작은 티스푼으로 간장 한 숟가락을 떠서 넣고) 작은 티스푼 한 숟가락의 간장 양이 다시 깨끗해지려면 얼마나 많은 양의 물이 필요할까요? 이 큰 숟가락으로 몇 숟가락을 넣어야 할까요?
- 왜 그렇게 생각했나요?
- 얼마나 많은 양의 물이 필요할지 생각해보고 관찰일지에 써 볼까요?

실험하기

4. 같은 양의 예측을 한 유아들끼리 모여 실험을 하고 실험 결과를 글로 표현해 본다.

- 같은 양을 예측한 친구들끼리 모여 실험을 해 보기로 할까요?
- 얼마나 많은 양을 넣었는지 관찰일지에 써 볼까요?

비교하기

5. 간장이 깨끗해질 때까지 많은 양의 물이 필요함을 알고 예측과 결과를 비교해 본다.

- 처음에 생각한 물의 양은 몇 숟가락 이었나요?
- 실험을 하고 나서 알게 된 물의 양은 몇 숟가락 이었나요?
- 얼마나 차이가 나나요?

마무리 활동 평가하기

6. 물이 깨끗해진 것을 보고 이야기 나눈다.

- 간장이 지금은 어떻게 되었나요?
- 간장이 깨끗해지려면 물이 몇 숟가락 필요했나요?
- 간장처럼 여러 가지 음식물 쓰레기로 물이 오염되지 않게 하려면 어떻게 해야 할까요?

지도 시 유의점

- 적은 양이라도 간장이 희석되는데 많은 양의 물이 필요하기 때문에 간장의 양에 주의해야 한다.
- 유아가 단지 간장에 물을 혼합하는 실험으로 인식하지 않도록 활동 중에 지속적으로 환경오염에 대한 강조를 하며 활동을 해야 한다.
- 유아가 예측한 양만큼의 물을 넣어보며 정확한 수량에 대해서도 경험할 수 있도록 한다.

연관활동

- 오염된 물(간장과 음식물을 섞어 제시)을 깨끗하게 하기 위해 물을 추가하고 거름망으로 거르는 실험을 한다.

참고문헌

- 근로복지공단(2013). 직장어린이집 우수 보육프로그램 자료집.

활동명 그림자를 따라가요

생활주제 환경과 생활 **추정시기** 10월 4주차

활동형태 자유선택활동 – 수·조작 영역 **대상연령** 만 4세

기대되는 효과

- 사물의 모양에 따라 그림자가 다르게 생긴다는 것을 안다.
- 친구와 판게임을 즐겁게 한다.

교육과정 관련 요소

- 자연탐구 > 수학적 탐구하기 > 공간과 도형의 기초개념 알아보기 > 위치와 방향을 여러 가지 방법으로 나타내 본다.
- 사회관계 > 다른 사람과 더불어 생활하기 > 친구와 사이좋게 지내기 > 친구와 협동하며 놀이한다.

활동자료 및 준비

- 사물그림, 그림자를 따라가요(사물그림의 그림자 모양) 게임판, 주사위 1개(한 면엔 해, 다른 한 면엔 구름, 나머지 면엔 숫자), 게임말 2개

활동방법

도입 그림자 찾아보기

1. 사물그림과 그림자 게임판을 탐색하며, 그림과 그에 맞는 그림자를 찾아본다.

- 이 그림자는 어떤 물건의 그림자일까요?
- 그림에 맞는 그림자를 찾아볼까요?

- 이러한 그림자는 어떤 날 생길까요?
- 구름이 해를 가리면 그림자는 어떻게 될까요?

전개 게임자료 탐색하기

2. 게임자료들을 탐색하며 게임방법을 알아본다.

- 게임판에 어떤 그림이 있나요?
- 주사위를 한번 볼까요? 어떤 그림이 있나요?
- 말을 살펴보아요. 몇 개가 있나요? 몇 명이 할 수 있는 게임일까요?
- 게임판과, 주사위, 말을 이용해서 어떤 게임을 할 수 있을까요?
- 주사위를 던져 해(구름)가 나오면 어떻게 하면 좋을까요?
- 왜 그렇게 생각했나요?
- 어떻게 하면 게임이 끝날까요?

게임하기

3. 게임방법을 알아보고 친구와 함께 게임을 한다.

- 게임을 어떤 방법으로 할까요?

[게임규칙]

① 말을 한 개씩 나누어 갖고 '출발' 칸에 올려놓는다.
② 가위, 바위, 보로 순서를 정한다.
③ 주사위를 던져 나온 그림을 확인한다.
 -숫자: 나온 수만큼 말을 이동한다.
 -해: 한 칸 앞으로 이동한다.
 -구름: 이동을 한 번 쉰다.
④ 순서대로 게임을 한다.
⑤ 말이 도착칸에 도착하면 게임이 끝난다.

마무리 활동 평가하기

4. 게임을 한 느낌에 대해 이야기 나누고 평가한다.

- 게임을 해 보았나요? 재미있었던 점은 무엇이었나요?
- 친구와 함께 게임을 해 보니 어땠나요?

- 해가 나왔을 때는 왜 한 칸을 더 이동했나요?
- 구름이 나왔을 때는 왜 쉬어야 했나요?

지도 시 유의점

- 그림과 그림자를 변별할 수 있는 탐색 시간을 갖는다.
- 주사위의 그림 중 '해'와 '구름'은 유아들과 이야기를 나누어 규칙을 다양하게 바꾸어 게임을 할 수 있다.

연관활동

- 그림자와 그림으로 카드를 만들어 기억게임을 한다.

참고문헌

- 교육과학기술부(2013). 4세 누리과정 교사용 지도서.

활동명 같은 소리를 찾아요

생활주제 환경과 생활 | 추정시기 10월 4주차

활동형태 자유선택활동 – 과학영역 | 대상연령 만 3세

기대되는 효과

- 소리를 듣고 같은 재질의 소리를 찾는다.
- 재질에 따라 부딪쳐 나는 소리가 다름을 안다.

교육과정 관련 요소

- 자연탐구 > 수학적 탐구하기 > 기초적인 자료수집과 결과 나타내기 >같은 것 끼리 짝을 짓는다.
- 자연탐구 > 과학적 탐구하기 > 물체와 물질 알아보기 > 친숙한 물체와 물질의 특성에 관심을 갖는다.

활동자료 및 준비

- 쇠 2쌍씩 2조, 나무 2쌍씩 2조, 돌 2쌍씩 2조, 플라스틱 2쌍씩 2조, 눈가리개, 가림막

활동방법

도입 소리 탐색하기

1. **나무 막대의 소리를 탐색한다.**
   - (나무 막대를 보며) 이것이 무엇인가요?
   - 이것을 부딪치면 어떤 소리가 날까요?
   - (부딪치며) 이런 소리가 나네요.

2. 다양한 방법으로 나머지 재질도 탐색한다.

- 이것은 무엇으로 만들어 진 것일까요?
- 쇠를 부딪치면 어떤 소리가 날까요?
- 부딪치는 방법 말고 또 어떻게 소리를 낼 수 있을까요?

전개 소리 찾아보기

3. 눈을 가리고 탐색했던 나무, 쇠, 돌, 플라스틱 소리를 듣고 어떤 소리인지 맞추어 본다.

- (나무를 부딪쳐 나는 소리를 들으며) 이 소리를 들어보니 어떤 것을 부딪쳐 난 소리 같나요?
- 여기 책상 위에 있는 물건 중에서 찾아볼까요?(유아가 찾아 소리를 내 본다.)

가림막 사이 소리 찾기

4. 가림막을 사이에 두고 쇠, 나무, 플라스틱, 돌 한 쌍씩 각각 나눠 갖고 활동한다.

- 가림막은 왜 있을까요?
- ○ ○이가 먼저 쇠, 나무, 플라스틱, 돌 중에서 골라 소리를 내 볼까요?
- ○ ○이가 낸 소리를 △△이가 같은 소리를 내 볼까요?
- 같은 소리였나요? 다른 소리였나요?
- 소리를 낸 것이 무엇이었는지 확인해 볼까요?
- 하나, 둘, 셋 하면 가림막 위로 올려보기로 해요.
- 두 친구 모두 ㅁ ㅁ로 소리를 내었군요.

마무리 활동 평가하기

5. 나무, 쇠, 돌, 플라스틱 모두 소리 찾기를 한 후 이야기 나눈다.

- 친구가 낸 소리를 찾아보니 어땠나요?
- 나무, 쇠, 돌, 플라스틱 소리를 어떻게 찾았나요?
- 가장 좋아하는 소리는 어떤 소리였나요?

지도 시 유의점

- 나무, 쇠, 돌, 플라스틱의 소리를 충분히 탐색한 후 활동을 한다.
- 유아가 소리를 편안하게 낼 수 있도록 재료의 손잡는 부분을 확보한다.

연관활동

- 두 가지 재질을 부딪쳐 소리를 낸 후 같은 소리를 찾는다.
- 나무, 쇠, 돌, 플라스틱 이외에 소리가 나는 다양한 재질의 물건을 찾아 탐색하고 활동해 본다.

참고문헌

- 교육과학기술부(2013). 3세 누리과정 교사용 지도서.

생활주제 : 겨울

활동명	수학교육 내용
산타클로스의 선물	수와 연산
겨울 잠을 자는 동물	자료수집과 결과
눈이 내린 나무	측정
다양한 겨울 날씨	공간과 도형
겨울에 사용해요	규칙성

활동명 산타클로스의 선물

생활주제 겨울 **추정시기** 12월 3주차

활동형태 자유선택활동 – 수·조작 영역 **대상연령** 만 4세

기대되는 효과

- 순서를 기억해서 표현할 수 있다.
- 수의 기초개념을 이해한다.
- 지시 카드의 단순한 규칙을 알고 지시 카드를 찾을 수 있다.

교육과정 관련 요소

- 자연탐구 > 수학적 탐구하기 > 수와 연산의 기초개념 알아보기 > 열 개 가량의 구체물을 세어보고 수량을 알아본다.

활동자료 및 준비

- 산타: 부직포(빨간색, 흰색), 눈알, 뽕뽕이, 글루건, 실, 바늘, 솜, 사탕통
- 카드: 색지(노란색, 연두색), 그림 카드(곰인형, 토끼인형, 장갑, 바지, 물음표 등), 고무자석, 투명시트지
- 나무: 부직포(초록색, 갈색), 여러 가지 장식품, 바늘, 실, 글루건, 가위
- 그림자료: 신발, 가방, 인형, 장난감 등의 그림자료, 찍찍이, 투명시트지, 가위
- 주사위: 하드보드지, 그림자료(어른께 자리양보하기, 친구 도와주기, 친구와 사이좋게 지내기, 친구 놀리기, 친구와 싸우기, 찻길에서 놀기), 시트지, 글루건

활동방법

도입 동기유발

1. 교구의 특징을 연상할 수 있는 수수께끼를 낸다.

- 선생님이 친구들과 활동하려고 새로운 교구를 가지고 왔는데, 선생님이 수수께끼 낼 테니 알아 맞혀 보세요.
  「자고 있으면 어디선가 사르르 나타나요, 그리고 큰 가방을 메고 다녀요. 루돌프를 타고 와요」

2. 산타할아버지에 대해 이야기 나눈다.

- 산타할아버지를 본 적이 있나요?
- 산타할아버지는 어떤 일을 하시는 분일까요?
- 산타할아버지는 어떤 아이에게 선물을 주실까요?

전개 자료제시 및 순서 짓기

3. 산타할아버지를 보여주고 가방에 어떤 선물이 있는지 알아본다.

- 산타할아버지가 큰 가방을 메고 오셨네. 가방 안에 어떤 선물이 있는지 한번 볼까요?

4. 선물의 끝부분을 조금씩 빼면서 다음에 어떤 선물이 올 차례인지 말해 본다.

- ○○이 나왔네. ○○다음에 어떤 선물이 나올까요?

5. 그림 카드를 제시하고 빈 칸에 들어갈 물건을 놓아본다.

게임규칙 알아보기

6. 게임규칙을 설명한다.

① 2명까지 할 수 있다.
② 나무를 나누어 갖고 순서를 정한다.
③ 주사위를 던져 친구 도와주기, 어른께 자리양보하기, 친구와 사이좋게 지내기 그림이 나오면 ○의 수만큼 선물을 가지고 가서 나무에 붙인다.
④ 주사위를 던져 찻길에서 놀기, 친구 놀리기, 친구와 싸우기 그림이 나오면 선물을 가져가지 않는다.
⑤ 선물이 없어질 때까지 계속한다.

⑥ 누가 많이 선물을 가져갔는지 세어본다.

⑦ 선물을 많이 가져간 유아가 이기는 게임활동이다.

게임해보기

7. 규칙에 따라서 게임한다.

- 교구는 선생님이 수·조작 영역에 넣을 테니, 다른 친구들과 함께 활동해 보세요.

마무리 평가하기

8. 활동 후 이야기 나눈다.

- 누가 선물을 많이 가져 갔나요?
- 몇 개 가져갔나요?

지도 시 유의점

- 유아들의 수준을 고려하여 패턴을 정한다.
- 종이가 잘 빠져 나올 수 있도록 종이의 두께와 칼집의 크기를 고려하여 만든다.

연관활동

- 조형활동: 크리스마스트리 꾸미기, 받고 싶은 선물 그리기

참고문헌

- 월간유아. 2005년 12월 교육계획안.

활동명 겨울 잠을 자는 동물

생활주제 겨울 **추정시기** 12월 3주차

활동형태 자유선택활동 – 수·조작 영역 **대상연령** 만 4세

기대되는 효과

- 겨울잠을 자는 동물의 종류를 안다.
- 겨울잠을 자는 동물과 자지 않는 동물을 분류할 수 있다.

교육과정 관련 요소

- 자연탐구 > 수학적 탐구하기 > 기초적인 자료수집과 결과 나타내기 > 한 가지 기준으로 자료를 분류해본다.
- 자연탐구 > 과학적 탐구하기 > 동식물과 자연 > 동물과 식물의 특징을 알아본다.

활동자료 및 준비

- 회전판, 게임판, 주사위

[회전판]

① 하드보드지 4절 크기에 동그란 원을 오린다. (2장)

② 원의 크기에 맞게 8등분으로 나누고, 한 장의 원에 가운데 구멍을 뚫는다.

③ 하드보드지에 색지를 붙인 다음 구멍이 없는 원에는 동물그림과 글자단어를 붙인다.

[게임판]

① 하드보드지 8절 크기에 적당히 잘라준다.

② 색지를 붙이고 가로는 5칸 세로는 6칸으로 선을 그어 준다.

③ 동물그림을 붙여주고 투명시트지를 붙여준다.

활동방법

도입 동기유발

1. **겨울을 나기 위해 겨울동안 잠을 자는 동물들이 있음을 알려준다.**
   - 동물들은 어떻게 겨울을 지낼까요?

자료소개

2. **겨울잠을 자는 동물에는 어떤 동물들이 있는지 이야기 나눈다.**
   - 겨울잠을 자는 동물에는 어떤 동물들이 있을까요?
   - (자료를 제시하며) 선생님이 회전판을 준비해왔어요. 어떤 동물들이 있는지 알아볼까요?

전개 자료 분석 후 분류하기

3. **겨울잠에 대해 이야기 나눈다.**
   - (회전판을 보며) 다람쥐는 겨울잠을 잘까요?
   - 다람쥐는 겨울이 되면 땅속 굴이나 바위구멍에서 겨울잠을 자는데 굴속에 이끼와 나뭇잎으로 보금자리를 만들어 놓아요.
   - 사자는 겨울잠을 잘까요?
   - 곰은 어디에서 겨울잠을 잘까요?

게임방법 알아보기

4. **게임판을 보면서 이야기 나눈다.**
   - 어떤 동물들의 그림이 있나요?
   - 겨울잠을 자는 동물은 어떤 동물인가요?
5. **게임방법을 알아본다.**
   - 어떻게 게임을 할 수 있을까요?

   [게임방법]

   ① 주사위를 던져 순서를 정한다.

   ② 주사위를 던져 도착한 자리의 동물이 겨울잠을 자는 동물이면 한

번 더 던진다.

③ 회전판을 보며 겨울잠을 자는 동물인지 확인하며 활동한다.

④ 먼저 도착점에 오는 유아가 이긴다.

마무리 활동 회상하기

6. 활동 후 이야기 나눈다.

- 게임을 해 보니 어땠나요?
- 겨울잠을 자는 동물은 어떤 동물인가요?
- 겨울잠을 자는 동물은 어디에서 자나요?

지도 시 유의점

- 회전판에 동물을 붙일 때 잠을 자는 동물과 자지 않는 동물을 번갈아 붙인다.
- 동물들이 겨울잠을 자는 이유에 대해 쉽고 간단하게 설명해준다.

연관활동

- 겨울잠을 자는 동물을 신체로 표현해본다.

참고문헌

- 월간유아 2014년 12월 교육계획안.

활동명 눈이 내린 나무

생활주제 겨울　**추정시기** 12월 4주차

활동형태 자유선택활동 – 수 · 조작 영역　**대상연령** 만 5세

기대되는 효과

- 물건 길이의 차이를 비교할 수 있다.
- 눈이 내린 나무에 관심을 가진다.

교육과정 관련 요소

- 자연탐구 > 수학적 탐구하기 > 기초적인 측정하기 > 일상생활에서 길이, 크기, 무게, 들이 등의 속성을 비교하고 순서를 지어본다.
- 자연탐구 > 탐구하는 태도 기르기 > 탐구기술 활용하기 > 일상생활의 문제를 해결하는 과정에서 탐색, 관찰, 비교, 예측 등의 탐구기술을 활용해 본다.

활동자료 및 준비

- 눈이 내린 나무 사진, 길이가 다른 직사각형의 나무 4장(우유팩에 펠트지를 입히고 찍찍이를 붙인다), 줄자, 눈그림 카드(나무의 찍찍이 수만큼 준비한다), 활동지(나무조각에 길이를 적고, 눈의 개수를 적거나 눈그림에 수 만큼 동그라미를 할 수 있도록 한다), 숫자카드, cm카드, 눈그림 카드, 카드 담을 통 3개

활동방법

도입 눈에 대해 이야기 나누기

1. **겨울의 날씨와 눈에 대해 이야기 나눈다.**
   - 겨울의 날씨는 어떤가요?
   - 겨울하면 떠오르는 것이 무엇인가요?
   - 하늘에서 내리는 송이 송이 하얀송이는 무엇인가요?
2. **눈이 내린 나무 사진을 보며 탐색한다.**
   - 이것은 무엇인가요?
   - 나무에 무엇이 있나요?
   - 나무가 어떤 색으로 바뀌었나요?

전개 측정방법 알아보기

3. **줄자와 cm 단위의 개념을 알아보고 측정하는 방법에 대해 이야기 나눈다.**
   - (줄자를 보여주며) 이것은 무엇일까요?
   - 줄자는 언제 사용하나요?
   - 줄자에는 무엇이 있나요?
   - 줄자의 길이를 어떻게 읽을까요?
   - 책은 한 권, 두 권 이라고 센답니다. 이렇게 책을 셀 때는 권이라는 단위를 사용하듯이 줄자의 숫자를 읽을 때는 센티미터라는 단위를 사용해요.
   - 줄자로 길이를 어떻게 잴까요?
   - 줄자를 물건의 한 쪽에서 반대편 끝까지 펼치고 끝에 있는 숫자를 보면 돼요. 이 때 0은 시작이고 반대편 끝에 있는 숫자를 봐야 해요.
4. **눈 내린 나무를 만드는 방법에 대해 이야기 나눈다.**
   - 이 나무조각들은 길이가 어떤가요?
   - 나무조각에 눈을 붙이려고 해요. 몇 개의 눈을 붙일 수 있을까요?
   - 길이마다 붙일 수 있는 눈의 개수는 어떤가요?
   - 붙인 눈의 개수가 다를까요?

- 왜 다른지 나무조각에 눈을 모두 붙이고 나무조각이 몇cm인지 줄자로 재어 볼까요?
- 길이가 긴 나무조각부터 아래에서 위로 놓아 눈 내린 나무를 완성해 볼까요?

5. 유아와 함께 활동지를 이용하여 수량화하여 본다.

- 나무조각의 길이를 적어볼까요?
- 나무조각별로 붙인 눈의 개수를 적어 볼까요?

마무리 활동 평가하기

6. 완성된 눈내린 나무와 활동지를 보며 평가한다.

- 눈내린 나무를 만들어 보니 어땠나요?
- 길이가 긴 나무 조각과 짧은 조각 중에 어떤 나무조각에 눈을 많이 붙였나요?
- 가장 긴 나무조각은 몇 cm였나요?

지도 시 유의점

- 줄자를 제대로 측정할 수 있도록 지도한다.
- 줄자로 재는 활동을 어려워하는 유아들은 교사가 함께 활동한다.

연관활동

- 눈 내린 여러 모양의 나무 그림 카드로 패턴 활동을 한다.

참고문헌

- 교육과학기술부(2013). 5세 누리과정 교사용 지도서.
- 정연희(2014). 유아 수학교육. 창지사.

활동명 다양한 겨울 날씨

생활주제 겨울 **추정시기** 12월 1주차

활동형태 자유선택활동 – 수 · 조작 영역 **대상연령** 만 4세

기대되는 효과

- 모양의 같은 점과 다른 점을 비교하고 구분한다.
- 겨울 날씨의 특징을 구별할 수 있다.

교육과정 관련 요소

- 자연탐구 > 수학적 탐구하기 > 공간과 도형의 기초개념 알아보기 > 위치와 방향을 여러 가지 방법으로 나타내 본다.
- 자연탐구 > 과학적 탐구하기 > 자연현상 알아보기 > 날씨와 기후변화에 관심을 갖는다.

활동자료 및 준비

- 빙고판(겨울날씨 배경의 4칸으로 제작) 5개, 겨울날씨(눈, 맑음, 흐림, 비, 바람) 그림 카드 4장씩

활동방법

도입 오늘날씨 이야기 나누기

1. 오늘의 날씨에 대해 이야기 나눈다.
- 오늘의 날씨는 어떤가요?
- 왜 오늘은 맑음(흐림, 비, 눈, 바람)이라고 할까요?

2. 겨울 날씨 그림 카드를 살펴보며 이야기를 나눈다.

- (눈 그림 카드를 살펴보면서) 무엇이 그려져 있나요?
- 눈과 눈사람(해, 구름, 비, 바람)이 그려져 있는 그림을 보니까 날씨가 어떨 것 같아요?
- 왜 겨울에 눈이 내리지 않고, 비가 내릴까요?

전개 활동방법 알아보기

3. 빙고판과 날씨 그림 카드를 보며 활동방법에 대해 이야기 나눈다.

- 빙고판과 날씨 그림 카드로 어떤 활동을 할 수 있을까요?

[활동방법]

① 5명의 유아가 순서를 정한 후 순서대로 빙고판과 겨울 날씨 카드를 4장씩 나누어 갖고 빙고판 위에 엎어 올려놓는다.

② 순서대로 겨울 날씨 카드의 날씨를 말하면서 카드를 뒤집는다.

③ 4장의 겨울날씨 카드를 모두 뒤집은 유아가 이긴다.

4. 활동방법대로 규칙을 지켜서 활동한다.

- 활동을 하려면 먼저 무엇을 해야 할까요?
- 활동을 할 때 어떤 규칙을 지켜야 할까요?
- 나무조각별로 붙인 눈의 개수를 적어 볼까요?

마무리 활동 평가하기

5. 빙고판을 보며 이야기 나눈다.

- 친구들과 활동을 해 보니 어땠나요?
- 겨울 날씨는 어땠나요?
- 규칙을 어떻게 바꾸면 더 재미있을까요?

지도 시 유의점

- 5명의 유아가 활동하므로 서로 갈등이 발생하지 않도록 규칙을 지켜 활동할 수 있도록 지도한다.
- 빙고를 먼저 완성하면 손을 들며 "빙고"라고 외쳐 활동을 마무리 한다.

연관활동

- 유아들이 만든 겨울 날씨 그림 카드나 겨울 그림 카드로 활동을 할 수 있다.

참고문헌

- 교육과학기술부(2013). 4세 누리과정 교사용 지도서.

활동명 겨울에 사용해요

생활주제 겨울 **추정시기** 12월 2주차

활동형태 자유선택활동 – 수·조작 영역 **대상연령** 만 3세

기대되는 효과

- 일정한 규칙성을 이해하고 패턴을 만든다.
- 겨울에 사용하는 물건을 안다.

교육과정 관련 요소

- 자연탐구 > 수학적 탐구하기 > 규칙성 이해하기 > 생활주변에서 반복되는 규칙성에 관심을 갖는다.
- 자연탐구 > 과학적 탐구하기 > 자연현상 알아보기 > 날씨와 기후변화에 관심을 갖는다.

활동자료 및 준비

- 겨울용품 그림이 붙여진 젠가, 겨울용품 그림의 다양한 패턴판(세로로 패턴판을 만든다) 5종류 3조

활동방법

도입 노래부르기

1. **겨울바람 노래를 부르며 겨울 용품에 대해 이야기 나눈다.**
   - ♬ 손이 시려워 꽁 발이 시려워 꽁 겨울바람 때문에~
   - 왜 손이 시려울까요?
   - 왜 장갑을 끼나요?

- 장갑처럼 겨울에만 사용하는 물건은 무엇이 있을까요?

젠가 소개하기

2. 겨울 용품 그림이 붙여진 젠가를 보며 이야기 나눈다.

- (젠가를 보며) 이것은 무엇인가요?
- 젠가는 어떻게 놀이하는 걸까요?
- 젠가에 어떤 그림이 붙여져 있나요?

전개 활동방법 알아보기

3. 젠가를 이용한 활동방법에 대해 이야기 나눈다.

- 겨울 용품이 붙여진 젠가로 어떤 활동을 할 수 있을까요?

[활동방법]

① 3명의 유아가 자유롭게 패턴판을 보며 젠가를 쌓아본다.
② 가위 바위 보로 순서를 정한다.
③ 1장의 패턴판을 골라 순서대로 쌓아 올라간다.
④ 젠가를 올리다가 무너지면 다음 패턴 활동을 시작한다.
⑤ 5종류의 패턴을 모두 활동해 본다.

젠가 패턴쌓기

4. 활동의 규칙을 알아보고 3명의 유아가 함께 활동을 한다.

- 젠가 패턴 활동을 할 때 어떤 규칙을 지켜야 할까요?
- 패턴을 보고 젠가를 위로 쌓으면서 무너졌을 때는 어떻게 해야 할까요?

마무리 활동 평가하기

5. 유아들과 활동을 한 후 소감을 이야기 나눈다.

- 겨울 용품 젠가 놀이를 해 보았는데 어땠나요?
- 겨울에 사용하는 물건은 무엇이 있었나요?
- 다음에는 친구들이 스스로 패턴을 만들어 젠가를 쌓아 볼까요?

지도 시 유의점

- 유아의 발달 수준에 따라 패턴으로 나타내는 수준을 조절하여 활동

한다.

- 유아들에게 친숙한 겨울 용품으로 패턴을 완성한다.

연관활동

- 유아들이 사용하는 장갑, 모자, 목도리 등의 겨울 용품을 이용하여 게임을 한다.

참고문헌

- 교육과학기술부(2013). 3세 누리과정 교사용 지도서.

참고문헌

강숙현 역(1991). 수브레드 캠프(편), 발달적으로 적합한 유아교육실제. 전남대학교출판부.

강완 · 백석윤(1998). 초등수학교육론. 서울: 동명사.

고선옥 · 김경신 · 심윤무 · 최달희(2014). 아동수학교육. 경기: 공동체.

고선옥 · 김경신 · 최달희(2017). 아동수학교육. 경기: 공동체.

교육부(1992). 교육부 고시 제1992-15호. 유치원교육과정.

교육부(1998). 교육부 고시 제1998-10호. 유치원교육과정.

교육부(2007). 2007 개정 유치원교육과정.

교육과학기술부(2013). 3세 누리과정 교사용 지도서.

교육과학기술부(2013). 4세 누리과정 교사용 지도서.

교육과학기술부(2013). 5세 누리과정 교사용 지도서.

교육과학기술부 · 보건복지부(2013). 3-5세 연령별 누리과정.

교육과학기술부 · 보건복지부(2013a). 3-5세 연령별 누리과정 교사지침서.

교육과학기술부 · 보건복지부(2013b). 3-5세 연령별 누리과정 해설서.

교육부(2015a). 교육부 고시 제2015-74호 수학과 교육과정.

교육부(2015b). 2015 개정 교육과정.

교육부 · 보건복지부 · 육아정책연구소(2013). 3-5세 연령별 누리과정 운영을 위한 교사연수 자료집.

권영례(2015). 유아수학교육. 경기: 양서원.

권영례 · 이영자 · 이정욱(1998). 3, 4, 5세 유아를 위한 수학교육과정 모델 개발의 준거. 경기: 창지사.

김경미 · 김현주 · 송연숙(2015). 현장중심 유아과학교육. 경기: 창지사.

김덕건(1986). 프뢰벨의 은물과 작업에 나타난 수와 도형에 관한 일연구. 중앙대학교 대학원 석사학위 청구논문.

김성순(2000). 프뢰벨 은물교육이 유아의 창의성에 미치는 효과: 소그룹지도를 중심으로. 성균관대학교 교육대학원 석사학위 청구논문.

김수철 · 정보민(2018). 미술과 수학의 융합 수업 설계 방안. 인문사회과학기술융합학회, 예술인문사회융합멀티미디어논문지, 8, 3, 161-171.

김숙령(2000). 제6차 유치원 교육과정에 기초한 유아수학교육. 서울: 학지사.

김응태 · 박한식 · 우정호(2007) 수학교육학개론. 서울: 서울대학교출판부.

김종문 외(1999). 구성주의 교육학. 서울: 교육과학사.

김지영(2005). NCTM의 수학교육 내용기준에 근거한 유아수학능력 평가도구 개발. 한국생활과학회지, 17, 1, 35-43.

김지영(2008). NCTM의 수학교육 내용기준에 근거한 유아수학능력 평가도구 개발을 위한 기초연구. 한국영유아보육학회, 한국영유아보육학회지, 42, 1-20.

김현자 · 조미영 · 서명원 · 박근주 · 박경난(2016). 유아 수학교육. 경기: 창지사.

김현주(2009). 구성주의적 수업에 기초한 예비유아교사 교육의 효과. 동주대학 논문집 제31집, 283-310.

나귀옥 · 김경희(2015). 유아수학교육. 서울: 학지사.

남진영(2015). 초등학교 수학과 교육과정의 내용 선정과 조직에서의 쟁점: 2006년 개정 교육과정을 중심으로. 한국초등수학교육학회, 한국초등수학교육학회지, 19, 2, 159-178.

노선숙(2000). 미국 수학교육 동향에 관한 소고. 교과교육학연구, 4(6), 171-186.

노선숙(2007). NCTM의 스탠다드 중심 수학교육과정 개혁동향: 2006 "Curriculum Focal Points를 중심으로. 한국교육과정학회, 교육과정연구, 25(2), 147-169.

문교부(1969). 문교부령 제207호 유치원교육과정.

문교부(1979). 문교부 고시 제424호 유치원교육과정.

문교부(1981). 문교부 고시 제422호 유치원교육과정.

박경미(2010). 학년군과 수학적 과정을 중심으로 한 외국 수학과 교육과정의 최근 경향 비교 · 분석. 대한수학교육학회, 학교수학, 12-4, 667-686.

박교식 · 김지원 (2015). 유치원 수학과 교육과정과 초등학교 수학과 교육과정의 연계성 분석 연구. 한국초등수학교육학회, 한국초등수학교육학회지, 19, 2, 179-203.

배소연 · 강민정(2016). 영유아 수학교육. 경기: 양서원.

보건복지부(2010). 보건복지부 고시 제2010-71호 표준보육과정.

보건복지부(2012). 보건복지부 고시 제2012-28호 제2차 표준보육과정.

보건복지부(2013). 보건복지부 고시 제2013-8호 제3차 표준보육과정.

보건복지부(2013). 표준보육과정 해설서.

보건복지부(2013). 표준보육과정 교사지침서.

서순태(2007). Fröbel 은물교육의 현대 유아교육적 의미. 교육사상연구, 21(2), 231-251.

서현아 · 윤정진 · 좌승화 · 이해정 · 엄세진(2014). 영유아 수학교육의 이해. 경기:

창지사.
안경숙 · 김소향(2015). 영유아 수학교육. 경기: 양서원.
여성가족부(2007). 표준보육과정의 구체적 보육내용 및 교사지침.
오경혜(2002). Fröbel 은물 활용 수학교육 프로그램이 유아의 수학적 개념발달과 수학 문제 해결력에 미치는 영향. 광주대학교 대학원 석사학위 청구논문.
오만록(2016). 교육방법 및 교육공학. 경기: 문음사.
유선영(2018). 한국과 미국의 유아 수학교육과정 내용 비교 연구. 한국비교교육학회, 비교교육연구, 28(3), 333-354.
육아정책연구소(2013). 3-5세 연령별 누리과정.
이경우 · 홍혜경 · 신은수 · 진명희(1997). 유아수학교육의 이론과 실제. 경기: 창지사.
이경화 · 오연주 · 배재현 · 유재경(2016). 영유아 수학교육. 경기: 양서원.
이대균 · 송정원(2002). 최신 유아 교재교구 연구 및 지도. 경기: 창지사.
이동일(2000). Dewey의 수학 교육론에 대한 분석. 서울교육대학교 교육대학원 석사학위 청구논문.
이영자(1979). Fröbel과 Montessori의 유아 수학 교육론의 비교. 덕성여자대학교 논문집, 8, 109 130.
이정욱 · 유연화(2006). 유아 수학교육. 경기: 정민사.
이지현(2004). NCTM의 수학교육 내용기준에 따른 우리나라 유아 수학교육 내용의 분석. 열린유아교육연구, 9(3), 351-369.
이형행(2012). 교육학개론. 경기: 양서원.
임규혁(1999). 학교학습 효과를 위한 교육심리학. 서울: 학지사.
장혜원(2015). 유치원과 초등 1학년의 연계성을 강조한 수학과 교육과정의 구성 방안 연구. 대한수학교육학회, 수학교육학연구, 25, 4, 631-655.
정미경 · 김덕건(2005). Fröbel 이론에 나타난 유아수학교육에 대한 이론적 고찰. 열린유아교육연구, 10(2), 399-420.
정숙경(2000). 수업의 기초와 실제 탐구. 동아대학교출판부.
정연희(2014). 유아 수학교육. 경기: 창지사.
정정희 · 백경미 · 최효정 · 정민영 · 홍희주 · 정효진(2017). 유아수학교육. 경기: 양서원.
조연주 · 조미현 · 권형규(1998). 구성주의와 교육. 서울: 학지사.
조형숙(2010). 표준보육과정에 기초한 아동수과학지도. 서울: 파란마음.
최보철(2012). 우리나라 유아수학교육과정과 NCTM 수학교육규준의 내용 분석 및 교사 인식. 연세대학교 석사학위 청구논문.

최영한 · 김미월(2002). 미국 NCTM의 Principles and Standards for School Mathematics에 나타난 수학고 교수 · 학습의 이론. 한국수학교육학회지 시리즈 E, 수학교육 논문집, 13, 751-764.

한국유아교육학회 편(2014). 유아교육학사전. 한국사전연구사.

한대희(2000). 수학 교육 사상사 개관. 교육과학연구, 31(3), 231-244.

한미몬테소리협회(2016). 몬테소리 수학영역. 경기: 창지사.

한유미(2016). 유아 수학 교육. 경기: 창지사.

홍혜경(2004). 유아-초등 저학년의 연계적 수학교육과정을 위한 기초연구. 유아교육연구, 24(2), 289-310.

홍혜경(2007). 유아의 기하도형 합성과 분할의 발달적 수준. 유아교육연구, 27(6), 165-185.

홍혜경(2009). 유아 수학능력 발달과 교육. 경기: 양서원.

황의명 · 조형숙 · 서동미(2014). 유아수학교육. 경기: 정민사.

NCTM(2007). 학교수학을 위한 원리와 규준. 경기: 정민사.

Baroody, A. J.(2000). Does mathematics instruction for three to five year old really make sense? *Young Children, 55(4)*. 61-76.

Bredekamp, S., & Copple, C.(Eds.).(1997). *Developmentally Appropriate Practice in Early Childhood Education.*. Washington, DC: NAEYC.

DeVries, R., & Kollberg, L.(1989). *Constructivist early education : Overview and comparison with other program*. Washington, DC: NAEYC.

Granott, N. (1993). Patterns of interaction in the co-construction of knowledge: Separate minds, joint effort, and weird creatures. In R. H. Wozniak, & K. W. Fischer(Eds.), *Development in context acting and thinking in specific environments.* Hillsdale, NJ:Lawrence Erlbaum.

Inagaki, k. (1992). Piagetian and post-Piagetian conceptions of development and their implications for science education in early childhood. *Early Childhood Research Quaterly,* 7, 115-133.

Montessori(1964). *The Montessori method.* Translated by Anne E. George. New York: Schocken Books, Inc. (Original work published, 1912).

NAEYC & NCTM(2002). *Early childhood mathematics: promoting good beginnings.* Washington, DC: NAEYC.

NCTM.(1989). *Curriculum and evaluation standards for school Mathematics.*

Washington, D.C. : NCTM.

NCTM.(1991). *Professional standards for teaching Mathematics.* Reston, VA : NCTM.

NCTM.(1995). *Professional standards for teaching Mathematics.* Reston, VA : NCTM.

NCTM.(1995). *Assessment standards for school Mathematics*. Reston, VA : NCTM.

NCTM.(2000). *Principles and standards for school mathematics*. Reston, VA : NCTM.

NCTM.(2006). *Curriculum focal points for prekindergarten through grade 8 mathematics: A quest for coheremce.* Reston, VA : NCTM.

Shaw, J. & Blake, S.(1998). *Mathematics for young children.* Columbus: Merrill.

Steffe L. P. & Gale J.(1997). **구성주의와 교육**. 조연주 · 조미헌 · 권형규 역. 서울: 학지사.

http://100.daum.net/encyclopedia/view/14XXE0031774

http://dic.daum.net/search.do?q=%EC%88%98%ED%95%99&dic=kor

저자 소개

김현주
연세대학교 아동학과 졸업(학사)
연세대학교 대학원 아동학과 졸업(석사)
동아대학교 대학원 교육학과 유아교육방법 전공(박사)
현 동주대학교 유아교육과 교수

영유아 수학교육

초판 1쇄 발행 / 2018년 8월 30일
초판 2쇄 발행 / 2019년 8월 30일

•

저 자 / 김 현 주
발행인 / 이 중 수
발행처 / **동 문 사**

•

서울특별시 서대문구 홍제원 1길 12
(홍제동 137-8)
Tel : 02)736-3718(대), 736-3710, 3720
Fax : 02)736-3719
등록번호 : 제9-17호
가격 : 21,000원

•

ISBN : 979-11-6328-018-7 (93370)
E-mail : dong736@naver.com
www.dongmunsa.com